ZEN E A ARTE DE SALVAR O PLANETA

Dados Internacionais de Catalogação na Publicação (CIP)
(Câmara Brasileira do Livro, SP, Brasil)

Hanh, Thich Nhat
Zen e a arte de salvar o planeta / Thich Nhat Hanh ; editado e comentado pela Irmã Verdadeira Dedicação ; posfácio da Irmã Chan Khong ; tradução de Maria Goretti Rocha de Oliveira. – Petrópolis, RJ : Vozes, 2023.

Título original: Zen and the art of saving the planet

ISBN 978-65-5713-754-3

1. Budismo – Aspectos sociais 2. Proteção ambiental 3. Zen-budismo I. Oliveira, Maria Goretti Rocha de. II. Irmã Verdadeira Dedicação. III. Chan Khong, Irmã. IV. Título.

22-130762 CDD-294.3927

Índices para catálogo sistemático:
1. Zen-budismo : Religião 294.3927

Cibele Maria Dias – Bibliotecária – CRB-8/9427

THICH NHAT HANH

ZEN E A ARTE DE SALVAR O PLANETA

Editado e comentado pela Irmã Verdadeira Dedicação
Posfácio da Irmã Chan Khong

Tradução de Maria Goretti Rocha de Oliveira

Petrópolis

Publicado por acordo com HarperOne, um selo da Harper Collins Publishers.

Tradução realizada a partir do original em inglês intitulado *Zen and the art of saving the planet.*

Direitos de publicação em língua portuguesa – Brasil:
2023, Editora Vozes Ltda.
Rua Frei Luís, 100
25689-900 Petrópolis, RJ
www.vozes.com.br
Brasil

Editoração: Fernando Sergio Olivetti da Rocha
Diagramação: Sheilandre Desenv. Gráfico
Revisão gráfica: Alessandra Karl
Capa: Renan Rivero

ISBN 978-65-5713-754-3 (Brasil)
ISBN 978-0-06-295479-4 (Estados Unidos)

Este livro foi composto e impresso pela Editora Vozes Ltda.

Índice

Prefácio, 13

Irmã Verdadeira Dedicação

Introdução, 19

Parte I

VISÃO RADICAL: uma nova maneira de ENTENDER, 25

Você está confortavelmente sentado(a)? – T.D., 27

Trovoada de primavera, 29

A eternidade no momento presente, 32

As raízes do zen, 34

A descoberta do diamante, 36

Você é mais do que pensa ser, 38

Quem sou eu?, 41

Ecologia profunda, 43

A vida não tem limites, 46

Cuidado! Não seja capturado(a), 47

Você é ilocalizável, 49

Você é atemporal, 50

A tarefa de quem pratica meditação, 53

Ver e agir à luz do Sutra do Diamante – T.D., 55

Você não pode se transformar em nada, 60

Qual é sua pegada cármica, 62

Indestrutível, 65

Os dois tipos de verdade, 67

Enfrente seus medos, 69

A saída é para dentro, 71

Zen e a arte de pegar uma cobra – T.D., 73

Sua necessidade mais profunda, 76

Deixe a luz entrar, 78

Zen em meio à tempestade, 80

Sem lama não há lótus, 82

Já terminamos? O composto continua chegando – T.D., 87

Uma dose de melão amargo, 92

Reivindique seu papel, 96

Na companhia de bodisatvas, 98

Ação engajada, 102

Parte II

DIMENSÃO DA AÇÃO: uma nova maneira de VIVER, 107

Ação desperta, 110

O meditador, o artista e o guerreiro, 111

O amor em ação – T.D., 114

Treinando a mente, 118

Um código de ética, 120
O caminho se faz caminhando – T.D., 120

REVERÊNCIA PELA VIDA: **a não violência é um caminho, não uma tática**, 123
Força espiritual, 123
Você já se ama?, 127
Acorde para as maravilhas, 129
Saia, desconecte-se, passeie no supremo – T.D., 132
A arte da não violência, 135
A resistência não violenta, 138
Não tomando partido, 140
O bodisatva do respeito, 143
A compaixão lhe protege, 145
Agentes da paz – T.D., 147
Cultivando reverência pela vida, 149
O treinamento da atenção consciente para reverenciar a vida, 150

A SIMPLICIDADE PROFUNDA: **você é suficiente**, 151
Reconsidere suas ideias de felicidade, 151
O momento presente é um mundo inteiro a ser descoberto – T.D., 154
Aberto para a vida, 157
Você não precisa viver numa caverna para ser zen, 159
Liberte-se, 161

Quem é o chefe?, 162

Isso é isso?, 164

A coragem de sentar-se – T.D., 166

O poder da vida simples, 168

Bodisatva Samantabhadra, 170

O que devo fazer da minha vida?, 171

Como posso tomar decisões difíceis?, 173

Como fracassar?, 174

O aluno e o eremita, 176

Aprendendo a arte da verdadeira felicidade – T.D., 180

O treinamento da atenção consciente para ser verdadeiramente feliz, 183

O COMBUSTÍVEL CERTO: proteja sua mente, nutra sua aspiração, 184

O que você está sentindo?, 184

O desejo mais profundo, 186

Bodisatva Ksitigarbha, 190

Sonhar é zen?, 193

Você ousa sonhar? – T.D., 195

Cuidando do fogo, 197

Proteja sua mente, 200

O caminho dos heróis, 203

Para aonde o seu cavalo está indo?, 205

Cuidado com o embargo, 206

Uma estratégia de guerreiro para proteger a nossa mente – T.D., 208

Consciência coletiva é alimento, 212

Comer sem violência, 215

Aprendendo a arte de nutrir e curar – T.D., 218

O treinamento da atenção consciente para nutrir e curar, 219

O diálogo corajoso: o poder da escuta, 220

Em um diálogo verdadeiro, ambos os lados estão dispostos a mudar, 220

Atravesse o abismo, 222

Como ouvir, 225

Bodisatva da compaixão, 228

A escuta profunda 101 – T.D., 231

Dominando a raiva, 236

A arte de não odiar, 239

Será possível trabalhar pela mudança sem odiar o "outro lado"? – T.D., 243

Catalisador de mudanças, 246

A visão radical e o arco do amor, 250

Levando a cura para casa, 252

Palavras que curam, 255

Aprendendo a arte de comunicar – T.D., 257

O treinamento da atenção consciente para falar com amor e ouvir com compaixão, 259

AMOR VERDADEIRO: é real este amor?, 260

O amor é um combustível, 260

No ventre da Terra, 262

Faminto de amor, 264

Amor sem fronteiras, 267

Há uma arte em ser companheiro espiritual que a escola não ensina – T.D., 271

Meditando no amor, 275

Mantenha sua solidão aquecida, 280

Os três tipos de intimidade, 282

É ele "o escolhido"?, 285

Aprendendo a arte do amor verdadeiro – T.D., 287

O treinamento da atenção consciente sobre o amor verdadeiro, 289

Estrela do Norte, 290

Parte III

COMUNIDADES DE RESISTÊNCIA: uma nova maneira de CONVIVER, 293

Um lugar de refúgio, 295

Um pouco de arroz, algumas roupas e bons amigos espirituais, 298

Os seis princípios do espírito comunitário – T.D., 299

Engajamento ou meditação?, 307

Atenção consciente engajada em ação – T.D., 309

Sucesso e liberdade, 313

A arte do poder, 317

Atenção consciente não é uma ferramenta, é um caminho, 318

É ético ensinar atenção consciente no exército?, 320

A verdadeira atenção consciente contém a semente da ética, 325

Comunidades de resiliência – T.D., 327

O mundo como um koan, 331

Individual ou coletivo?, 332

Acorde para que um futuro seja possível, 334

Epílogo – O número de bodisatvas que temos é mais do que suficiente, 337

Posfácio – Você é o futuro, 343

Irmã Chan Khong

Agradecimentos, 347

Prefácio

Irmã Verdadeira Dedicação

Thich Nhat Hanh (ou "Thay", como o chamamos) é poeta, estudioso, militante da paz, mestre Zen – e homem de ação. Ele é a personificação de um engajamento inspirador, decisivo, compassivo e destemido que brota de um espaço de serenidade e visão. Thay nos ensina que praticar meditação significa "olhar profundamente o âmago da realidade para compreender coisas que os outros não conseguem entender". E, como ele diz: "Havendo visão, deve haver ação". De outro modo, para que serviria ter visão?"

Monge por quase oitenta anos, Thay encontrou formas extraordinárias de combinar sua prática de meditação e atenção consciente com ações extraordinárias pela paz e justiça social, investindo sua energia de vida no treinamento de budistas engajados da geração seguinte, e construiu comunidades saudáveis de um viver consciente, capazes de continuar estimulando mudanças no mundo.

Na década de 1960, Thay criou no Vietnã um movimento com milhares de jovens assistentes sociais, antes de partir para o Ocidente a fim de reivindicar paz. Um porta-voz em nome da mudança social pacífica, ele colaborou com Dr. Martin Luther King Jr., com quem compartilhou a visão de construir uma "comunidade amorosa", capaz de transcender a divisão, a discriminação e o ódio – uma comunidade onde seria possível a verdadeira reconciliação entre todas as pessoas e todas as nações. Na década de 1970, juntamente com amigos e colegas, Thay resgatou pessoas em embarcações vindas do alto-mar de Cingapura e iniciou uma das primeiras conferências ambientais internacionais na Europa. Nas décadas seguintes, Thay criou um método de ensinar e aplicar a atenção consciente no dia a dia, que milhões de pessoas conseguiam entender. Ele compartilhou sua visão de liderança compassiva com políticos, empresários, professores, ativistas e, mais recentemente, CEOs do Vale do Silício. E a partir da sua experiência direta – muitas vezes dolorosa –, de tempos instáveis e polarizados, desenvolveu um código de ética global simples e poderoso, que nos oferece uma bússola brilhante que guia nosso caminho adiante.

Neste exato momento, estamos enfrentando uma vigorosa interseção de crises: destruição ecológica, colapso climático, aumento da desigualdade, exploração, injustiça racial e os impactos duradouros de uma pandemia devastadora. A situação é mais do que urgente. Para enfrentarmos esses desafios com o que temos de melhor, precisamos encontrar formas de fortalecer nossa clareza, compaixão e coragem. Cultivar um treinamento sólido em meditação e atenção consciente não é um ópio para fugir do que está acontecendo, mas sim uma maneira de realmente silenciar a mente e olhar profundamente, para ver com clareza nós mesmos e o mundo. A partir deste fundamento de clareza e discernimento vamos ser capazes de agir da forma mais apropriada e efetiva para transformar a situação e criar uma cultura regenerativa na qual toda a vida é respeitada.

Thay nos diz que "o mundo não precisa de outra ideologia ou doutrina, mas de um tipo de despertar, que seja capaz de restaurar nossa força espiritual". Este livro, editado por seus alunos, oferece à próxima geração seus ensinamentos mais inspiradores e oportunos sobre como realmente podemos, *sem nos exaurir*, fazer perdurar nossos esforços e ajudar à nossa sociedade e ao planeta. Na primeira década deste século, Thay nos pediu, pela primeira vez, para começarmos a trabalhar neste livro, e estamos animados por ter finalmente reunido num volume seus poderosos ensinamentos Zen, sobre ecologia profunda, ação engajada, criação de comunidade e despertar coletivo, extraídos de seus textos escritos, palestras, entrevistas e sessões de perguntas e respostas. Thay dá voz a uma ética cotidiana muito prática, capaz de orientar nossas decisões e ações, e de transformar os hábitos cotidianos que nos aprisionam; e nos ajuda a tocar a alegria e significado no cerne de cada momento. Thay explica que sem uma ética assim – sem uma dimensão espiritual que guie nossas vidas diárias – nós vamos perder tudo.

Antes de Thay sofrer um grande derrame em 2014, muitos de nós que vivíamos e treinávamos com ele tivemos a oportunidade de experimentar sua orientação de forma direta. Ele nos nutria e desafiava, encorajava e, às vezes, nos repreendia. Ele era terno como um avô e feroz como um guerreiro. Houve momentos em que ele nos mobilizou para sermos alguns dos seus vários braços de ações engajadas no mundo. E, qualquer que fosse a tarefa, era sempre para ser feita de forma imediata. (Eu aprendi que um(a) jovem aluno(a) jamais deveria questionar o professor: "Você tem certeza?") No verdadeiro estilo Zen, houve momentos em que Thay declarou: "Não fique sempre fazendo coisas, sente-se ali!" Em outros momentos, ele nos chamava pelos nomes e nos fazia deixar as almofadas, ir para fora da sala de meditação, para trabalhar em algo urgente que ainda não tínhamos terminado. Houve dias em que a ação era tão urgente que ele nos lembrava, com um sorriso gentil e um brilho nos olhos, que "não há necessidade de almoço. O corpo humano pode sobreviver vários dias sem comida". Houve ainda outros dias quando, ao nos ver trabalhando tanto que tínhamos esquecido de comer, ele próprio foi até a cozinha silenciosamente preparar uma sopa quente para nós jantarmos.

É difícil colocar em palavras a luz e a compaixão do olhar brilhante e penetrante de Thay. É difícil expressar sua gentileza e calor humano. É difícil explicar quanto amor e confiança ele oferece incondicionalmente a todos aqueles que se consideram seus alunos. Thay nos incentiva a reimaginar com ousadia uma forma inteiramente nova de viver e de fazer coisas, e nunca ter medo de sonhar. Ele nos lembra de, não importa o que acontecer, sempre trabalhar juntos, nunca sozinhos. Como companheiros no caminho, nós convidamos você a se unir a nós numa jornada ao cerne dos ensinamentos de Thay sobre o *Zen e a arte de salvar o planeta.*

Estive te procurando, meu filho,
Desde o tempo em que rios e montanhas ainda
estavam na escuridão.
Estive te procurando quando ainda dormias em sono profundo,
Embora a concha tivesse muitas vezes
Ecoado nas dez direções.
Da nossa antiga montanha, eu observava terras distantes
E reconheci teus passos em tantos caminhos distintos.
Para aonde estás indo?

Em vidas passadas, muitas vezes pegastes minha mão
E gostamos de caminhar juntos.
Passamos muitas horas sentados ao pé de pinheiros antigos.
Ficamos em silêncio um ao lado do outro
Ouvindo o som do vento nos chamando suavemente
E vendo as nuvens brancas passarem flutuando.
Tu pegaste e me deste a primeira folha vermelha de outono
E eu te levei pelas florestas cheias de neve.
Mas aonde quer que fôssemos, sempre voltávamos para a nossa
Montanha antiga para ficarmos perto da lua e das estrelas,
Para convidar o grande sino a soar toda manhã,
E ajudar todos os seres a despertar.

Extraído de *At the edge of the forest*
(À margem da floresta)
por Thich Nhat Hanh

now
is the time
this is
it

Agora é a hora.
É isso.

Introdução

A beleza da Terra é uma campainha de atenção consciente. Se você não consegue vê-la, deve se questionar por quê. Talvez algo esteja bloqueando o caminho. Ou talvez você esteja tão ocupado(a) buscando outra coisa, que não consegue ouvir o chamado da Terra.

A Mãe Terra está dizendo: "Meu filho, minha filha, estou aqui ao seu dispor. Estou oferecendo tudo isso para você". É verdade: os raios de sol, os pássaros cantantes, os riachos límpidos, a florescência da cerejeira na primavera e a beleza das quatro estações – tudo está aí para você. E, se você não consegue ver ou ouvir, é porque sua mente está cheia demais.

A Terra está dizendo que está presente e ama você. Cada flor é um sorriso da Terra. Ela está sorrindo para você e você não quer retribuir o sorriso dela. A fruta em sua mão – seja uma laranja ou um kiwi – é uma dádiva da Terra. Mas, se você não se sente grato(a), é porque você não está disponível para a Terra, para a vida.

O silêncio é uma condição essencial para você ouvir e responder o chamado da Terra. Se não houver silêncio interior em você, você não consegue ouvir o chamado dela: o chamado da vida. Seu coração está bradando, mas você não ouve. Você não tem tempo para ouvir o seu coração.

A atenção consciente nos ajuda a interromper distrações e nos voltarmos para nossa respiração. Prestando atenção apenas na inspiração e na expiração, paramos de pensar e, dentro de alguns segundos apenas, despertamos para o fato de estarmos vivos, de estarmos inspirando, nós estamos aqui. Nós existimos. Não somos inexistentes. Percebemos: "Ah! Estou aqui, vivinho!" Paramos de pensar no passado, paramos de nos preocupar com o futuro, focamos toda a nossa atenção no fato de estar respirando. E nos libertamos, graças à consciência de estar respirando. Estamos livres para viver aqui: livre de opinião, ansiedade, medo e luta.

Quando estamos livres, podemos atender o chamado da Terra: "Estou aqui. Eu sou um filho seu. Eu sou uma filha sua". Nós reconhecemos que somos parte do milagre. E podemos dizer: "Estou livre: livre de tudo aquilo que está me impedindo de viver plenamente. E você pode contar comigo".

Quando você acorda e vê que a Terra não é somente o meio ambiente, a Terra *é* nós, você toca a natureza do interser. E nesse momento pode ter uma *real* comunicação com a Terra. Essa é a forma mais elevada de oração. Nesse tipo de relacionamento você terá o amor, a força e o despertar de que precisa para mudar sua vida.

A verdade é que muitos de nós nos apartamos da Terra. Esquecemos que estamos vivos, aqui, em um lindo planeta e que nosso corpo é uma maravilha que nos foi dada pela Terra e todo o cosmos. Se a Terra tem sido capaz de proporcionar vida, é porque possui também elementos não terrestres nela, inclusive o sol e as estrelas. A humanidade é feita de estrelas. A Terra não é somente a Terra, mas o cosmos inteiro.

Somente quando você tiver essa visão correta, esse discernimento, é que a discriminação deixará de existir, e haverá uma comunhão profunda, uma comunicação profunda entre você e a Terra. Todos os tipos de coisas boas virão disso. Você transcende a maneira dualística de compreender as coisas: a ideia de que a Terra é apenas o meio ambiente, e que você está no centro; e só quer fazer algo pela Terra para assim *você* poder sobreviver.

Quando você inspira e toma consciência do seu corpo, quando observa seu corpo profundamente e compreende que você *é* a Terra – que sua consciência também é a consciência da Terra, podendo se tornar uma consciência liberta, livre de todas as discriminações e visões equivocadas –, você está fazendo o que a Mãe Terra espera que você faça: iluminar-se, tornar-se um(a) buda, para poder ajudar todos os seres vivos, não apenas na Terra, mas até mesmo noutros planetas, em última instância.

Minha geração cometeu muitos erros. Tomamos emprestado este planeta de vocês, e causamos imenso dano e destruição. Agora temos vergonha de devolvê-lo a vocês. Não é como gostaríamos que fosse. Vocês estão recebendo um lindo planeta danificado e ferido. Desculpem-nos. Como alguém que pertence a geração mais velha, espero que a nova geração possa se levantar o mais rápido possível. Este planeta pertence a vocês, às futuras gerações. O destino de vocês e do planeta estão em suas mãos.

Nossa civilização é uma civilização de empréstimos. Sempre que queremos algo que não podemos pagar, como uma casa ou um carro, nós contamos com o nosso corpo e nosso trabalho futuro, a fim de pagar a dívida. Desta forma, pegamos emprestado de nós mesmos, da nossa saúde e do planeta. Mas o planeta não aguenta mais. E estivemos pedindo emprestado demais a vocês, nossos filhos, filhas, netos e netas. O planeta e as gerações futuras também somos nós; não existimos de forma separada. O planeta somos nós, e vocês também são nós. A verdade é que, de nós, não sobrou muito.

É muito importante acordar e ver que *não precisamos* continuar pedindo emprestado. O que está disponível no aqui e agora *já é suficiente* para nos nutrir e sermos felizes. E este é o milagre da atenção consciente, concentração e discernimento: constatar que podemos ser felizes com as condições já disponíveis, que não precisamos nos esforçar para obter mais, explorando o planeta da forma como estamos fazendo. Não precisamos mais "pedir emprestado". Somente com este tipo de despertar podemos interromper a destruição.

Mas não é algo que possa ser feito individualmente. Nós temos que despertar juntos. E, se acordarmos juntos, então teremos uma chance. Nosso estilo de vida e forma de planejar o nosso futuro nos levou a esta situação. E agora precisamos contemplar profundamente para encontrar uma saída, não só enquanto indivíduos, mas enquanto uma coletividade, uma espécie. Vocês não podem mais contar só com a geração mais velha. Eu digo frequentemente que um buda não basta; nós precisamos de um despertar coletivo. Todos nós temos que nos tornar budas para que nosso planeta tenha alguma chance.

Silencie e veja.

PARTE I

VISÃO RADICAL:

uma nova maneira de ENTENDER

Você está confortavelmente sentado(a)?

Irmã Verdadeira Dedicação – T.D.

Thay é extremamente claro: há algo que temos o poder de mudar e que fará toda diferença: a nossa mente. Nossa mente é o instrumento com o qual nos engajamos e interagimos com o mundo, e que contém nosso desespero e medos, esperanças e sonhos. A forma como nossa mente percebe e compreende, determina as decisões e ações que escolhemos ou evitamos, como nos relacionamos com os que amamos ou nos opomos, e como respondemos em uma crise. No budismo, costumamos dizer que "criamos o mundo com a nossa mente". Nossas percepções são condicionadas pelo idioma e cultura e pela tendência social de categorizar e colocar a realidade em compartimentos que simplesmente não servem. Esses rótulos discriminadores limitam nossa clareza para agir em proteção do planeta e nos impedem de viver em harmonia um com o outro e com o mundo.

Podemos querer que o mundo acorde e aja. Mas que tipo de despertar seria realmente útil? Para que precisamos acordar?

O budismo fala sobre dois níveis de verdade: o nível dos rótulos e das aparências, geralmente chamado de "verdade convencional", e o nível mais profundo de realidade, chamado de "verdade suprema". Thay nos ensina que precisamos acordar para o que está acontecendo nesses dois níveis de verdades, se quisermos ajudar nossa sociedade e planeta.

Em muitas de suas palestras em Plum Village, o mosteiro e centro internacional de prática que Thay fundou no sudoeste da França, ele nos ensinou um dos textos mais antigos e poderosos do zen-budismo: o Sutra do Diamante – que é o primeiro tratado mundial sobre *ecologia profunda* e um tesouro da herança de sabedoria compartilhada da humanidade. Este sutra se originou no nordeste do subcontinente indiano, em algum momento entre os séculos II e V. Há inclusive um manuscrito do Sutra do Diamante do século IX, impresso em papel de casca de amoreira e cânhamo, encontrado nas cavernas remotas de Dunhuang, por onde a antiga Rota da Seda entrava ao oeste da China. Este é o livro impresso datado mais antigo do mundo. Em uma turnê de palestras em Londres, alguns anos atrás, Thay levou dezenas de nós [monásticos] para ver o pergaminho no Museu Britânico. Nossos tempos possibilitam que a sabedoria transcenda os limites da geografia e gerações.

Como você verá nas páginas seguintes, o Sutra do Diamante propõe uma contemplação profunda, que nos proporciona um avanço na maneira como vemos o mundo. Apresenta uma meditação em quatro partes para transpassar as histórias que contamos sobre o que a vida é e não é, visando nos ajudar a chegar mais perto do nível mais profundo de como a realidade realmente é. É conhecido como o Sutra Vajracchedika – o "raio" ou "diamante" que "transpassa facilmente a ilusão". Aplicar os ensinamentos do Sutra do Diamante pode nos proporcionar uma imensa fonte de energia e de clareza para escolhermos o tipo correto de ação.

É muitíssimo difícil parar e recuar. Pode até mesmo ser algo apavorante. O fato é que raramente temos a chance de desafiar as crenças profundamente arraigadas que a sociedade cunha em nós. Por esse motivo, pode ser que você goste de ler lentamente as páginas seguintes, permitindo-se o tempo que for preciso para compreender como essas visões podem se aplicar diretamente à sua própria vida. Pode ser que você goste de dar uma caminhada, a fim de gerar um espaço onde possa contemplar essas ideias, ou fazer algumas anotações num diário, à medida em que você avança. Thay sempre fala o que Buda falou: "Em qualquer coisa que fizer, não acredite somente na minha palavra. Coloque-a em prática e veja por si mesmo".

Está pronto(a) para contar a verdade?

Trovoada de primavera

Muitos de nós estamos muito pouco acordados. Vivemos no mundo, mas sem realmente conseguir vê-lo; é como se estivéssemos sonambulando. Acordar significa, em primeiro lugar, acordar para a beleza da Terra. Você acorda para o fato de que tem um corpo e que o seu corpo é constituído de terra, sol e estrelas. Você acorda para o fato de que o céu é belo e nosso planeta é uma pedra preciosa do cosmos. E que você tem a oportunidade de ser um filho ou uma filha da Terra e dar passos sobre este planeta extraordinário.

Em segundo lugar, despertar significa acordar para o sofrimento que há no mundo. Você acorda para o fato de que a Terra está em perigo e as espécies vivas estão em perigo. Você quer encontrar formas de proporcionar alívio, cura e transformação. Isso requer uma tremenda fonte de energia. Se você tem um forte desejo em você, uma mente de amor, esse tipo de energia é o que o ajudará a fazer essas duas coisas: acordar para as belezas do planeta para se curar, e acordar para o sofrimento do mundo e tentar ajudar. Se você tem essa fonte de vigor em você, se você tem essa mente de amor, você é o que pode ser chamado de *um(a) buda em ação*.

Se você vê o sofrimento no mundo, mas ainda não mudou seu estilo de vida, isso significa que o despertar não está suficientemente forte. Você não acordou realmente. No Zen, às vezes um professor grita, ou bate em você, para que você possa acordar – eles farão o que for preciso. O grito do mestre Zen é como um estrondo de trovão de primavera. O trovão te acorda e, com as chuvas que se seguem, as gramas e flores vão vicejar.

Precisamos de um verdadeiro despertar, uma real iluminação. Novas leis e programas de ação não bastam. Precisamos mudar nossa maneira de pensar e perceber as coisas. Isso é possível. A verdade é que nós ainda não tentamos realmente fazer isso. Cada um de nós deve fazer isso por si mesmo. Ninguém mais pode fazer isso por você. Se você é um(a) ativista ávido(a) para fazer algo, você deve começar consigo mesmo e com sua própria mente.

A minha convicção é a de que não podemos mudar o mundo se não formos capazes de mudar nossa maneira de pensar, nossa consciência. É crucial que haja mudança coletiva em nossa maneira de pensar e perceber as coisas. Sem isso, não podemos esperar que o mundo mude.

O despertar coletivo é composto do despertar individual. Vocês têm que se acordar primeiro, e depois os que estão ao seu redor vão ter uma oportunidade. Quando estamos sofrendo menos, podemos ser mais úteis e ajudar os outros a também mudarem eles mesmos. Paz, despertar e iluminação sempre começam conosco. Você é a pessoa com quem precisa contar.

Por um lado, devemos aprender a arte da felicidade: como estar verdadeiramente presentes para a vida, para assim poder obter a nutrição e cura de que precisamos. Por outro lado, devemos aprender a arte do sofrimento: a forma de sofrer, que nos faz sofrer muito menos e assim podermos ajudar outros a sofrerem menos. É preciso coragem e amor para nos voltarmos para dentro de nós mesmos, e cuidar do sofrimento, medo e desespero internos.

Meditar é crucial, sair do desespero, alcançar a visão do destemor, manter viva sua compaixão, para que assim você possa ser um verdadeiro instrumento da Terra ajudando todos os seres. Meditar não significa fugir da vida, mas dedicar o tempo necessário olhando em profundidade. Você se permite levar o tempo necessário para sentar-se, andar – sem fazer algo específico, somente contemplando profundamente a situação em sua própria mente.

A eternidade no momento presente

A extinção de espécies está acontecendo todo dia. Os pesquisadores estimam que mais de 20 mil espécies são extintas por ano, e o índice está acelerando. É isso que está acontecendo agora; não é algo por acontecer no futuro. Nós sabemos que há 251 milhões de anos já houve aquecimento global causado por gigantescas erupções vulcânicas, e esse aquecimento causou a pior extinção em massa da história do nosso planeta. O aumento de seis graus Celsius na temperatura global foi suficiente para extinguir 95% das espécies vivas. Agora um segundo imenso aquecimento está ocorrendo. Desta vez também há o desmatamento e a poluição industrial causados pelo homem. Talvez dentro de cem anos pode ser que não haja mais humanos no planeta. Após a última extinção em massa, a Terra levou 100 milhões de anos para restaurar a vida. Se nossa civilização desaparecer, vai demorar um tempo semelhante para que outra civilização reapareça.

Quando contemplamos isso, é natural que possa surgir sentimentos de medo, desespero ou tristeza. Por isso, temos que nos treinar na prática da respiração consciente, usando nossa inspiração e expiração para tocar a eternidade. A extinção em massa já aconteceu cinco vezes, e a que está em andamento agora é a sexta. De acordo com as visões budistas mais profundas, nascimento e morte inexistem. Após a extinção, a vida reaparecerá em outras formas.

Você precisa respirar fundo e reconhecer que nós humanos podemos, de fato, desaparecer um dia.

Como podemos aceitar um fato opressivo como esse e não ser completamente dominado pelo desespero? O nosso desespero é alimentado por opiniões que temos sobre nós mesmos e sobre o mundo. Quando começamos a reexaminar nossos pontos de vista e mudamos nossa maneira de pensar e entender as coisas, torna-se possível transformar a mente de discriminação que está na raiz do nosso sofrimento.

É possível nos treinarmos para ver e experimentar o momento presente de uma forma mais profunda. E ao tocarmos a realidade profundamente no momento presente, tocamos o passado, tocamos o futuro e a eternidade. Nós somos o meio ambiente, somos a Terra e a Terra tem a capacidade de restaurar seu equilíbrio, mesmo que muitas espécies tenham que desaparecer antes do equilíbrio ser restabelecido.

Não é necessário ter anos de prática para tocar a eternidade no momento presente. Você pode tocá-la numa fração de segundo. Apenas uma respiração ou um passo na Terra, executados com atenção consciente e concentração, podem ajudar você a transcender o tempo. E quando toca o momento presente profundamente, você tem uma eternidade para viver.

As raízes do zen

O termo sânscrito para meditação é *dhyāna*. Em chinês, pronuncia-se *chan*, em vietnamita dizemos *thiên*, e em japonês é chamado de *zen*. O caractere chinês 禪 significa literalmente "a prática de refletir". Na minha tradição, usamos a expressão "a prática de olhar profundamente"[1].

Para olhar profundamente você precisa dispor do tempo de estar presente, consciente de estar atento e concentrado, e assim poder direcionar sua atenção ao que está acontecendo e olhar de maneira profunda. Com a energia da atenção consciente e concentração, você descobrir algo importante e começar a compreender a verdadeira natureza do que está presente. Pode ser uma nuvem, uma pedra ou outro ser humano, ou pode ser sua raiva ou até mesmo o seu corpo. Então, a prática do Zen, dhyāna, meditação, significa estar totalmente presente e compreender profundamente.

No Vietnã, o budismo começou com a tradição da meditação. No início do século III havia um comerciante de

1. Em alguns contextos o termo *olhar profundamente* foi traduzido também como contemplar, observar, examinar de maneira profunda [NT].

Sogdia, na Ásia Central, que viajava através do que hoje é o Vietnã do Norte, talvez ao longo da chamada Rota da Seda Marítima. Ele se hospedava lá para fazer negócios e esperava até os ventos estarem favoráveis para navegar de volta à Índia. Este jovem comerciante achava o Vietnã muito agradável, então ele se estabeleceu por lá e se casou com uma jovem senhora vietnamita. Eles tiveram um garotinho, indiano-vietnamita, que se tornaria o primeiro professor de meditação budista no Vietnã e na China: o Mestre Tang Hoi.

Quando Tang Hoi tinha 10 anos de idade, o pai e a mãe dele faleceram, e ele foi levado a um templo budista indiano, onde hoje é o Vietnã do Norte, para treinar e se tornar monge. Os monges indianos tinham fundado templos nos portos e centros de comércio para os mercadores indianos que permaneciam por períodos mais longos. Por volta do terceiro século o budismo florescia, e o jovem Monge Tang Hoi estudava sânscrito e chinês. Ele fundou uma comunidade e ensinou no Vietnã, antes de seguir para o norte e cruzar a fronteira do Reino de Wu (hoje China), para compartilhar a prática da meditação budista.

Há registros de que, quando Tang Hoi chegou ao Reino de Wu, ainda não havia monges budistas. Ele foi o primeiro. Armou uma pequena cabana e praticou meditação andando, e a notícia da sua presença começou a se espalhar. Ele foi convocado pelo rei, que ficou muito impressionado e, em meados do século III, permitiu que Tang Hoi construísse o primeiro templo no Reino de Wu. O templo ficou conhecido como "O Primeiro Templo Construído", e se hoje você for a Nanking ainda poderá ver suas ruínas. Lá, Tang Hoi começou a ensinar meditação e organizou cerimônias de ordenação dos primeiros monges budistas na China, cerca de trezentos anos antes de Bodhidharma.

Muita gente pensa que Bodhidharma foi o primeiro professor do zen-budismo na China, mas isso não é verdade. Três séculos antes, Tang Hoi já ensinava lá. *Tang Hoi foi o primeiro mestre Zen do Vietnã e da China.* Ademais, enquanto Bodhidharma não deixou qualquer texto escrito, Tang Hoi deixou muitas obras que ainda estão preservadas, inclusive traduções e comentários preciosos. Ele traduziu e ensinou o Sutra do Diamante, uma das escrituras mais apreciadas da tradição Zen e o texto mais antigo que explora a ecologia profunda.

Quando ouvimos falar sobre o Sutra do Diamante, podemos imaginar um monge Zen, como Mestre Tang Hoi, caminhando com seu cajado e carregando um antigo pergaminho na bolsa.

A descoberta do diamante

O Sutra do Diamante urge o meditador a *jogar fora* ou largar quatro noções, para compreender sua própria verdadeira natureza e a verdadeira natureza da realidade:

a noção de "eu", a noção de "ser humano", a noção de "seres vivos" e a noção de "período de vida". Está dito no sutra que, se ainda estiver preso a essas noções, você ainda não está livre e não pode ser um verdadeiro bodisatva – ou seja, um ser desperto que ajuda a aliviar o sofrimento do mundo. Mas, se puder ir além dessas ideias, você terá o discernimento, a compreensão e a liberdade de que precisa para ajudar a salvar o planeta.

É preciso ter discernimento e coragem para jogar fora uma ideia. Se tivermos sofrido profundamente, pode ter sido porque estávamos agarrados a uma ideia, e não fomos capazes de soltá-la. "Jogar fora" é uma elocução muito forte. Não é simplesmente "deixar pra lá" ou "deixar ir". Há muitos e muitos séculos, foi o Mestre Tang Hoi que usou o termo "jogar fora" para traduzir o termo Pali *patinissagga*.

O objetivo de contemplar profundamente e meditar é ter lampejos de sabedoria, e estes lampejos de sabedoria são algo que temos que experimentar *por nós mesmos*. Por isso, não devemos perder tempo acumulando novas ideias e conhecimento; mas sim aprender de uma forma que nos ajude a superar nossos desafios e obstáculos reais. O objetivo de um mestre Zen é ajudar os alunos a se transformarem; não é transmitir conhecimento ou pontos de vista. Um mestre Zen não é um magistrado.

Minha tradição pertence à linhagem do mestre Zen Linji do século IX, que afirmou: "Meu objetivo não é lhe transmitir conhecimento. Meu objetivo é ajudá-lo a se libertar de seus pontos de vista". A compreensão não deve ser simplesmente um conhecimento vazio, mas uma visão profunda. O lampejo de sabedoria, ou *insight*, não resulta do pensar. É um tipo de visão intuitiva direta que você recebe por meio da concentração inabalável. Não é fruto do pensamento. É uma intuição profunda. E, se for uma descoberta genuína, terá o poder de libertar você da sua raiva, do seu medo e do seu sofrimento.

Ser capaz de ter essa experiência na vida, só uma vez, não é uma conquista pequena. Se você já a experimentou uma vez, pode experimentar novamente. A questão é se você está determinado e tem diligência.

Você é mais do que pensa ser

A primeira noção que você deve jogar fora é a noção de um eu, ou *self*. Essa crença, profundamente arraigada em todo ser humano, é a de que existe um eu, separado do resto do mundo; e que só somos nós mesmos, todos os demais e tudo o mais, inclusive a Terra, não somos "nós". Nascemos com esta crença arraigada de que existimos separados: "Eu não sou você. Esse problema é seu; não é um problema meu". Intelectualmente, podemos até saber que nada pode existir por si só, mas no fundo continuamos a *acreditar* que é possível, e continuamos nos comportando como se fôssemos uma autoentidade separada. Este é o princípio fundamental do nosso pensamento e comportamento, que gera muito sofrimento. É necessário um treinamento intensivo para jogarmos essa convicção fora.

Na realidade, ali *está* ninguém, nenhum eu, ali. Existe pensamento; existe reflexão. Mas não há uma pessoa por trás deles. Quando Descartes disse "Penso, logo existo", ele estava dizendo que, enquanto pensava, ele era o pensamento. Buda disse que há pensamento acontecendo, mas não há certeza da existência de um "eu" por trás do pensamento. O pensamento está acontecendo, e é algo que reconhecemos. Mas será que podemos dizer que há um pensador? Se há um sentimento doloroso, podemos dizer com certeza que há um sentimento doloroso acontecendo. Mas, com relação ao "sentidor", à pessoa que sente, não há certeza. É parecido com dizer que "está chovendo". A chuva é algo certo; está chovendo, mas não há algum "chuva-edor". Você não precisa de um "chuva-edor" para que a chuva seja possível. E você não precisa de um pensador para o pensamento ser possível. Você não precisa de um "senti-dor" para ser possível sentir. Este é o ensinamento do eu-nenhum.

Na ideia de "eu", está a ideia de ser este corpo, este corpo sou eu; ou este corpo é meu, pertence a mim. Mas essa noção não corresponde à realidade. Quando você examina profundamente seu corpo, você vê que seu corpo é um córrego. Você pode ver a presença dos seus pais e ancestrais naquele córrego. Então, o córrego existe, mas não há certeza da existência de alguém chamado "eu". E, nesse córrego, você pode ver ancestrais e tudo o mais – não apenas ancestrais humanos, mas ancestrais animais, vegetais e minerais. Existe um *continuum* – uma continuidade. Mas se existe uma pessoa, um ator, por trás desse contínuo não há tanta certeza.

Uma melhor afirmação seria "eu *inter*sou", "eu *interexisto*". Está mais próximo da verdade, à luz da interconectividade, interser ou interexistir. Se pai e filho, mãe e filha, tiverem a visão do eu-nenhum, poderão olhar um para o outro à luz do interser, e não haveria mais problemas. Nós intersomos. Sou deste jeito porque você é daquele jeito.

É muito importante jogar fora a noção de "eu sou", pois esta convicção não reflete a verdadeira natureza da realidade.

A crença num eu separado é como um túnel que você fica entrando constantemente. Quando praticar meditação, você pode compreender que a respiração existe, mas nenhum "respirador" pode ser encontrado em lugar nenhum; existe a experiência de estar sentado, mas nenhum "sentador" pode ser encontrado em lugar nenhum. Ao compreender isso, o túnel vai desaparecer, e haverá muito espaço, muita liberdade.

Eu sou uma continuação dos meus pais. Eu sou uma continuação dos meus ancestrais. Isso é muito claro. Eu não tenho um "eu" separado. Observando-me, posso ver em cada célula do meu corpo, o meu pai e a minha mãe. Eu posso ver meus ancestrais em cada célula do meu corpo. Eu posso ver meu país, o meu povo, em cada célula do meu corpo. Posso ver que sou feito de muitos elementos, que poderiam ser descritos como não sendo eu. Sou constituído de "elementos de mim-nenhum" e, quando esses elementos se juntam, eles me produzem. Então, eu sou isso. Eu não tenho uma existência separada. Eu não possuo um eu separado.

Esta visão é correta. Ao ver a realidade desta forma você deixa de se sentir solitário, pois você *é* o cosmos. Você tem este corpo, mas você também tem um corpo cósmico. Todo o cosmos pode ser encontrado em você. Você tem um corpo cósmico aqui e agora, e você pode conversar com o cosmos em você. Você pode conversar com seu pai em você, com sua mãe em você, seus ancestrais em você. Você é feito de elementos que não são você. Você é a continuação de pais, ancestrais, estrelas, lua, sol, rios, montanhas. Tudo está em você. Então, você pode conversar com eles e sabe que você é o mundo. Você é o cosmos. E isso pode ser visto através da meditação. Quando você está concentrado, começa a compreender.

Suponha que, ao emergir no oceano, uma onda se questione: "Quem sou eu?" Se a onda tiver algum tempo para entrar em contato consigo mesma, ela descobrirá que é o oceano. Ela é uma onda, mas, ao mesmo tempo, é o oceano. Ela não é só essa onda, mas também as outras ondas. Desse modo, ela entende a conexão, a natureza interligada dela com as outras ondas, e não mais discrimina entre o que é ela e não é ela.

É muito importante que a onda perceba que tem um corpo de onda, e que também tem seu corpo oceânico. Quando a onda reconhece seu corpo oceânico, ela deixa de ter todos os tipos de medo e discriminação.

Este é o *benefício* da meditação. Poder ajudá-lo(a) a tocar suas raízes e libertá-lo(a) da discriminação e do medo. Se você acredita que tem um eu – separado dos seus ancestrais e do cosmos – você está errado(a). Existe um *você*, mas você é feito de elementos que não são você.

Se você vive de maneira atenta, consciente e concentrada, você tocará de forma cada vez mais profunda a verdade que está em você. E um dia você descobrirá que está repousando sobre o chão cósmico. Os cristãos falam em "descansar em Deus". Quando a onda está descansando no oceano, ela está em paz. Quando você está descansando em seu corpo cósmico, você está em paz. E, se praticar caminhando em meditação, cada passo pode ajudá-lo(a) a tocar aquele corpo cósmico, aquele corpo oceânico, que torna você imortal. Você deixa de temer a morte. Mas muitos de nós estamos muito ocupados e sem tempo de respirar e caminhar para entrar em contato com o nosso corpo cósmico, a nossa verdadeira natureza sem nascimento e sem morte.

A meditação pode ser muito gratificante. Você está procurando por si mesmo. Você está procurando um significado. E meditação significa ter tempo de examinar profundamente, de ouvir profundamente. Quando faz isso, você pode entrar em contato com sua verdadeira natureza e largar todo o medo e discriminação.

Ecologia profunda

A segunda noção que o Sutra do Diamante nos manda jogar fora é a noção de "ser humano". Nós sabemos que o *homo sapiens* é uma espécie muito jovem na Terra. Chegamos muito tarde, mesmo assim nós nos comportamos como se fôssemos o chefão daqui. Acreditamos que somos excepcionais. Achamos que temos privilégios sobre todo o resto, e todas as outras espécies, como se todos tivessem sido criados para nós. Com essa visão, causamos muitos prejuízos à Terra. Queremos segurança, prosperidade e felicidade apenas para os humanos, às custas de todo o resto. Entretanto, ao examinarmos em profundidade, constatamos que os humanos são feitos somente de elementos não humanos, incluindo plantas, animais e minerais. Não é só historicamente, mas neste exato momento, continuamos a coexistir com todos os elementos não humanos dentro de nós e à nossa volta. Está muito claro: *sem minerais, plantas e animais, como os seres humanos poderiam existir?* Se você fizer desaparecer ou retornar à sua origem todos esses elementos não humanos, um ser humano deixa de existir. Mesmo assim, buscamos nos proteger e nos defender destruindo nossos elementos não humanos, inclusive outras espécies.

No cotidiano, precisamos usar palavras para identificar e definir as coisas, mas viver assim não basta. Na lógica e matemática contemporâneas, ainda é usado o "princípio de identidade": *A só pode ser A. A não pode ser B.* Mas o que Buda propôs é que, quando você examina em maior profundidade, você vê que *A não é somente A.* A se constitui exclusivamente de elementos que não são A. Os humanos são constituídos somente de elementos não humanos. Os humanos estão constituídos de *todos* os nossos ancestrais. As montanhas, o rio, a rosa, o planeta, todos são constituídos de elementos que não são montanhas, não são rios, não são rosas e não são planetas. Quando conseguimos entender isso, estamos livres. "Humano" e "montanha" são apenas rótulos, designações, sem qualquer substância real. Eles não têm uma existência separada. *Esta é a espada dialética do Sutra do Diamante: A não é A, por isso é que A pode realmente ser A.*

O homem está presente em todas as coisas, e todas as coisas estão presentes no homem. Há uma montanha em nós, você a vê? Existem nuvens na gente, você as vê? Isso não quer dizer simplesmente que éramos uma nuvem ou uma rocha no passado, mas que ainda *somos* uma nuvem e uma rocha hoje. Nos tempos antigos, também éramos peixe, pássaro, réptil. Sim, nós somos seres humanos, mas ao mesmo tempo somos tudo. Ao compreender isso, sabemos que preservar outras espécies é preservar nós mesmos. Isso significa interser, o ensinamento mais profundo da ecologia profunda.

No mundo zen, as pessoas dizem: "Antes de praticar meditação, eu via que as montanhas eram montanhas e os rios eram rios. Durante a prática, percebi que as montanhas não eram mais montanhas e rios não eram mais rios. E depois da prática, constatei que as montanhas eram *realmente* montanhas e os rios eram *realmente* rios". Quando vemos desta forma, há liberdade.

Conheço ecologistas que não estão felizes nos relacionamentos deles. Eles trabalham muito arduamente para proteger o meio ambiente, e isso se tornou um escapismo dos seus parceiros. Mas, se alguém não estiver feliz consigo mesmo, como poderá ajudar o meio ambiente? Por isso, proteger os elementos não humanos significa proteger os humanos, e proteger humanos significa proteger elementos não humanos. O discernimento do interser tem o poder de nos despertar.

A terceira noção que precisamos superar é a de "seres vivos". Muita gente está aprisionada na distinção entre seres sencientes ou "animados" e a matéria não senciente ou "inanimada". Mas a ciência da evolução nos diz que não é só os humanos e animais que são ancestrais nossos, os minerais também são nossos ancestrais. É incorreto separar os seres vivos do mundo inanimado, criando uma linha de demarcação entre eles.

Somos constituídos de elementos não sencientes. A partícula de poeira, a partícula elementar, o quark – todos eles somos nós e nós somos eles. Precisamos transcender as noções de corpo e mente, matéria e espírito, consciência e mundo material. Essas noções são um grande obstáculo. Os cientistas do nosso tempo descobriram que até mesmo fótons e elétrons têm suas próprias inteligências – não são inferiores à consciência; não são inertes e sem vida. Um grão de milho tem uma forma própria de compreensão: basta plantá-lo no solo e dentro de dez dias ele sabe como brotar e continuar se transformando num magnífico pé de milho com folhas, flores e espigas. Os ditos seres inanimados não são tão inanimados; eles estão muito vivos.

Você também pode traduzir o termo "seres vivos" aqui como "mortais". Não só discriminamos entre "ser vivo" e "ser inanimado", como também entre o ser vivente ou "mortal" e o sagrado ou imortal. Temos a tendência de discriminar entre seres vivos e seres sagrados. A meditação aqui é examinar dentro de si mesmo profundamente e compreender que você está constituído de elementos que não são você, *inclusive o elemento de santidade*. Devemos superar a noção de "ser vivo" como sendo diferente de um ser não vivo, ou de um ser santo e iluminado, pois essa noção cria muita divisão, discriminação e sofrimento. Este é o ensinamento – a revolução – do Sutra do Diamante.

Quando olhamos para a Terra à luz dessa visão, vemos o planeta não como uma matéria inerte, mas como uma realidade sagrada da qual também fazemos parte. Com este olhar, nossa atitude em relação ao planeta muda. Vamos ser capazes de caminhar dando passos de amor e respeito sobre a Terra, e vamos realizar a grande capacidade nossa de prestar socorro.

Cuidado! Não seja capturado(a)

No Zen, há um koan, uma questão a ser contemplada: "Será que cachorro tem natureza búdica [i.e., de um buda]?" Não só o cachorro tem natureza búdica, como também a pedra e o planeta. A Terra manifesta descobertas, despertar, felicidade e muitas outras virtudes. A Terra é um buda feminino, uma mãe. "Mãe de quem?", você poderia perguntar. A mãe de budas na forma humana e budas na forma não humana. Quando não estamos aprisionados em sinais, é fácil de reconhecer a presença de um buda.

Sempre que usamos a palavra "buda" é meramente um conceito de Buda. Talvez você já tenha ouvido a história zen sobre a palavra "buda". Uma vez, quando um mestre Zen estava ensinando, ele usou a palavra "buda" e, ao fazê-lo, usou-a com muito cuidado, pois a palavra "buda" e a ideia de "buda" são cheias de artimanhas – podendo se tornar uma prisão para quem as ouve. As pessoas podem pensar que sabem quem ou o que Buda é, e ficarem presas nessa ideia.

É muito perigoso usar a palavra "buda", e usar a palavra "Deus" também o é. Então, para evitar que seus ouvintes fossem aprisionados, o mestre Zen disse: "Meus amigos, estou sendo forçado a usar a palavra 'buda'. Eu não gosto desta palavra; sou alérgico a ela. E toda vez que eu a uso, tenho que ir até o rio e enxaguar minha boca três vezes". Um ensinamento muito incisivo, muito zen. Todos na plateia ficaram em silêncio. Mas teve um aluno sentado lá trás, que se levantou e disse: "Professor!, toda vez que ouço o Senhor falar essa palavra tenho que ir até o rio e lavar meus ouvidos três vezes!"

Temos sorte de existir um professor e um aluno como esses, que nos ajudam a não nos perdermos e sermos aprisionados por ideias e palavras.

Atenção consciente, concentração e discernimento estão em todos nós como potencialidades – sementes – e esta é a nossa natureza búdica. Todo mundo tem natureza búdica; essa é uma boa notícia. Não é uma esperança;

é uma realidade. A raiz de *budh*, em sânscrito, significa "despertar". Se você desperta e vê as belezas do planeta, você já é um(a) buda. E, se souber manter vivo esse espírito desperto o dia inteiro, você é um buda em tempo integral. Não é tão difícil assim ser um(a) buda.

Você é ilocalizável

Pode ser que você acredite que é apenas este corpo. Mas você é muito mais do que este corpo. Meditar significa compreender que você também está ali, lá e acolá – em todo lugar. Sua natureza é ilocalizável.

Às vezes, os mestres Zen precisam inventar novas palavras, especialmente quando as antigas adoecem e perdem seus significados. Um dos termos cunhados no século IX pelo mestre Zen Linji é a frase "verdadeira pessoa" (眞 人 em chinês; *chân nhân* em vietnamita). Essas duas palavras são muito importantes. Ele disse que precisamos viver e praticar a atenção consciente de tal forma que revelemos a verdadeira pessoa que somos, que não pode ser encontrada no espaço ou no tempo. Ela não tem coordenadas, e como um elétron na física, não pode ser apreendida. Sentados aqui, neste momento, compreendemos que o planeta existe, com suas montanhas, rios e céu, e que nós interexistimos com todos esses elementos. As nuvens estão lá no céu, mas também estão dentro de nós. A luz do sol está brilhando lá fora, mas também está brilhando dentro de nós. Sua verdadeira pessoa é uma pessoa de encantos.

Quando catástrofes ou desastres naturais acontecem e milhares de pessoas morrem, podemos nos perguntar: "Como pode acontecer tal coisa? Por que algumas pessoas tiveram que morrer e outras não? Por que consegui sobreviver?"

Pratiquei sentado e olhando em profundidade, e o que vi foi que, quando eles morrem, nós também morremos juntos. Pois nós intersomos com eles. É como quando alguém que amamos morre, uma pequena parte de nós também morre; de alguma forma, morremos juntos com eles. Aqueles que morrem em desastres naturais morreram por nós e estamos vivos por eles. Dependendo do nosso estilo de vida, a morte deles pode significar algo. À medida que continuamos a viver, eles continuam a viver conosco. Nós carregamos todos eles conosco. Com esse discernimento da interexistência, podemos ter paz.

Você é atemporal

A quarta noção que o Sutra do Diamante nos orienta a remover é a ideia de "tempo de vida". Nós acreditamos que nascemos em um determinado momento no tempo, e que morremos em outro. E achamos que nossa existência se limita entre esses dois pontos. Isso significa estar aprisionado na ideia de um tempo de vida. Nós pensamos que só vivemos nesta Terra por um breve momento. Temos a impressão de que viemos do reino da inexistência para o da existência, e que depois de permanecer no reino da existência, por uns cem anos talvez, vamos regressar ao reino da inexistência de novo.

Está registrado no "Sutra dos quarenta e dois capítulos" que, um dia, Buda perguntou aos seus monges: "Qual a duração de um tempo de vida?" E um deles disse: "Oh, cem anos!" Buda sorriu. Outro monge disse: "Vinte anos". E outro disse: "Um dia". Então, um monge respondeu: "A duração de uma única respiração". E Buda disse: "Sim, está certo". Nós estamos renascendo a cada respiração. Você hoje já é um novo tempo de vida sucedendo o você de ontem.

Há um koan do Zen que indaga: "Onde você estava antes da sua avó nascer?" Esta não é uma questão filosófica, mas um objeto de contemplação que deve capturar sua atenção dia e noite. Para que seja um verdadeiro koan, você tem de investir 100% de sua carne, ossos e mente para conseguir a importante descoberta.

A observação nos diz que é impossível haver transformação de algo em nada, de alguém se transformar em ninguém. Tudo o que existe é manifestação contínua em formas diferentes. Antes de termos nascido já existíamos e, depois de morrer, continuaremos a existir. Nada pode passar do reino da existência para o reino da inexistência. Como o cientista Lavoisier descobriu: "Nada se perde, nada se cria, tudo se transforma".

Por exemplo, meu pai faleceu, mas não se extinguiu. Ele ainda está disponível. Em cada célula do nosso corpo, nós temos nossos pais e ancestrais, e podemos conversar com eles, aqui e agora. Eu faço isso o tempo todo. Eu sinto que meu pai está sempre vivo comigo. Eu o convido a caminhar comigo e a respirar comigo. E o que ele não pôde fazer em vida eu tento fazer para ele. Nós intersomos.

O seu professor, que transmitiu conhecimentos para você, também está em você, e você está transportando-o para o futuro. Pode ser que o professor em você tenha uma aparência diferente, soe diferente e dê uma sensação diferente do professor externo. Eu tenho me envolvido em conversas com meu próprio professor. Eu sei que tudo que faço também é para ele. Eu o carrego para o futuro, e o transmito para vocês para que possam continuar levando-o para o futuro. O meu professor em mim não se parece exatamente com meu professor externo. Meu professor em mim está mais consciente do que está acontecendo na sociedade e é capaz de conceber novos ensinamentos para ajudar o mundo. Meu professor fez o melhor que pôde, e eu como professor fiz o meu melhor, mas há coisas que não fizemos e nossos alunos devem fazer por eles e por nós. É muita bondade sua ajudar na evolução do seu professor em você.

Do mesmo modo, o buda em nós também deve evoluir. Nós podemos ajudá-lo a ser mais relevante. Buda do nosso tempo sabe usar um telefone celular, mas é livre quando usa o celular. Buda do nosso tempo sabe como enfrentar os desafios de nossos tempos para que a gente não destrua a beleza do nosso planeta ou perca tempo competindo uns com os outros. Buda de nosso tempo quer oferecer ao mundo uma visão ética global para que todos possam ter um caminho a seguir, um caminho que possa restaurar a harmonia, proteger o planeta, prevenir o desmatamento e reduzir as emissões. Enquanto continuação de Buda, você deve ajudar a oferecer ao mundo um caminho que possa impedir a destruição de nossos ecossistemas e reduzir o medo, a violência e o desespero. Devemos deixar que nossos ancestrais, nossos professores, nosso Buda interno ajam. O trabalho de salvar o planeta continua além do nosso tempo de vida.

A tarefa de quem pratica meditação

Descartar essas quatro noções equivocadas é a meditação proposta no Sutra do Diamante. É um *samādhi*, um tipo de concentração poderosa que você deve experimentar cotidianamente. Enquanto come, caminha, cozinha e se senta para meditar – não importa o que estiver fazendo – você deve treinar-se para manter viva esta visão do interexistir, para que você possa superar as ideias de um eu separado, de um ser humano, um ser vivo e um período de vida. Ao fazer isso você se liberta da discriminação – a discriminação que alicerça *todo* sofrimento.

Em nossos mosteiros e centros de práticas da atenção consciente, toda vez que ouvimos o som de um sino nós nos voltamos à nossa respiração e voltamo-nos ao momento presente. Paramos de falar, interrompemos qualquer coisa que estivermos fazendo, relaxamos nosso corpo, soltamos as tensões e começamos a seguir nossa respiração. O sino – seja o grande sino do templo, o relógio da sala de jantar ou um sino despertador da consciência em nosso telefone ou computador – nos dá uma oportunidade de parar e contemplar profundamente. O simples ato de respirar e ouvir o sino é uma forma de nos treinarmos na arte de parar. Em apenas duas ou três respirações nós nos acordamos para o que está acontecendo dentro de nós e ao nosso redor. O sino nos convida a ver que somos o mundo, somos o cosmos; não há separação. Abraçamos o espaço ilimitado e o tempo infinito, e aquele momento se torna um momento eterno; nada nos falta. O passado, o presente e o futuro estão todos contidos neste momento.

Todo medo, raiva, desespero e ansiedade surgem de nossas ideias equivocadas. E quando as removemos e enxergamos a realidade com maior clareza, nós nos libertamos do nosso sofrimento de uma forma muito concreta. Se consegue tocar a realidade dessa forma, você terá a visão correta. E quando sua visão é correta, todos os seus pensamentos serão adequados, todas as suas palavras serão dignas e todas as suas ações serão acertadas. A meditação profunda do Sutra do Diamante gera as forças da coragem [ausência de medo], paciência [ausência de raiva] e do otimismo [ausência de desespero] que precisamos para nosso trabalho. Com destemor, mesmo quando vemos a enormidade do problema, nós não vamos nos exaurir. Saberemos como dar passos pequenos e firmes. Se aqueles, entre nós, que trabalham para proteger o meio ambiente contemplarem essas quatro noções equivocadas – da existência de um eu separado, de seres humanos, seres vivos e duração de vida –, nós vamos saber como ser e como agir.

A visão da interexistência vai ajudar você a se sentir muito mais à vontade consigo mesmo. Eliminar visões equivocadas, jogá-las fora e penetrar o âmago da realidade são as tarefas de quem pratica meditação.

Ver e agir à luz do Sutra do Diamante – T.D.

O Sutra do Diamante é uma espécie de prisma que nos ajuda a reimaginar quem somos; é uma forma radical de ampliar nossos horizontes sobre o que a vida é e não é – e sobre a verdadeira natureza do planeta que gostaríamos de proteger. Ele nos dá a oportunidade de recuar da política, dos programas de ação e das notícias e verificar nossa perspectiva sobre a realidade e os próprios fundamentos de como percebemos o mundo.

Meditar nessas visões não se realiza somente na postura sentada. Quando estamos preparando o café da manhã, tomando banho, descendo a rua caminhando, e apreciando o pôr do sol ou o céu à noite são todos momentos em que podemos manter a visão da interexistência firme em nosso coração, permitindo-nos estar totalmente presentes e com a mente quieta. Um lampejo de sabedoria não requer centenas de horas sentado numa almofada.

O Sutra do Diamante nos ajuda a experimentar a compreensão profunda de que nós estamos intimamente ligados à teia da vida. Com a visão da interexistência nós compreendemos que nunca estamos sozinhos, nunca estamos impotentes e tudo o que fizermos sempre terá valor. Esta é uma verdadeira fonte de conforto. O Sutra do Diamante nos convida a descartar a ideia de que existimos separados de nossa família, amigos e colegas, e jogar fora a ideia de que existimos separados do planeta. Esses ensinamentos nos convidam a experimentar uma interligação muito tangível, neste exato momento, e experimentar um senso de identidade que é muito mais amplo do que normalmente nos permitimos. Conseguimos nos libertar do senso de separatividade na "vida real" além das pressões do nosso "eu" ou persona virtuais, permitindo-nos experimentar, naquele exato momento, "a pessoa que verdadeiramente somos", através do tempo e espaço.

Em seu sentido mais amplo, o Sutra do Diamante nos ajuda a transcender quaisquer tendências de ter algum "complexo de superioridade" achando que os humanos são excepcionais ou distintos do mundo que nos rodeia, e a tendência de ter "complexo de inferioridade" achando que é muito cheio de defeitos devido a nossa natureza humana e, portanto, incapaz de prestar ajuda. Não somos nada disso. Essa compreensão pode nos tornar mais modestos e potentes.

O Sutra do Diamante nos desafia a descartar a ideia de que nossa contribuição começa e termina nesse período de vida. Quando conseguimos tocar a interexistência através dos eixos do tempo e espaço, os nossos ancestrais, descendentes e todos os que estão circunstancialmente separados de nós, tornam-se acessíveis a nós e assim podemos nos abrir para receber a energia, o consolo e apoio deles. Reexaminando radicalmente nossas ideias sobre a existência do "eu", "ser humano", "ser vivo" e "duração de vida", nós podemos começar a transformar alguns sentimentos de desespero que podem estar nos paralisando e liberar uma energia de vitalidade e coragem. Será que podemos ouvir as vozes das gerações passadas e as vozes das próximas? Podemos ouvir as vozes dos que não estão sendo ouvidos atualmente, em nosso próprio tempo? Podemos ouvir as vozes de outras espécies e a da Terra?

Em Plum Village, depois de comentar sobre o Sutra do Diamante, Thay guiava uma meditação caminhando ao ar livre conosco. Nós saíamos juntos andando por caminhos lamacentos, pelas florestas de carvalhos para admirar a paisagem na zona rural da França. Às vezes, um sino antigo de igreja ecoava o meio-dia por todo vale, e todos nós passávamos alguns minutos parados respirando com o céu, com a terra, com nossos ancestrais e com qualquer coisa que estivéssemos carregando no coração. O momento presente e a eternidade acontecem ao mesmo tempo.

De quem são os olhos que estão apreciando o pôr do sol? De quem são os pés que estão andando? Quantas gerações de ancestrais estão caminhando com você? O que é um período de vida? Quando foi que a cadeia de calor, que é o calor do seu corpo, surgiu pela primeira vez?

Lembro-me de um dia, logo após eu ter me ordenado, nós, monásticos, estávamos apreciando o florescer das magnólias no eremitério de Thay. Sentei-me para descansar na grama, quando de repente Thay apareceu ao meu lado. Juntei as palmas e me curvei em saudação. Thay inclinou a cabeça duvidoso e me questionou: "Quem é você?" Fiquei chocada. Eu sabia que éramos muitos, mas, como foi ele quem me deu o meu nome monástico, achei que ele se lembraria. Eu sorri sem graça, perplexa. Em retribuição, Thay sorriu um sorriso de perdão e depois seguiu em frente. Eu percebi que não tinha entendido muito bem. Algum tempo depois, ele parou outra irmã na sala de meditação e fez a mesma pergunta: "Quem é você?" "Eu não sei!", ela brincou de volta e Thay abriu um sorriso. "Isso é uma verdadeira comunicação entre professor e aluno!", declarou ele, encantado. Thay nos ensina que a mente que sabe que não sabe é uma mente que está aberta, livre e desperta para a possibilidade infinita.

Podemos sentir uma forte compulsão de salvar o planeta, nesta vida, e possivelmente temos medo de jamais conseguir fazer o bastante. A verdade nua e crua é que o planeta não precisa ser salvo uma vez apenas; precisa ser salvo inúmeras vezes, por inúmeras eras por vir. É impossível salvar o planeta de uma vez por todas, ou sozinho. O fato de o planeta poder existir aqui agora é um milagre nascido de inúmeras causas e condições favoráveis ao longo de bilhões de anos. E o planeta continuará precisando de inúmeras causas e condições favoráveis daqui para frente. Esta compreensão é uma notícia boa. Pertencemos a um fluxo de vida, e o momento agora é nosso, chegou a nossa vez de fazer a nossa parte, e nos esforçar ao máximo para transmitir às gerações futuras tudo o que aprendemos, para que assim possam fazer a parte delas. A parte central deste livro, "A dimensão da ação: viver de uma nova maneira", explora a visão ousada de Thay sobre como todos nós podemos participar na criação de uma cultura verdadeiramente regeneradora e compassiva capaz de continuar além do nosso tempo de vida.

Alguns de nós podemos ser aterrorizados, em sonhos ou em nossos monitores, pelos medos de um "fim" apocalíptico da vida neste planeta. A desolação, ansiedade e aflição podem ficar gravadas em nosso peito, sobrancelhas, mentes, nublando nossos dias e perturbando nossas noites. Este é o sofrimento da nossa época. Podemos conhecer pessoas que questionam: "Como é possível eu fazer algo nesta minha vida que seja suficiente?" Podemos conhecer outros que dizem: "Nada importa, todos vão morrer de qualquer jeito, a Terra vai colidir com o sol em alguns bilhões de anos, então por que não simplesmente curtir o que quisermos?" As contemplações do Sutra do Diamante revelam que essas perspectivas ainda estão presas nas noções de um "eu" separado ou "tempo de vida". A visão da interexistência supera a ideia de que qualquer coisa que acontecer com a Terra após a nossa morte não tem nada a ver conosco. Não podemos continuar a dizer que só vamos querer fazer algo pela Terra se acharmos que o nosso "eu" terá um futuro nela. Nós e a Terra intersomos.

Há aqueles, entre nós, que encolhem os ombros cinicamente dizendo: "Em todo caso, qual o sentido da vida?" Logo que falamos algo assim, estamos supondo que sabemos o que é a "vida", e que o único problema é entender o seu significado. Mas será que temos tanta certeza assim de que sabemos o que a vida é? As visões do Sutra do Diamante nos mostram que a vida é muito mais do que pensamos ser. É possível nos treinarmos para entender que a cada momento estamos participando do futuro da Terra, e tudo o que fizermos hoje pode contribuir para a saúde e vitalidade do planeta.

Você não pode se transformar em nada

Buda disse que um minuto contemplando a morte é muito gratificante, pois, se você souber o que é a morte, você se torna mais vivo. Quando eu era jovem, pensava comigo mesmo: "Eu sou jovem e cheio de vida, por que eu teria que pensar sobre a morte?" Mas depois eu descobri que, se você medita sobre a morte, você aprecia mais a vida e pode tocar a alegria de estar vivo.

Uma alma permanente e imortal é algo que não pode ser aceito, nem pelos bons budistas nem pelos bons cientistas; se tudo é impermanente, continua a se manifestar em diferentes formas. Mas a visão oposta, de que após a desintegração deste corpo você desaparecerá completamente, é outro extremo, outra visão equivocada: a visão da aniquilação. Não devemos cair na armadilha do *eternalismo* [imutabilidade], nem devemos cair na armadilha da *aniquilação* [total destruição] e dizer que após a morte nos reduzimos a *nada*.

Imagine por um instante que você é uma nuvem. Esta é uma meditação. Você está constituído de minúsculos cristais de gelo ou água. Você é tão leve que não cai, você flutua no céu. Há interação, colisão, entre todos os trilhões de cristais minúsculos. Em determinado ponto, eles podem se combinar para se tornar granizo ou água antes de começar a chover. Mas no meio do caminho encontram ar quente e evaporam novamente. Então você está subindo, caindo e subindo novamente. Transmigração, reencarnação e renascimento estão continuamente ocorrendo com a sua nuvem. Enquanto nuvem, você não precisa se tornar chuva para ter uma nova vida; você tem vida nova a cada instante. Você pode pensar que a nuvem só flutua lá e é a mesma nuvem, mas isso não é verdade. Uma nuvem é muito ativa e cheia de energia.

Para nós, seres humanos, acontece o mesmo. Renascimento e continuação estão sempre acontecendo; a cada momento estamos produzindo pensamentos, palavras e ações. Nossas ações são uma energia que tem um efeito em nós e no mundo; elas são produtos nossos. Nossas ações são nossa chuva, nossa neve, nosso trovão e relâmpago. No budismo, a palavra para ação é *carma*. É um termo muito importante.

Qual é sua pegada cármica

Imagine uma parte da sua nuvem se transformando em chuva e caindo para se juntar ao rio lá embaixo. Por sermos um resto da nuvem no céu, podemos ver a nossa continuação lá embaixo. Flutuar aqui em cima é bom, mas fluir lá embaixo também é bom. Então, nós somos as duas coisas aqui em cima e lá embaixo. Estamos falando de uma nuvem, mas podemos falar dos seres humanos da mesma maneira. Podemos nos ver nos frutos de nossas ações, em nossos entes queridos, em tudo o que temos realizado. Essa é a maneira de olhar: você não se vê somente neste corpo, mas em todos os lugares, em seus pensamentos, palavras e ações que são extensões suas no mundo. Isso é algo maravilhoso em meditação. Você compreende que pode fazer algo para melhorar sua continuação. É possível pensar, falar e agir compassivamente, criando compreensão e perdão. Há motivo para se ter esperança e alegria.

Há uma dita "visão científica" de que tudo acontece por coincidência. O filósofo britânico Bertrand Russell descreveu o homem como sendo "o produto de causas que não tinham previsão do fim que estavam alcançando... sua origem, seu crescimento, suas esperanças e medos, seus amores e crenças, são apenas o resultado de colocações acidentais de átomos". De acordo com esta visão, não há plano inteligente, só coincidência.

No budismo, não falamos em projeto ou plano criado por um deus. Mas falamos de uma força dinâmica que está por trás de tudo e determina o estado do mundo, o estado da Terra, e essa força se chama carma, ação. O destino do planeta depende da nossa ação. Não depende de um deus. Não depende do acaso. Depende da nossa ação real. Acredito que os cientistas não terão dificuldade em aceitar isso.

No budismo, sempre entendemos ação como tendo três aspectos: pensar, falar e agir. Quando produzimos um pensamento há energia, há ação que podem nos mudar e mudar o mundo, de forma boa ou má. Se for um tipo de pensamento correto, terá um efeito nutridor e restaurador em nosso corpo e ambiente. O pensamento correto pode tornar o mundo num lugar melhor de se viver, assim como o pensamento equivocado pode transformar o mundo num inferno. Falar pode ter o efeito de liberar tensão, reconciliar o conflito ou trazer esperança. Ou a fala pode destruir a esperança ou causar o rompimento de uma família. Falar é uma espécie de energia, uma força. E a ação física também é uma energia que pode proporcionar cura em nós mesmos e no mundo; podemos *fazer algo* que tenha o poder de proteger, salvar, apoiar e aliviar.

Pode ser que ontem tenhamos produzido um pensamento de ódio ou de raiva, ou pode ser que tenhamos feito algo com ódio ou raiva. E hoje percebemos que não é uma continuação muito boa de termos. É muito possível fazer algo para transformar isso. Você se estabelece no momento presente, ciente de seu corpo e respiração. E se lembra de que ontem você pensou, disse, ou fez tal coisa, que pode ter prejudicado você e os outros. Então, aqui sentado, firmemente estabelecido no aqui e agora, você produz outro tipo de pensamento na direção oposta: um pensamento de perdão, de compaixão, de compreensão. Logo que esse pensamento for produzido, alcançará o outro pensamento e o neutralizará imediatamente. Isso está mudando o carma. É possível, através da prática da atenção consciente no aqui e agora.

Existe o livre-arbítrio e a possibilidade de transformação; existe probabilidade. O livre-arbítrio é atenção consciente; quando a atenção consciente intervém, nós sabemos o que estamos pensando, dizendo e fazendo. Se gostamos, permitimos que continue. Se não gostamos, somos livres para fazer de forma diferente.

Cada pensamento que produzimos, cada palavra que pronunciamos, tudo o que fazemos *altera* nosso corpo, mente e ambiente. Esse impacto é chamado de "retribuição". O ambiente em que nos encontramos somos *nós*, e é resultado de nossa ação. Nós estivemos vivendo de uma maneira tal que destruímos nosso meio ambiente e muitas espécies desapareceram. Esta *é* a nossa retribuição.

Você tem que ser responsável tanto pelo seu próprio corpo e mente quanto pelo seu ambiente. O seu ambiente *é* você. Quando você olhar para uma árvore, não pense que a árvore é outra coisa além de você. A árvore *é* você. O que você produz em termos de pensamento, palavra e ação são energias que nunca podem ser destruídas. Com atenção consciente, compaixão e compreensão você pode assegurar uma melhor retribuição no futuro para você e o mundo.

Indestrutível

Lembro-me dos dias intensos logo após os ataques do dia 11 de setembro de 2001 nos Estados Unidos. Eu estava na Califórnia, na ocasião, e o sofrimento, o medo e a raiva no país eram imensos. A vida parecia ter parado. Eu estava programado para voar da Califórnia para Nova York a fim de dar palestras e conduzir retiros na costa leste. No avião, havia muito medo e desconfiança nos rostos de todos. O piloto tentou fazer uma piada para relaxar o clima, mas ninguém sorriu.

Eu deveria dar uma palestra na Igreja Riverside no dia 25 de setembro. Na noite anterior, irmãos e irmãs da minha comunidade vieram sentar comigo, inclusive muitos monges e monjas jovens. Eu compartilhei com eles que o clima estava cheio de ódio, medo e raiva e que, embora os Estados Unidos estivessem prontos para fazer algo para punir os perpetradores, eu estava defendendo a inação, acalmar, parar e a não violência. Havia uma preocupação de que alguém, com raiva, poderia atacar ou atirar em mim durante a palestra. Era uma situação perigosa e eles estavam preocupados com minha segurança.

Eu disse isso a eles: mesmo se eu for morto por ensinar o Darma – a verdade –, você ainda me terá como professor. Mas, se me faltar coragem, se eu me recusar a compartilhar minha visão e compaixão, então pode ser que o meu corpo ainda esteja vivo, mas você não teria um bom professor.

Prosseguimos com a palestra. Veio tanta gente que não tinha espaço suficiente para todo mundo na igreja. Após duas horas e meia juntos, ouvindo profundamente e respirando atentamente, você podia ver uma transformação profunda nos rostos das pessoas. Elas aparentavam estar bem melhores do que quando chegaram. Elas se sentiram um pouco aliviadas e sofreram muito menos. Você precisa ter o dom do destemor dentro de si para poder oferecê-lo aos outros.

Os dois tipos de verdade

No budismo, nós distinguimos dois tipos de verdade: a verdade convencional (relativa, histórica) e a verdade suprema (absoluta, última). No nível da verdade convencional, diferenciamos a mente da matéria, o filho do pai, os humanos das outras espécies, estar vivo de estar morto. Mas, no nível da verdade suprema, essa diferenciação é impossível. A verdade suprema transcende as ideias de eus separados, de espécies distintas, e até mesmo a noção de "nascimento" e "morte". No nível da verdade suprema não existe morte; só há continuação.

A verdade suprema não existe separada da verdade convencional. Quando entramos em contato com a verdade convencional de maneira profunda, tocamos o absoluto. Se tocarmos uma nuvem superficialmente, só vemos a existência e a inexistência da nuvem – de que esta nuvem *não é* outras nuvens. Todas essas noções podem ser aplicadas a uma nuvem. Ao usarmos a mente discriminativa para observar uma nuvem desta forma, tocamos apenas o aspecto fenomenológico da nuvem. Estamos no reino da verdade convencional. Mas, ao usarmos a atenção consciente e a concentração para observar a nuvem mais profundamente, descobrimos que a mesma nuvem está livre do nascimento e da morte, do existir e inexistir, e acessamos a verdade suprema da nuvem. Não temos que descartar a nuvem para tocar sua verdadeira natureza.

Não há conflito entre os dois tipos de verdade; ambas são úteis. O conhecimento da verdade convencional pode ser aplicado, de modo prático, em tecnologia e no cotidiano. Cada um de nós precisa de uma certidão de nascimento para obter uma carteira de identidade ou passaporte. Sem isso, não podemos ir a lugar algum. Não podemos dizer: "Bem, minha natureza é uma natureza que não nasce e não morre. Eu não preciso de uma certidão de nascimento!" E quando alguém morre, temos que informar que ele ou ela morreu. Não podemos dizer: "Como ele não pode morrer jamais, eu não preciso declarar a morte dele".

No budismo, ao investigarmos a realidade, seguimos um princípio chamado de "investigação distinta dos fenômenos e a numenal". Assemelha-se às diferentes abordagens da ciência clássica e da ciência moderna: os métodos que você aplica na ciência clássica devem ser largados quando você entra no reino da física quântica. Quando quer se aproximar da verdade suprema, e se libertar de toda discriminação e visões equivocadas, você tem que abandonar todas as palavras, conceitos e ideias que o ajudaram a investigar o mundo fenomênico. Isso é muito importante.

Se for uma verdade convencional, a atenção consciente nos ajuda a saber que se trata de uma verdade convencional e não somos aprisionados. E se for uma verdade suprema, a atenção consciente nos ajuda a saber que esta é uma verdade suprema, e não somos aprisionados na verdade absoluta. Assim estamos livres. É possível aceitar os dois tipos de verdade. Nós não podemos afirmar que uma verdade é melhor do que a outra, ou que uma verdade é a *única* verdade.

Enfrente seus medos

Buda nos aconselha a observar a natureza de nosso medo de maneira profunda e direta, e a nos familiarizarmos com ele. A maioria de nós tem medo de morrer, de ficar doente, de envelhecer e ser abandonado. Temos medo de perder o que valorizamos e de perder as pessoas que amamos. Muita gente sofre profundamente, mas nem mesmo sabe que sofre. Nós tentamos encobrir nosso sofrimento permanecendo ocupados, não porque queremos nos ocupar, mas para evitar entrar em contato com o sofrimento. Precisamos fazer tudo o que podemos para perceber que o sofrimento existe, e aprender maneiras de cuidar dele.

Não devemos tentar fugir do medo, mas dedicar tempo necessário para o reconhecer, acolher e examinar profundamente suas raízes. No budismo, temos uma meditação para enfrentarmos e transformarmos nossos medos, chamada de "As Cinco Lembranças". Respirar de forma atenta e consciente: inalando e exalando, de maneira profunda e lenta, pode nos proporcionar estabilidade, enquanto contemplamos:

1) Envelhecer faz parte da minha natureza. Não há como escapar do envelhecimento.

2) Adoecer faz parte da minha natureza. Não há como eu me safar de ter problemas de saúde.

3) Morrer faz parte da minha natureza. Não há como eu escapar da morte.

4) Mudar faz parte da minha natureza de tudo o que aprecio e todos a quem amo. Não há como eu evitar ser separado deles.

5) Eu herdo os resultados de minhas ações de corpo, fala e mente. Minhas ações são continuações minhas.

A vida de uma civilização é como a vida de um ser humano: no nível das aparências, também tem seu tempo de vida e vai ter que terminar um dia. Já existiram muitas civilizações que foram destruídas, e a nossa em nada difere. Sabemos que se continuarmos a viver da maneira que vivemos, destruindo nossas florestas, poluindo nossas águas e céus, não há como evitar um desastre. Haverá catástrofes, inundações e novas doenças e vários milhões de pessoas vão morrer.

Se continuarmos a viver da forma como estamos vivendo, o fim da nossa civilização certamente acontecerá. Só se acordarmos para esta verdade, enquanto espécie humana, teremos o discernimento e a energia de que precisamos para mudar o nosso estilo de vida.

Temos que aprender a aceitar a possibilidade de extinção de muitas espécies da Terra, inclusive a humanidade. Mas se os humanos já surgiram na Terra uma vez, poderão surgir de novo. Podemos aprender, com a paciência da Mãe Terra, a não discriminar e amar incondicionalmente. Nós vemos que a Terra tem a capacidade de se renovar, transformar, se curar e nos curar também. Isso é um fato. Temos que pensar no tempo geologicamente. Cem anos é quase nada. Se nos aprofundarmos, no presente, podemos abraçar toda a eternidade.

A saída é para dentro

Quando você consegue olhar a verdade de frente e aceita totalmente a realidade como ela é, você descobrirá algo novo e será capaz de desfrutar a paz. A verdade é tão óbvia. Mas, se você continua resistindo à verdade e deixando que o medo, a raiva e o desespero lhe dominem, você não pode ter paz, e você não vai dispor da liberdade e clareza de que precisa para ajudar. Se todos nós entrarmos em pânico, só iremos acelerar a morte da nossa civilização.

A saída é para dentro. Você tem que retornar para si mesmo, olhar de frente seus medos mais profundos, e aceitar a impermanência de nossa civilização. A prática é lidar com nosso medo e tristeza *neste instante*; o nosso discernimento e despertar vão originar paz e compaixão. Caso contrário, a negação e desespero só vão nos adoecer. Se conseguirmos ficar em paz diante da realidade, teremos alguma chance.

Ao contemplarmos o momento presente, já podemos ver o futuro. Mas tudo *é* impermanente. A humanidade *pode* mudar. Em primeiro lugar, temos que mudar nós mesmos. E, se *nós* pudermos dar o nosso melhor, isso já nos proporciona muita paz. O futuro do planeta não depende só de uma pessoa, mas você fez sua parte. E por isso você pode ter paz.

O fato é que já dispomos de soluções tecnológicas suficientes. Mas estamos tão possuídos de medo, raiva, divisionismo e violência que não conseguimos fazer bom uso delas. Não estamos dando prioridade aos desafios; não estamos investindo nosso tempo e recursos; não estamos colaborando. As grandes potências continuam investindo muito dinheiro na fabricação de armas em vez de investir em novas fontes de energia. Por que os países precisam de armas? Porque têm medo; ambos os lados têm medo. Por isso, é preciso transformar nosso medo individual e coletivo.

O problema é humano. Por essa razão precisamos de uma dimensão espiritual. Se você for capaz de gerar a energia da calma, da aceitação, da bondade amorosa e destemor, sua ajuda pode ser a de introduzir essa dimensão de coragem e união na situação. Só a tecnologia não basta para resolver o problema. É necessário que esteja associada à compreensão, compaixão e espírito coletivo.

Nossa vida espiritual, nossa energia de atenção consciente, concentração e discernimento é o que pode fazer surgir a energia da paz, calma, inclusão e compaixão. Sem isso, eu não acho que nosso planeta terá uma chance. Então, por favor, quando estiver sentado meditando, ou andando em meditação, em suas contemplações, examine profundamente para obter uma compreensão clara e profunda da paz, aceitação e coragem. Precisa ser uma verdadeira descoberta de sabedoria. Nossa paz, força e despertar vão nos unir, e cada um de nós pode fazer nossa parte para evitar catástrofes e dar uma contribuição para salvar o planeta.

Zen e a arte de pegar uma cobra – T.D.

No budismo, as pessoas falam que colocar os ensinamentos em prática requer o mesmo tipo de habilidade de pegar uma cobra: se você tentar agarrá-la da maneira errada, a cobra vai se virar para morder você. O mesmo acontece com os ensinamentos profundos que estivemos explorando até aqui, inclusive os ensinamentos sobre os dois níveis de verdade e os ensinamentos contemplativos da nossa própria impermanência e a impermanência da nossa civilização.

Então, se ao contemplarmos o fim da nossa própria vida ou da nossa civilização surgir uma sensação paralisante de desespero ou desânimo, é sinal de que estamos aplicando a contemplação da forma errada. A visualização pode ser chocante; pode haver resistência; pode haver lágrimas, raiva e frustração enquanto mantivermos essa possibilidade no coração. Mas, em última instância, a intenção é avançar até um novo horizonte de realismo, de possibilidade e, como Thay diz, de paz.

É muito poderoso recitar As Cinco Lembranças (cf. p. 70) – toda noite antes de dormir. Podemos relembrar silenciosamente as palavras, enquanto respiramos fundo algumas vezes, e nos treinar para digerir cada linha devagar. Cada uma delas é como uma verdadeira pedra a ser engolida: *vou* adoecer, *vou* envelhecer, *vou* morrer, *vou* eventualmente me separar daqueles que amo. Portanto, será que vivi hoje de um jeito que posso realmente valorizar tudo o que tenho e todos aqueles que amo? Como eu gostaria de viver amanhã? O que é mais importante para mim?

Nós estivemos explorando as aparentes contradições entre os dois níveis de verdade. As Cinco Lembranças afirmam que a morte existe, enquanto os quatro ensinamentos do Sutra do Diamante parecem sugerir que não: a vida não se limita ao espaço e tempo. No budismo profundo aprendemos que ambas as verdades estão acontecendo ao mesmo tempo, e que ao contemplarmos profundamente a verdade convencional poderemos entrar em contato com a verdade última, suprema. Uma verdade leva a outra. É contemplando a interexistência e a energia de nossas ações (carma) no mundo que podemos expandir nossa visão e tocar a verdade suprema, que está além dos sinais e das aparências. Ao fazer isso podemos perceber que cada ação corporal, verbal e mental tem um impacto; tudo o que fazemos ressoa numa amplitude muito maior do que normalmente imaginamos. E isso nos dá uma enorme motivação para cuidar do legado da nossa ação: tudo o que pensamos, dizemos e fazemos *conta*.

Contemplar o fim da nossa civilização não é fácil, pois temos a tendência de pensar em nossa civilização como um eu, como uma entidade separada, e não como algo impermanente cuja existência está interligada a tudo o mais. Pode ser útil visualizar as terras glaciais do passado, ou a terra tropical dos dinossauros. Sabemos que nosso planeta se manifestou de várias formas. Mesmo assim, como podemos aceitar a possibilidade de a humanidade fracassar – que, se continuarmos indo na direção que estamos indo, vamos sem dúvida fracassar? Como podemos aceitar algo que queremos mudar? Há algo naquilo que pode nos dar a sensação de derrotismo. Por isso, nós nos recusamos a aceitar o fracasso; nos recusamos a ceder ao que parece ser um pensamento negativo. Uma coisa é ler isso numa página; a outra é realmente fazer essa verdade descer até as profundezas do nosso ser e fazer as pazes com ela. Talvez nem mesmo ousamos tentar.

Thay está nos desafiando a tentar. Ele diz: "Quando você consegue olhar a verdade de frente e aceitá-la inteiramente como ela é, você vai avançar e poder ter paz". E com essa paz tranquilizante, a liberdade e a clareza surgirão naturalmente, e vamos ter a energia necessária para fazer o que estiver ao nosso alcance para mudar a situação. Quando a paz e a aceitação nascem em nossos corações, *nós compreendemos que não temos absolutamente nada a perder*; estamos inspirados a fazer tudo o que pudermos para ajudar. À luz dos ensinamentos sobre o carma, tudo o que pensamos, falamos e fazemos neste momento vai afetar o próximo momento, seja hoje à noite, amanhã ou na próxima geração.

É uma prática, um treinamento, manter vivas essas visões radicais em nossas ações diárias, principalmente nos momentos de perda, decepção, ou crise, quando as coisas ficam difíceis e nossos sentimentos ficam exacerbados. Precisamos que as energias de compreensão e compaixão nos sustentem e sustentem nossas ações. Então o próximo problema é saber: Como podemos gerar o amor que precisamos? E como podemos não nos exaurir quando nos doamos?

Sua necessidade mais profunda

Mesmo se quisermos ajudar o planeta e trabalhar por justiça, direitos humanos e paz, podemos não ser capazes de contribuir com coisa alguma se ainda não tivermos conseguido satisfazer nossas necessidades mais básicas. Nossa necessidade mais profunda não é a de somente ter comida para comer, uma casa para morar e um parceiro para amar. Tenho visto muita gente que têm todas essas coisas e, mesmo assim, continua a sofrer profundamente. Existem pessoas ricas que continuam a sofrer; pessoas poderosas ou famosas e que ainda sofrem profundamente. Precisamos de algo que vá além das coisas materiais.

Precisamos de amor. Precisamos de compreensão.

Podemos ter a impressão de que ninguém nos compreende. Pensamos: "Se pelo menos *uma* pessoa me compreendesse, eu me sentiria melhor". Mas, até então, não encontramos ninguém que possa realmente compreender nosso sofrimento, nossas dificuldades ou nossos sonhos. Compreensão é o que mais precisamos – e amor.

Também precisamos de paz, de alguma paz interior profunda. Sem isso, estamos perdidos. Quando temos paz, temos clareza e calma suficientes para ver o caminho a seguir. Ter paz interior é uma necessidade muito essencial. Sem ela, você não pode fazer nada para ajudar os outros.

Então, todos nós precisamos de paz, de compreensão e amor, mas a impressão que nos dá é que essas coisas são muito raras. Você não pode comprá-las no supermercado; você não pode obtê-las online. A questão é: "Como eu mesmo poderia gerar a energia da paz, da compreensão e do amor?" Meditar serve para isso. É uma tarefa muito urgente. Podemos aprender *a cultivar* um sentimento de paz, de compreensão e compaixão em qualquer situação.

O amor começa com a observação do corpo e da mente. Todos nós temos algum tipo de sofrimento, alguma dor, em nosso corpo e em nossa mente, e por isso o amor é urgentemente necessário. Pode haver sofrimento corporal ou mental, um bloqueio talvez que venha existindo por muito tempo – que pode ter sido transmitido por nossos pais e ancestrais ou ter se acumulado no decorrer de nossa própria vida. Temos que ser capazes de reconhecer nosso sofrimento, e aprender como transformá-lo, para assim não o transmitir às gerações futuras.

Podemos aprender muito com nosso sofrimento, e sempre podemos fazer algo para transformá-lo em alegria, felicidade e amor. Somente se tivermos a coragem de nos encontrar com nosso próprio sofrimento é que poderemos gerar a clareza e compaixão que precisamos para servir ao mundo.

Deixe a luz entrar

Um iogue, um praticante, é um artista capaz de lidar com seus medos e outros tipos de sentimentos ou emoções aflitivas. Eles não se sentem vítimas, pois sabem que podem fazer algo a respeito.

Você escuta seu sofrimento interno e entra em contato com ele. Inspira e expira profundamente para examinar: "Por que estou sofrendo? De onde veio esse sofrimento?" Seu sofrimento, seu medo, podem refletir o sofrimento de seus pais, dos seus ancestrais e do planeta. E podem conter o sofrimento do seu tempo, da sua comunidade, da sua sociedade, nação. É muito importante não o encobrir com música, filmes ou jogos de computador. Ter a coragem de voltar-se para dentro de si, reconhecer e sustentar o sofrimento interno e olhar profundamente para ele, pode ser a coisa mais importante que você, meditador, pode fazer.

O praticante de meditação inspira e diz: "Olá, meu medo, minha raiva, meu desespero. Eu vou cuidar bem de você". No momento em que você reconhece o sentimento e sorri para ele com amor e carinho, acolhe o medo com atenção consciente, ele começará a mudar. Este é o milagre da atenção consciente. É como a luz do sol brilhando sobre a flor de lótus de manhã. O botão ainda não abriu, mas como a luz do sol se derrama, os fótons penetram no botão e depois de uma ou duas horas sendo penetrado pela luz, a flor se abre sozinha.

Temos a energia da atenção consciente gerada através das práticas de andar, sentar-se ou respirar conscientemente. Com essa energia, nós acolhemos o nosso medo tão suavemente quanto a luz que envolve a flor. Quando os dois tipos de energias se encontram, haverá uma mudança, uma transformação. A energia afetuosa penetra o medo, a raiva ou o desespero. Você o sustenta com tanto amor quanto levaria nos braços uma criança ferida.

Se a emoção se tornar muito forte, você a sentirá se elevando. A maneira de lidar com uma emoção forte é se colocando numa posição estável e usando sua inspiração e expiração para se tornar firme, e assim não ser arrebatado. Esteja deitado ou sentado, você concentra sua mente no ponto chamado de *dan tian*, cerca de uma polegada abaixo do umbigo, e pode até colocar suas mãos neste ponto. Você se concentra 100% na inspiração e expiração, no subir e descer do seu abdômen, e será capaz de interromper o pensamento. Neste momento, é muito importante parar de pensar, pois quanto mais você pensa mais o seu desespero e medo lhe arrebatam. Não tenha medo. A onda de emoção é como uma tempestade que passa depois de algum tempo. Você pode inspirar contando até seis, sete, oito ou até mesmo dez segundos; e você pode expirar por dez, doze, quinze segundos ou mais, sem pensar. Você vai se sentir aliviado.

Zen em meio à tempestade

Em 1976, juntamente com meus colegas e amigos do movimento budista pela paz, organizamos trabalhos emergenciais para ajudar a salvar as vidas dos refugiados que estavam fugindo do Vietnã. Em Cingapura, nós alugamos, às escondidas, três grandes barcos para resgatar pessoas que estavam à deriva no alto-mar e silenciosamente levá-las para pedir asilo em outros países.

Naquela época, as autoridades estavam deixando que os refugiados morressem no mar, às vezes até empurravam para fora seus pequenos barcos. Então, se quiséssemos ajudar o pessoal do barco, não tínhamos outra escolha senão infringir a lei. Em uma missão, nós resgatamos quase oitocentas pessoas no Golfo de Sião, mas o governo da Malásia se recusou a permitir que nossos barcos entrassem nos mares da Malásia. No decorrer daqueles dias, nós praticávamos sentados em meditação e andando em meditação, e comíamos em silêncio e concentrados. Nós sabíamos que, sem esse tipo de disciplina, nosso trabalho fracassaria. A vida de muita gente dependia da nossa prática de atenção consciente.

Mas enquanto tentávamos encontrar uma maneira de levar os refugiados com segurança até a costa de um país que pudesse aceitá-los, nosso plano de socorro foi exposto. A polícia de Cingapura chegou à nossa porta às duas da manhã, confiscou meus documentos de viagem e ordenou que deixássemos o país em vinte e quatro horas. Ainda havia centenas de pessoas a bordo nos barcos, que não tinham sido salvas e ainda continuavam sem comida ou água suficientes. A vida delas dependia de nós. Os ventos estavam fortes e o mar agitado, e um dos motores do barco tinha se quebrado. O que poderíamos fazer?

Eu tive que respirar fundo. Era uma situação extremamente difícil. Havia mais problemas do que era aparentemente possível de serem resolvidos em vinte e quatro horas antes de eu ter que partir. Compreendi que precisava colocar em prática as palavras "Se você quer paz, a paz é sua imediatamente". Você precisa *querer* a paz o bastante. Eu via que, se eu não conseguisse ter paz naquele momento, eu *nunca mais* poderia ter paz. A paz pode ser encontrada no meio do perigo. Eu nunca mais esquecerei cada segundo que passei meditando sentado, cada respiração e passo que dei com atenção consciente no decorrer daquela noite.

Por volta das quatro horas da manhã, finalmente, eu tive um lampejo de que poderíamos apelar para o embaixador da França, que estivera nos apoiando silenciosamente, para que ele interviesse a nosso favor e pedisse às autoridades de Cingapura para nos conceder a licença de permanência por mais dez dias apenas. Esses dez dias podiam ser exatamente o suficiente para as pessoas serem colocadas em segurança. O embaixador concordou e, no último minuto, conseguimos a aprovação do Escritório de Imigração para permanecer. Sem a prática de meditação – de andar e respirar com atenção consciente – teríamos sido facilmente dominados pelo sofrimento e estaríamos sem condições de continuar. Eventualmente, pudemos conseguir suprimentos para os barcos e as vidas dos refugiados foram salvas, apesar dos meses de demora para colocá-los em terra e muitos anos para que os pedidos de asilo deles fossem processados nos campos de refugiados.

Sem lama não há lótus

Há uma conexão profunda entre sofrimento e felicidade; é como a conexão entre a lama e a flor de lótus. Quando você dedica o tempo necessário para ouvir seu sofrimento e examinar profundamente a verdadeira natureza dele, a compreensão surge; e quando a compreensão surge, a compaixão nasce. Podemos chamar isso de *"a mecânica da compaixão"*. Você faz um bom uso do sofrimento para criar algo mais positivo: *a compaixão*. É análogo a quando você usa lama para cultivar flores de lótus; sem lama, não há lótus. E, da mesma forma, se não houver sofrimento, não pode haver felicidade, nem compaixão.

Há duas visões errôneas que tendemos a ter com relação ao sofrimento. A primeira é pensar que, quando sofremos, *só existe* sofrimento, que tudo na vida é sofrimento e miséria. A segunda é acreditar que *somente* quando superarmos *todo* o sofrimento poderemos ser felizes. Isto também não é verdade. Pode haver muitas coisas que não nos deixam felizes, e *ao mesmo tempo* existir várias condições de felicidade. Para apreciar o fato de estar sentado em meditação, por exemplo, não precisa que você tenha que estar totalmente livre de sofrimento. Cada um de nós tem algum sofrimento, mas sabemos a arte de administrá-lo.

Não pense que só podemos ser felizes quando nosso mal-estar estiver totalmente solucionado. Isso é impossível. Você pode pensar que ao se tornar um buda não mais precisará praticar, porque buda é desperto, alegre, feliz e tem compreensão clara da natureza íntima de tudo. Mas o despertar, a sabedoria e a felicidade são todos impermanentes. Se um buda quiser nutrir essas coisas, ele ou ela tem que continuar praticando e usando sofrimento, tal como uma flor de lótus que para continuar florescendo precisa se manter na lama que a nutre. De modo semelhante, entrar em contato com o nosso sofrimento, abraçá-lo e transformá-lo, gera despertar, discernimento e compaixão.

Certa vez, um discípulo perguntou ao professor dele: "Onde devo procurar o nirvana?" E o mestre Zen respondeu: "Bem no coração do samsara!" Temos que usar o sofrimento – nosso medo, desespero e ansiedade – para gear felicidade, despertar e discernimento. A prática é *fazer bom uso* do sofrimento a fim de criar felicidade. Um não pode existir sem o outro. Sofrimento e felicidade interexistem. Temos que encontrar uma maneira de olhar nosso sofrimento de frente e transformá-lo em felicidade e compaixão – tal como usamos de apoio o mesmo lugar onde caímos para nos levantar.

Como podemos ver o que há de bom, quando tudo parece ser tão ruim? Esta é uma pergunta muito difícil. Mas eu acredito que, se dedicarmos um bom tempo, podemos ver os aspectos positivos daquilo. Se você ainda não consegue ver é porque ainda não passou tempo suficiente em contemplação profunda. A prática da meditação é a prática de passar o tempo necessário sentado e contemplando profundamente para conhecer.

Quando deixei o Vietnã em 1966 para reivindicar paz, eu pretendia me ausentar por apenas três meses e depois voltar para casa. Todos os meus amigos estavam no Vietnã; meu trabalho era lá. Tudo o que eu queria fazer e todos com quem eu queria estar viviam no Vietnã. Mas fui exilado por ousar reivindicar paz. E isso foi muito difícil. Embora já estivesse com 40 anos e fosse um professor com muitos alunos, eu ainda não tinha encontrado meu verdadeiro lar. Intelectualmente, eu tinha muito aprendizado e treinamento budista, e podia dar boas palestras sobre meditação, mas eu ainda não tinha verdadeiramente *chegado*. E no fundo do meu coração, eu queria ir para casa. Por que eu havia de querer morar na Europa e nos Estados Unidos? Durante o dia, eu vivia muito ocupado, dando palestras, participando de conferências com a imprensa, dando entrevistas. Mas, à noite, eu me imaginava voltando para casa. Eu sonhava em escalar um morro lindo, muito verde, com belas cabaninhas. Era sempre o mesmo morro. E sempre, no meio do caminho subindo o morro, eu acordava e lembrava que estava em exílio. Eu tentava me treinar para ver que a Europa também era bonita; as árvores, os rios e o céu também eram belos. Durante o dia tudo estava bem. Mas à noite o sonho continuava se repetindo.

Então, depois de alguns anos, eu percebi certo dia que aquele sonho tinha deixado de acontecer. Com o passar do tempo, a tristeza e o anseio profundo na minha consciência tinham sido acolhidos pela concentração e compreensão. O desejo de voltar para casa ainda existia, mas eu deixei de sofrer. E, finalmente, chegou o dia em que senti que, mesmo se eu jamais pudesse voltar pra casa nesta vida, eu estaria bem. Foi uma emancipação total, sem arrependimentos. Eu percebi que lá no Vietnã é aqui, e aqui é lá. As coisas interexistem. E se eu puder viver profundamente aqui, estarei vivendo lá, simultaneamente, de modo profundo. Este lampejo levou mais de trinta anos para se manifestar. Então, existem algumas coisas que podemos transformar rapidamente, e outras que temos que ser mais pacientes. Mas a emancipação é possível. Só precisamos saber o método, o caminho. Logo que vemos o caminho, já começamos a sofrer menos.

A Guerra do Vietnã foi algo ruim e estar em exílio por trinta anos também foi ruim. Mas por conta disso tive a possibilidade de compartilhar a prática da atenção consciente no Ocidente. Por causa disso, temos o centro de práticas de Plum Village no sudoeste da França e muitos outros centros e comunidades que praticam o viver consciente na Europa e nos Estados Unidos. Então, se dedicarmos tempo suficiente para contemplar profundamente, vemos que mesmo aquelas coisas chamadas de "ruins" podem produzir coisas "boas", tal como a lama que produz flores de lótus. Sabemos que a lama é fundamental na produção de lótus, mas também sabemos que se a lama for demasiada prejudicará o lótus. Então, todo mundo precisa de uma certa dosagem de sofrimento para crescer, mas só o suficiente para aprender com aquilo. Nós já temos sofrimento mais do que suficiente; não precisamos criar mais. A prática de meditação é para contemplarmos profundamente a fim de identificar o sofrimento e tentar compreendê-lo. E, quando compreendemos as raízes do sofrimento, o caminho da transformação e cura se revelará.

Já terminamos? O composto continua chegando – T.D.

O que acontece se *não conseguirmos* encontrar o lótus e tudo o que virmos for lama? Um dia eu estava tomando chá com Thay e fiz esta pergunta. Naquela ocasião, tudo que eu via era lama. "Então você precisa olhar mais profundamente. O lótus *está* lá" – disse Thay com ar sorridente de quem conhece. Eu me senti um pouco frustrada. Mas, com o passar do tempo, percebi que só nós podemos encontrar nossos próprios lótus da nossa lama; ninguém mais pode fazer isso por nós.

Primeiro, tive que treinar o método da respiração. Soa como algo simples, mas é uma prática incrivelmente poderosa. Quando vim para Plum Village eu aprendi a "respiração abdominal consciente" e me lembro ter ouvido Thay falar sobre como ele ainda se lembrava vividamente cada respiração e cada passo daquela noite em Cingapura. Eu treinei os fundamentos da respiração consciente na esperança de que, se algum dia me encontrasse numa crise, eu seria capaz de respirar daquela forma. Então, um dia, pouco depois de ter sido ordenada, ouvi alguém falar sobre o poder de inspirar dez vezes e expirar dez vezes de modo atento e consciente e sem pensar em coisa alguma. E disseram também que essa prática simples tinha mudado a vida daquela pessoa. Mas a artimanha é que, logo que um pensamento surgir, você recomeça a contagem a partir do zero. "Parece bastante simples", pensei. Nós temos sessões de meditação sentada duas vezes por dia, uma hora para meditação andando, e três refeições em silêncio – eu certamente consigo fazer isso.

Tentei e logo descobri que é muito mais difícil do que aparenta ser. Levei mais de dois meses para adquirir a habilidade de respirar dez vezes sem pensar. E consegui isso ficando totalmente fascinada pela experiência do mecanismo da minha respiração dentro do corpo, e focando toda a minha atenção na experiência cinestésica do corpo respirando – longe da mente. A minha respiração está ofegante ou tranquila, rasa ou profunda, longa ou curta, irregular ou regular? Como é que meu corpo está experienciando o movimento, a temperatura, ou dor física? Os neurocientistas chamam isso de consciência da "interocepção"; no budismo, é uma concentração específica chamada de "atenção consciente do corpo a partir do corpo".

Comecei a me treinar visando aplicar esta prática em situações difíceis – naqueles momentos críticos do meu cotidiano quando alguma coisa dava errado, ou eu me machucava, ou era confrontada com um dilema que parecia impossível de ser resolvido. Eu aprendi a me afastar e ficar imersa na minha respiração, totalmente ciente da experiência inteira de cada respiração. Essa prática começou a me dar uma base sólida para lidar com sentimentos dolorosos, e me dava espaço para eu responder da melhor maneira, não da pior. Às vezes é mais difícil fazer isso do que em outros momentos. Digo a mim mesma que, se estou achando muito difícil parar e respirar, se eu simplesmente não consigo retroceder e parar, é porque meus ancestrais acharam difícil, e minha sociedade acha difícil, e meus hábitos acham isso difícil. Eu interexisto com todas essas condições. Nesses casos, digo a mim mesma, "Parar deve ser ação de heróis!" E isso me dá uma determinação extra para continuar tentando. Toda vez que consigo parar e respirar nesses momentos, sinto como uma vitória, um ponto da virada, um novo ponto de partida.

Lembro-me vividamente de uma noite no mosteiro, quando de repente disparou uma antiga reação de desespero insuportável. Minha mente estava caótica; e eu, afogada em lágrimas. Caminhar não ajudava. Então, através da tempestade, uma voz interior veio de algum lugar das profundezas: "Quem é você para saber o que fazer se não consegue respirar conscientemente dez vezes sequer!?" Então comecei a seguir minhas dez respirações que, por já ter sido treinada a fazer, imaginei que levaria alguns minutos no máximo.

Deitada de costas, com as mãos na barriga, direcionando minha concentração na minha respiração, a força da atenção consciente necessária parecia que eu estava amarrando não somente um cavalo selvagem, mas cem. Eu contava junto com os dedos e tive que começar do zero várias e várias vezes. Finalmente, por pura teimosia, consegui! Respirei dez vezes sem pensar. Levantei-me, exausta, aliviada e vividamente presente. Durou quase uma hora. Meu próximo pensamento foi: "Certo, o problema. Qual era mesmo o problema?" Para minha surpresa, toda a paisagem da minha percepção tinha mudado. Eu via e sentia a situação de um modo totalmente diferente – e todas as soluções possíveis estavam ali, claras como o dia. Eu fiquei perplexa. Foi a primeira vez que compreendi que pode haver momentos que é muito melhor confiar na minha respiração do que na minha mente.

Como a maioria de nós, eu não aprendi na escola a como lidar com emoções aflitivas ou temerosas. Pelo contrário, cresci numa sociedade que oferece recursos sofisticados e formas viciantes de manobrar e encobrir a dor. As telas oferecem mil mundos por onde escapar. Alguns de nós podem até ter encontrado formas de projetar nossa própria dor no mundo externo e de tentar resolvê-la lá fora. Mas essa também não é uma solução.

O desafio é investir ativamente em nos treinar para buscar apoio interno e acompanhar os sentimentos dolorosos quando surgem. Medo, desespero, tristeza e ansiedade podem ser desencadeados por fatores internos e externos, sejam as circunstâncias de nossa própria vida e os sistemas dos quais fazemos parte, ou a injustiça, a desigualdade e destruição que testemunhamos em todo o mundo. Novas palavras estão surgindo para nos ajudar a identificar nosso sofrimento e medo pelo planeta, como por exemplo: "luto ecológico", "ansiedade climática", "culpa do ápice" e "solastalgia" – a tristeza que sentimos pela perda ou dano de um lugar amado da natureza.

Enquanto meditador, nossa tarefa é, antes de tudo, cuidar desses sentimentos logo que eles se manifestam em nosso próprio corpo e mente. Confiar em nossa respiração atenta pode nos dar estabilidade para lidar com a tristeza e a dor de um modo corporificado. O fluxo de nossa inspiração e expiração é uma medida tão vívida de nossos sentimentos quanto um sismógrafo. Se nossa respiração estiver longa ou curta, entrecortada ou fluida, regular ou errática, isso é um reflexo dos sentimentos que estão vivos em nosso coração. Portanto, estar 100% presente com a nossa respiração é uma forma de lidar com, e acolher o princípio dos sentimentos dolorosos, além de pensamentos, palavras e estórias.

Ao tomarmos refúgio em nossa respiração permitimos que o sentimento surja, permaneça por um tempo, evolua e passe. Não o negamos nem tentamos mudá-lo de forma alguma. A energia da atenção consciente nos permite ser gentis, compassivos e curiosos sobre o que o nosso pesar ou aflição estão nos dizendo. Estar presente e acolher calmamente o sentimento no corpo dá gradualmente origem a uma compaixão maior, bem como à clareza e coragem sobre o que podemos fazer e como podemos responder. Desde a minha vívida experiência naquela noite no mosteiro, quando pela primeira vez consegui atravessar um grande desespero respirando, aprendi a nunca subestimar o poder da respiração consciente.

Há pessoas em nossa sociedade que não conseguem respirar. Enquanto meditador nós precisamos estar cientes deste fato. Existem aqueles que não conseguem respirar porque estão doentes, e aqueles que não conseguem respirar porque o ar está poluído, e também há aqueles cujo alento é cortado pela violenta injustiça do racismo sistêmico e da desigualdade. Esta é uma fonte imensa de sofrimento para a humanidade e para a Terra. Há uma conexão profunda entre a forma como tratamos um ao outro e como tratamos a Terra.

A justiça racial e a justiça ambiental intersão. Em todo o planeta, as comunidades menos responsáveis pelas mudanças climáticas e degradação ambiental são as mais desproporcionalmente impactadas. Há uma profunda conexão entre a forma como estamos prejudicando e explorando uns aos outros, e a maneira como estamos prejudicando e explorando a Terra. Quer sejamos vítimas de injustiça, racismo ou iniquidade, ou uma pessoa branca privilegiada pelo sistema, somos chamados a contemplar profundamente como parte de nossa meditação. Quando nos sentamos e andamos em meditação, nossa tarefa é ser testemunha do sofrimento, tocar a compaixão e explorar ativamente como podemos contribuir para a cura e transformação.

Uma dose de melão amargo

O desejo de praticar para transformar o próprio sofrimento e o sofrimento do mundo é chamado de *bodhicitta* [lê-se boditchita]. Às vezes esta palavra é traduzida como "mente de iniciante" ou "mente de amor". É uma poderosa fonte de energia em nosso caminho, que nos nutre e nos dá a energia que precisamos para superar as dificuldades que surgem. Eu tive a felicidade de manter viva minha *bodhicitta* por muito tempo. Não significa que eu não tenha encontrado obstáculos; encontrei muitos obstáculos. Mas nunca desisti porque a energia de bodhicitta era muito forte. Você precisa saber que, enquanto sua mente de iniciante ainda estiver viva e forte em você, você não precisa se preocupar. Você pode ser útil ao mundo durante toda sua vida. Você será feliz e também levará felicidade aos outros.

Na Ásia há uma espécie de medula vegetal conhecida como melão amargo. A palavra "amargo" em vietnamita também significa "sofrimento". Pessoas que não estão acostumadas têm dificuldade em comê-la, pois é muito amarga. Mas na medicina chinesa acreditamos que o sabor amargo é bom para sua saúde. O melão amargo é refrescante e animador. Pode ser amargo, mas é delicioso, e sabemos que está nos fazendo bem.

Temos a tendência de evitar o que é amargo e fugir de nosso sofrimento. Não temos consciência da bondade do sofrimento, da natureza terapêutica do sofrimento. Alguns de nós nos sentamos para praticar meditação buscando escapar do sofrimento. O sofrimento nos proporciona certa quietude e relaxamento e nos ajuda a abandonar nossas dificuldades e disputas, e sentimos um pouco de paz e felicidade. Mas esta não é a verdadeira finalidade da meditação.

O mestre Zen Linji gritava para os alunos dele: "Não se sentem desse jeito! Não sentem como um coelho se recolhendo para sua toca!" Sentar-se não visa evitar o sofrimento.

Em meditação, nós temos a tranquilidade, o relaxamento, temos a atenção consciente, a concentração e sabedoria. Além da alegria e felicidade cultivadas ao deixarmos para lá, abandonamos nossas preocupações, assuntos importantes e anseios do dia a dia. Deixar para lá é o primeiro passo.

Mesmo assim, ainda pode haver algum discurso mental acontecendo em sua mente. Então, você precisa interromper o discurso mental a fim de cultivar a quietude e desfrutar alguma paz e felicidade. Você está sentado ali, apreciando sua respiração, aproveitando a tranquilidade, o silêncio interior.

Mas isso ainda não basta. Você tem que ir mais fundo. Superficialmente pode ser que haja quietude, mas por baixo há ondas escondidas. Na meditação sentada você usa sua inteligência e concentração para ir mais fundo e transformar a dor, o medo, ansiedade e sofrimento que existem nas profundezas de sua consciência.

Pode ser que o sofrimento presente seja o sofrimento que você suportou quando criança ou pode ser sofrimento que seus pais ou avós não foram capazes de administrar e o transmitiram para você. Mesmo que você só tenha um vago sentimento do seu sofrimento, você tem que praticar entrando em contato com ele e usar o seu discernimento para reconhecê-lo. É como comer melão amargo. Você não tem medo, pois você sabe que aquele melão amargo está lhe ajudando.

Quando o sofrimento estiver emergindo, adote outra atitude. Não tente fugir dele. Esta é minha sugestão. Permaneça onde você está e dê as boas-vindas ao sofrimento – seja raiva, frustração ou anseio por algo que não está sendo satisfeito. Esteja pronto para dizer "olá!" para o sofrimento, esteja pronto para abraçá-lo com ternura e estar com ele. E você vai descobrir, como eu descobri, que, quando você consegue aceitá-lo e recebê-lo, o sofrimento deixa de lhe incomodar. Tal como o melão amargo, está lhe curando. Se você não aceita o seu sofrimento, se você não o abraça com ternura, você não saberá o que ele é. Esse sofrimento pode nos ensinar e, quando o entendemos, ele pode nos trazer alegria e felicidade. Permita-se sofrer um pouco. Muitas crianças odeiam o melão amargo de início, mas, quando crescem, elas adoram tomar sopa de melão amargo.

A situação mais difícil é quando você sabe que o sofrimento está ali, mas você não consegue chamá-lo pelo nome; é vago demais. Está existindo em você, é real, mas difícil de ser identificado. Há certo bloqueio, certa resistência em nossa consciência. Toda vez que está prestes a tocá-lo, você o evita. Isso pode vir acontecendo por muito tempo, por isso você ainda não teve a chance de identificá-lo claramente. Então, você deve ser resoluto em não continuar agindo assim. Toda vez que o sofrimento surgir, dê-lhe as boas-vindas. E com a energia da atenção consciente, esteja presente, vigilante e você será capaz de identificá-lo.

A meditação está centrada no momento presente. Você não tem que ir a algum lugar ou viajar no tempo para o seu passado ou infância para encontrar seu sofrimento e suas raízes. Você simplesmente permanece ali no momento presente e observa.

Reivindique seu papel

O mestre Zen Linji declarou que cada um de nós deve ser seu próprio mestre, e não uma vítima das circunstâncias. Devemos resguardar nossa liberdade, mesmo quando as coisas ao nosso redor não acontecem do jeito como desejávamos. É nossa a responsabilidade de ser mestre da situação e usar qualquer situação em que estivermos para despertar. Em qualquer lugar onde estiver, você pode ser soberano de si mesmo. Uma pessoa ativa sempre pergunta: "O que posso fazer, o que podemos fazer, para impedir que esta situação piore e ajudá-la a melhorar? Como eu poderia ajudar na transformação de outra pessoa ou pessoas?"

Fazendo surgir essa mente de amor e o compromisso de ajudar, nós deixamos de ser passivos, deixamos de ser vítimas. Tornamo-nos ativos novamente. Bodhicitta nos dá energia e vontade de sermos ativos e de mudar. Isso é muito importante. Mesmo que ainda não tenhamos feito coisa alguma, só esta visão e vontade de mudar já diminuem de 80 a 90% o nosso sofrimento.

Se observarmos bem, constatamos que ninguém neste mundo foi a vítima de situações difíceis. A sociedade está repleta de discriminação, violência, desigualdade, ódio, ânsia e ganância. As pessoas estão dominadas por essas coisas e fazem os outros sofrerem e causam sofrimento a outras espécies e ao planeta. Então, não podemos dizer que existe alguém que não seja vítima de alguma coisa. E devemos lembrar que também possuímos, em nós mesmos, as sementes de discriminação, raiva, desejo, violência e inabilidade. Quando está apto a se transformar, você está numa posição de poder ajudar na transformação daqueles que você acredita ser o seu opressor e a causa do seu sofrimento. Tem sido assim minha própria experiência e prática. Eu não tenho inimigos, mesmo tendo experimentado muito sofrimento, muita injustiça. Há pessoas que tentaram me matar, me reprimir, mas eu não os vejo como inimigos meus. Eu quero ajudá-los. Eu mudei e me transformei, e por isso deixei de me ver como vítima.

Quando ficamos com raiva, a semente da raiva nas profundezas de nossa consciência vem à tona, e a nossa mente nos diz que estamos sofrendo por causa dessa pessoa ou daquela situação. Mas logo que começamos a respirar conscientemente e reconhecemos e acolhemos nossa raiva, nossa mente começa a restaurar sua soberania e pode declarar: "Eu não quero ser vítima da minha raiva. Eu quero ser eu mesma. Eu quero iniciar minha transformação". Dessa forma, a respiração consciente se torna um tipo de prática que restabelece sua soberania e desenvolve o seu livre-arbítrio.

Com as energias de compreensão, sabedoria e compaixão, você se liberta e pode ajudar os outros a se tornarem livres. Praticando dessa forma, você será capaz de transformar seu coração e mente, e se tornar um bodisatva. Você estará numa posição de ajudar aqueles que o discriminam, aqueles que lhe reprimem ou tentam lhe matar.

Toda vez que caímos é uma oportunidade de nos levantarmos de novo – esta é a atitude da pessoa ativa: *toda vez que cair, eu me levantarei de novo para que a vida possa melhorar*. Essa é a atitude: embora os obstáculos e desafios existam, não nos permitimos ser dominados por eles. Nós nos levantamos como um herói. Com essa intenção, uma quantidade muito grande de sofrimento já desaparece.

Na companhia de bodisatvas

Um *bodhisattva* é um ser vivo (*sattva*) desperto (*bodhi*). Qualquer pessoa feliz, consciente, pacífica, compreensiva e amorosa pode ser chamada de bodisatva. Bodisatvas têm uma aspiração profunda de ajudar os outros, e essa aspiração é uma tremenda fonte de energia e vitalidade.

Bodisatvas não são apenas humanos. Um veado, um macaco, uma mangueira, ou uma pedra, todos podem ser chamados de bodisatvas por estarem oferecendo ao mundo frescor, beleza e refúgio. Bodisatvas não são seres grandiosos em cima das nuvens, ou estátuas de metal ou de madeira em um altar; eles e elas estão ao nosso redor. O pinheiro no jardim da frente pode ser considerado um bodisatva oferecendo paz, oxigênio e alegria. O Sutra do Diamante nos lembra que, se formos pegos no sinal "humano", não seremos capazes de ver os budas e bodisatvas por todos os lados.

No budismo, nós consideramos o planeta como um bodisatva: um bodisatva real, autêntico e importante. Um dos vários nomes da Terra é "A Grandiosa e Revigorante Bodisatva terrestre". Nosso planeta é o mais belo de todos os bodisatvas. A Terra tem as qualidades de resistência, solidez, criatividade e indiscriminação; ela abraça e sustenta tudo e todos. Isso não quer dizer que a Terra seja habitada por um espírito ou que haja alguma forma de espírito atrás ou dentro do planeta. Não devemos nos aprisionar no pensamento de que pode haver "matéria" habitada por "espírito". A Terra não pode ser descrita em termos de matéria ou de mente; o planeta transcende ambas as categorias. A grandiosa Terra não está isenta de percepções, sem sentimentos; a Terra não é impessoal. Como poderia uma simples matéria fazer as coisas maravilhosas que a Terra faz? A grandiosa Terra não é humana, mas deu origem a humanos, inclusive a humanos excepcionais de grande compaixão e compreensão. A Terra é a mãe de todos os budas, bodisatvas, santos e profetas, nada menos do que isso.

A Terra é um bodisatva em que podemos nos refugiar, tanto externamente quanto internamente. Não precisamos morrer para retornar à Terra; já estamos aqui na Terra. Quer estejamos caminhando ou sentados, nós podemos respirar com a Terra e aprender a deixá-la existir em nós e ao nosso redor. A Terra tem o poder de se autocurar e de nos curar, e podemos confiar nesse poder. Ver isso não significa ter fé cega, pois pode vir da observação e experiência; não é algo que você acredita porque os outros lhe disseram para acreditar. Toda vez que você estiver sofrendo, toda vez que estiver se sentindo perdido ou alienado, você pode entrar em contato com a Terra para revigorar-se. Ao nos conectarmos com a Terra dentro de nós, a cura começa a acontecer; a cura se torna possível.

Não precisamos ir a um lugar específico para encontrar bodisatvas. Não precisamos pegar um avião ou viajar a algum lugar, nem mesmo para as quatro grandes montanhas sagradas dos bodisatvas na China. O mestre Zen Linji disse que é possível sentar-se exatamente onde você está e entrar em contato com bodisatvas; eles estão bem aqui, neste exato momento presente, em nossos próprios corações e mentes. Por que procurá-los fora de nós?

Na tradição budista, falamos do bodisatva Manjushri, o bodisatva da grande compreensão. Em nós, também há semente de compreensão. Samantabhadra é o bodisatva da grande ação; e nós também temos a semente da ação. Avalokiteshvara é o bodisatva da grande compaixão; e nós também temos a semente da compaixão. Só precisamos aguar essas sementes em nossa consciência para estarmos em contato com os bodisatvas neste exato momento. O que estamos procurando está tanto fora quanto dentro e, ao mesmo tempo, nem está fora nem dentro. Fora de quê? Dentro de quê? De acordo com a dialética do Sutra do Diamante – "A não é A, e por isso é que realmente pode ser chamado A" – um bodisatva não é um bodisatva, e por isso mesmo é que realmente pode ser chamado de bodisatva, pois um bodisatva está constituído *somente* de elementos que não são bodisatvas.

Bodisatvas são seres vivos com as qualidades da compreensão, compaixão, ação, reverência e assim por diante – e você também tem essas qualidades. Você não precisa de mais ninguém para confirmar isso; você sabe por si mesmo. O treinamento é para manter essas qualidades vivas em você. Toda vez que estamos aprisionados em desespero, por exemplo, e sentimos ressentimento e ódio contra pessoas ou situações, sabemos que ainda não temos compreensão. Mas logo que observamos em maior profundidade e a semente da compreensão brota em nós, a luz brilha e a escuridão desaparece. Isto é Manjushri, o bodisatva da compreensão, realmente existindo em você.

Tornar-se um bodisatva é possível. Bodisatvas não são pessoas sem dificuldades. Momentos difíceis podem acontecer, mas os bodisatvas não temem, pois sabem como administrá-los. Cada um de nós tem que encontrar sua própria fonte de luz, sua própria luz e oferecê-la ao mundo. Atenção consciente é uma espécie de luz, uma energia que nos ajuda a saber onde estamos, o que está acontecendo, e nos ajuda a saber o que fazer e o que não fazer para que a paz, a compaixão e a felicidade sejam possíveis. Nós sabemos que este é um momento muito importante de estar vivo neste belo planeta. Com a luz da atenção consciente nós nos tornamos um bodisatva; fornecemos luz ao mundo. Você deixa a iluminação resplandecer em torno de si. Você olha com olhos dos bodisatvas; você age com as mãos deles. E se fizermos isso, não há razão para sermos pessimistas com relação à situação do mundo. Um bodisatva com uma intenção tão profunda assim está livre de desespero e pode agir de forma pacífica e livre.

Ação engajada

Cunhamos o termo "Budismo engajado" na década de 1960, quando a guerra estava muito intensa no Vietnã. Nós praticávamos meditação sentados e andando, mas podíamos ouvir as bombas caindo lá fora e os gritos dos feridos. Meditar significa estar ciente do que está acontecendo, e o que estava acontecendo naquela época era o sofrimento e a destruição da vida.

Quando sabe o que está acontecendo, você fica motivado pelo desejo de *fazer* algo para aliviar o sofrimento – em você e à sua volta. Então, tínhamos que encontrar uma maneira de praticar a atenção consciente enquanto respirávamos e andávamos em meditação, enquanto ajudávamos as pessoas feridas pelas bombas. Porque, se você não mantém uma prática espiritual durante esses momentos em que está servindo ao outro, você vai se perder e ficar exaurido. Então aprendemos a respirar, andar, soltar a tensão para que pudéssemos prosseguir. São essas as origens do budismo engajado; nascido em uma situação difícil, onde queríamos manter nossa prática enquanto respondíamos ao sofrimento. Numa situação dessas, *qualquer coisa* que faça com atenção consciente – seja uma ação social, beber seu chá, sentar-se em meditação, ou preparar o café da manhã –, você não faz isso só para si mesmo. Você está se preservando para que possa ajudar o mundo.

A atitude dos bodisatvas é esta: praticar meditação não somente para si, mas para aliviar o sofrimento do mundo também. E, quando os outros sofrem menos, você sofre menos. Quando você sofre menos, eles sofrem menos. Isso significa interser. Não há separação entre você e os outros. Você não vive só para si mesmo; vive também para outras pessoas. Sua paz, liberdade e alegria também beneficiam os outros; você já está ajudando. Então, quando você respira atentamente ou caminha atentamente e gera alegria e paz, já é uma dádiva para o mundo. Acender a energia da atenção consciente no coração da sua família, da sua comunidade, cidade e sociedade *é* uma ação engajada. A compaixão e a paz irradiam a partir da sua pessoa.

Observe a árvore no quintal. Cada árvore deve ser uma verdadeira árvore: estável, serena e revigorada. Se uma árvore estiver saudável, se for uma bela árvore, todos se beneficiam. Mas, se algo nas árvores for menos do que árvores, estaremos todos em dificuldade. Por isso é que, se soubermos ser um ser humano saudável, feliz e compassivo, já estamos servindo ao mundo. Onde quer que estejamos, estamos sendo prestativos. Por isso, não se trata de ter que escolher entre ajudar os outros e ajudar a nós mesmos. Mestre Tang Hoi disse: "Um arhat é um bodisatva e um bodisatva é um arhat". Isso quer dizer que aquele que despertou é um bodisatva. Não há mais discriminação, nenhuma fronteira artificial entre você e os outros. Começa sempre com você. E você não precisa esperar dez ou vinte anos para ser útil e ter um impacto; você pode ajudar muita gente agora mesmo.

Nós sabemos que temos a "dimensão suprema", onde você não tem que fazer coisa alguma. É muito agradável habitar na dimensão última. Todos nós devemos aprender a fazer isso. E depois temos a dimensão histórica em que há sofrimento, injustiça, desigualdade, exploração e tudo o mais. A questão é saber quando estivermos sofrendo na dimensão histórica, como podemos entrar em contato com a dimensão suprema para assim parar de sofrer de medo, desespero e solidão? Como podemos trazer a dimensão suprema para a dimensão histórica?

Eu proponho que haja outra dimensão, a dimensão da ação. A dimensão da ação é o reino dos bodisatvas, o tipo de energia que nos ajuda a trazer o supremo para o histórico, para que possamos viver uma vida de ação de maneira relaxante e alegre, livre de medo, livre de estresse, livre de desespero. Cada um de nós deve ser um bodisatva, trazendo a dimensão suprema para o momento presente, para que possamos chegar e parar de correr, para que possamos estar relaxados e alegres, para que possibilitemos a paz e prazer para a humanidade e outras espécies sobre a Terra.

O verdadeiro amor cura.

PARTE II

DIMENSÃO DA AÇÃO:

uma nova maneira de VIVER

A imagem que temos de uma pessoa iluminada é alguém que possui liberdade e força espiritual, e que não é vítima do seu ambiente. Uma pessoa iluminada se vê com clareza, sabe quem ela é e tem uma compreensão clara da realidade – de sua própria natureza e da realidade da sociedade. Essa compreensão é a dádiva mais preciosa que o Zen pode oferecer.

O modo de ser da pessoa iluminada é a contribuição mais positiva e fundamental que o Zen oferece ao mundo. Zen é uma tradição viva, que pode treinar pessoas nesta compreensão e num estilo de vida saudável, resiliente e equilibrado. A arte e o pensamento que derivam dos *insights* do Zen também vão ter essas qualidades de vitalidade, estabilidade e paz.

Quer possamos, ou não, cultivar essas qualidades de bem-estar e liberdade físico-espiritual é uma questão concernente ao despertar. O mundo não precisa de outra ideologia ou doutrina, mas de um tipo de despertar que possa restaurar nossa força espiritual. Com o verdadeiro despertar nós podemos ver a situação com clareza e retomar nossa soberania enquanto seres humanos a partir dos sistemas econômicos e sociais da nossa própria criação. A saída é se engajar em um novo estilo de vida capaz de restaurar nossa soberania e nossa humanidade.

A ação deve estar embasada no estado de ser. Se você não dispuser de paz, compreensão e tolerância suficientes, ou se estiver sobrecarregado de raiva e ansiedade, sua ação terá pouco valor. Portanto, a qualidade da ação depende da qualidade do estado de ser. No Zen, falamos da ação da inação. Há pessoas que não parecem estar fazendo muito, mas a presença delas é muito importante para o bem-estar do mundo. E há outros que continuam tentando fazer coisas, mas, quanto mais fazemos, mais problemática a sociedade se torna, porque a base de nosso ser não está suficientemente boa. Às vezes, sem fazer coisa alguma, você faz muito. E às vezes fazendo muito, não faz coisa alguma – isso não ajuda. Existem pessoas que até meditam muito, mas a raiva e ciúme delas continuam os mesmos.

Na dimensão histórica, sim, há coisas que precisamos fazer, ações que precisamos realizar para salvar, nutrir, curar, reconciliar. Mas, na dimensão suprema, você pode fazer tudo relaxadamente e com alegria, sem qualquer preocupação. É isso que significa estar "agindo na inação": estar muito ativo, mas tão relaxado que parece não estar fazendo absolutamente nada. Você aprecia cada momento, pois está agindo embasado na inação, sem esforço ou pressa.

Agindo assim, nossas ações se tornam uma expressão verdadeira do nosso amor, cuidado e despertar. Isso não significa que *nós* temos que agir. Se estivermos despertos, a *ação vai naturalmente nos levar*. Não conseguimos evitá-la.

Na tradição meditativa, falamos do ideal de ser "não negociante": alguém que é livre, à vontade e que deixou de viver se esforçando ou procurando obter algo. Em vietnamita, a palavra é *người vô sự*, e 無 事 人, em chinês. A pessoa livre e não negociante é ativa, vive socorrendo o mundo, ajudando a aliviar o sofrimento, mas nunca é arrastada pelo ambiente ou pelo trabalho que está fazendo. Elas não ficam perdidas em ideais ou projetos. Isto é muito importante. Não devemos fazer coisas por elogios, fama ou lucro financeiro. Não devemos fazer coisas para fugir ou evitar outra coisa. Agimos por amor.

Quando fazemos algo por amor, podemos sentir a felicidade que aquilo nos traz. Mas quando fazemos algo *sem* amor, sofremos. Nós nos pegamos dizendo: "Por que eu tenho que fazer isso sozinho? Por que os outros não estão ajudando?" O importante é não nos perdermos em nossa ação. Permanecemos soberanos em todas as situações. Estamos à vontade internamente e somos livres.

O meditador, o artista e o guerreiro

Em cada um de nós existe um *meditador*, um *iogue*. Esse é o desejo de meditar, praticar, tornar-se uma pessoa melhor, extravasar o nosso melhor, iluminarmo-nos. Nossa meditação interna nos proporciona lucidez, calma e visão profunda. Essa é natureza do nosso Buda interno. Pode ser que queiramos nos melhorar como pessoas; entretanto, há momentos em que não praticamos, não treinamos, não porque não queremos, mas porque ainda não criamos as condições certas.

Em cada um de nós também existe um *artista*. O artista é muito importante. O artista é capaz de trazer frescor, alegria e significado para sua vida. Você precisa permitir que o artista em você seja criativo para sempre poder sentir e apreciar o efeito mantenedor das suas práticas de atenção consciente. Muitos de nós não suportamos a monotonia. Se estivermos cheios de alguma coisa, queremos mudar, mesmo sabendo que aquilo é bom. Isso é natural.

Você pode questionar: "Como podemos nos manter no caminho que queremos seguir e continuar indo até o final?" Claro que você precisa de paciência. Mas também precisa de algo mais: o caminho deve ser alegre, nutridor e salutar. Então, temos que encontrar uma maneira de *criar* essa alegria todo dia.

Temos que organizar nossa vida diária para que não seja repetitiva. Assim cada momento poder ser um *novo* momento. Devemos encontrar formas criativas de manter a nossa boditchita, nossa mente de iniciante, viva e nutrida.

Esteja você comendo ou dirigindo de forma atenta e consciente, ou praticando meditação, sentado ou andando, você precisa inventar novas maneiras de fazer essas práticas, de modo que o respirar, caminhar e sentar sempre lhe proporcionem deleite, solidez e paz. Por fora, pode parecer o mesmo, mas você está caminhando como uma nova pessoa, está se sentando de maneira muito diferente; e você está *evoluindo*. Posso dizer que nunca me canso de andar de maneira atenta e consciente. Quando ando, cada passo é um deleite, e não porque eu seja diligente ou disciplinado, mas porque deixo que o artista em mim atue, fazendo com que minha prática seja nova, interessante, nutridora e salutar.

Praticar atenção consciente pode ser *sempre* salutar e nutridor, se soubermos ser criativos. Não devemos praticar como uma máquina, mas como um ser vivo. De acordo com Mestre Linji, se, enquanto estiver caminhando ou comendo ou vivendo seu dia, você puder criar somente um lampejo de atenção consciente, isso já basta. Só 1% de sucesso é suficientemente bom, pois este 1% pode servir de base para muitos outros percentuais.

Em cada um de nós também existe um *guerreiro*. O guerreiro produz a determinação de seguir adiante. Você se recusa a desistir. Você quer vencer. Enquanto praticante, você precisa permitir que esse lutador em você seja ativo. Você não se torna vítima de coisa alguma. Você luta para renovar sua prática de meditação. Você luta para não permitir que as práticas se tornem entediantes. Desse modo, meditador e guerreiro andam juntos. Não devemos ter medo de obstáculos em nosso caminho. Na verdade, há muitas coisas que podem ser desencorajantes. Mas, se a sua energia de boditchita for forte, se o seu guerreiro for forte, você consegue superar esses obstáculos, e toda vez que os supera, sua boditchita será fortalecida. Desse modo, os obstáculos não são realmente obstáculos. Eles são um acelerador da sabedoria, da aspiração.

O meditador, o artista e o guerreiro não são três pessoas distintas, são três aspectos da sua pessoa. E você deve permitir que todos esses três aspectos estejam ativos simultaneamente para ter equilíbrio. Temos que mobilizar todos eles e nunca deixar que um deles morra ou se torne fraco demais. Se você é um ativista, um líder político ou um líder em sua comunidade, precisa saber como cultivar esses três aspectos dentro de si, para assim poder oferecer equilíbrio, estabilidade, força e formosura aos que estiverem ao seu redor.

O amor em ação – T.D.

A Irmã Chan Khong, discípula sênior de Thay, é uma luz brilhante em nossa comunidade de Plum Village. Desde que começou a ajudar Thay, na década de 1960, ela tem sido uma pioneira do budismo engajado e uma verdadeira bodisatva. É conhecida como a "Irmã *True Emptiness*" (Verdadeira Vacuidade) e entre as crianças como a "Irmã dos Pés Descalços". Sua vida é um testemunho do poder da compaixão para curar, proteger e salvar. Na adolescência ela criou um programa assistencial para as crianças pobres das favelas de Saigon, antes de conhecer Thay e ajudá-lo a iniciar seus programas de trabalho social engajado. Sua prática espiritual a sustentou enquanto ela distribuía auxílio em meio a tiroteios, e liderava equipes para enterrar os mortos após os terríveis massacres de 1968. Contracenando neste cenário de guerra, a Irmã Chan Khong completou seus estudos de doutorado em Biologia e juntou-se à Delegação de Paz Budista durante as Palestras pela Paz em Paris. Foi ela quem ajudou Thay a convocar uma das primeiras conferências científicas sobre o meio ambiente e, no início da década de 1980, ajudou a encontrar fazendas abandonadas no interior da França onde ele pudesse estabelecer uma comunidade de prática do viver consciente.

Eu tinha 21 anos quando conheci a irmã Chan Khong em Plum Village, durante uma de suas sessões marcantes de relaxamento profundo e de "Tocar a Terra" – uma poderosa prática de meditação para você contemplar sua interexistência com os seus ancestrais e a Terra, junto aos movimentos de prostrações do corpo inteiro. Naquele tempo, eu já tinha estudado numa boa universidade e lido muitos livros, mas a convivência com a Irmã Chan Khong e as monjas naquele verão foi a primeira vez que me encontrei com a sabedoria viva e mulheres sábias. Na época, a Irmã Chan Khong estava por volta dos 60 anos, e tinha olhos brilhantes e um rosto radiante que delineava uma vida de sorrisos. Quando jovens, podemos ter esperança de encontrar alguém como a Irmã Chan Khong uma vez na vida. Nunca imaginei que teria a chance de acompanhá-la e auxiliá-la, e de aprender com o seu exemplo incrível.

Lembro-me vividamente de uma viagem ao Parlamento Europeu em Bruxelas, Bélgica, logo após minha ordenação. A Irmã Chan Khong estava indo reivindicar proteção, segurança e liberdade religiosa dos jovens monásticos ordenados por Thay no Vietnã, e Thay designou alguns de nós para apoiá-la e ajudá-la. Meu trabalho era marcar reuniões e entrevistas com a imprensa, redigir textos informativos e estabelecer contato com ONGs de direitos humanos. As espadas de ação tomaram a forma de laptops e telefones celulares. Estávamos hospedados em um pequeno templo tibetano no centro da cidade, e a Irmã Chan Khong adorava cozinhar para nossa equipe e, com alegria, insistiu que cantássemos juntos depois do jantar. Na manhã seguinte, participamos das práticas de meditação do templo e nos preparamos para ir ao parlamento a pé. Irmã Chan Khong nos parou no degrau da porta de entrada e nos ensinou a andar em silêncio e concentrados. A cada passo que dávamos era para seguirmos nossa respiração, tocar a paz e compaixão em nossos corações, e convidar nossos ancestrais espirituais para caminhar conosco.

As reuniões da Irmã Chan Khong com diferentes representantes da política externa, dos direitos humanos e liberdade religiosa, mostraram-me como é o amor na dimensão da ação. Irmã Chan Khong sabia que o nosso sucesso não dependia de os nossos documentos serem bons ou do apoio político que tínhamos. Dependia de tocarmos os corações e a humanidade de cada pessoa que encontrássemos. Ela sabia que se conseguíssemos despertar cada pessoa para a verdade existente lá diante dos seus olhos, as pessoas saberiam exatamente como ajudar. O amor e carisma da Irmã Chan Khong conquistaram os corações até dos burocratas mais severos. Às vezes ela sorria, às vezes ela chorava, e às vezes as duas coisas juntas. Ela sabia que estava falando em defesa do direito e da liberdade da próxima geração de budistas engajados em agir e continuar o legado de Thay na Ásia. As ações da Irmã Chan Khong estavam abastecidas de amor e despertaram amor nos outros. O impacto dessas reuniões continua a ressoar hoje em dia.

Nossa agenda era incansável: de Bruxelas viajamos para Estrasburgo, Genebra e Paris. Eu lembro que demos uma pequena pausa em um dos cafés modernos no distrito do Parlamento Europeu. A Irmã Chan Khong passou direto pela mesa para se deitar no peitoril da janela do café. Ela fechou os olhos, colocou as mãos na barriga e começou a praticar a respiração consciente e o relaxamento profundo. O jovem garçom sorriu, um pouco surpreso, e depois baixou a cabeça em sinal de respeito: "Mas é claro. Por favor, madame".

Irmã Chan Khong é um espírito livre e uma força da natureza. Ela sabe exatamente como equilibrar a concentração, a paz e a calma de um meditador com a criatividade e alegria de um artista, e a força e resistência de um guerreiro. Sua mente afiada é clara, livre e tão rápida quanto um raio. Ela sabe quando se envolver e quando deixar para lá e seguir em frente; ela sabe exatamente quais ações ajudarão a aliviar o sofrimento, e quais não irão. É fruto de anos praticando atenção consciente, e cultivando compaixão e treinando a mente bem no bojo da ação.

Atenção consciente, concentração e sabedoria são três energias que nos ajudam a gerar felicidade e a lidar com o sofrimento. Nós chamamos essas energias de "treinamentos tríplices" (三 學 em chinês e *tam hoc* em vietnamita). Você se *treina* em atenção, concentração e sabedoria. Outra palavra para a prática de meditação é *bhāvanā* – que significa treinar, praticar, cultivar. Se algo ainda não existe, podemos produzi-lo, tal como um fazendeiro cultiva um campo para plantar trigo ou milho. Bhāva significa literalmente "ser existente". Então, nós produzimos, trazemos algo à existência, e esse algo é alegria, paz e liberdade. Em português, usamos a palavra "prática". Se nossa prática for boa e sólida, não precisamos temer o futuro. Com nossa prática, estamos nos treinando para gerar alegria, felicidade, paz, harmonia e reconciliação, e administrar dor, sofrimento, separação e desentendimento.

O oposto da atenção consciente é o esquecimento. Esquecimento significa ser levado pelo passado, pelo futuro, por seus projetos, sua raiva e medo. Você não está realmente vivo. Cada um de nós tem uma semente de esquecimento e uma semente de atenção consciente dentro de si, e se nos treinarmos um pouco – bebendo nosso chá, respirando ou tomando banho de forma atenta e consciente – depois de alguns dias, a semente da atenção consciente em nós se tornará mais forte. Atento e consciente você fica mais concentrado, e com essa concentração verá as coisas com maior profundidade e clareza. Qualquer decisão que tomar será mais sábia e a qualidade de tudo o que você fizer será melhor. Quando estiver com alguém, você levará mais atenção e concentração ao relacionamento, e o relacionamento se aprofundará. Com o treinamento diário da prática de respirar, caminhar e fazer as coisas conscientemente, a semente da atenção consciente em você poderá crescer cada vez mais dia após dia.

Quando o mestre Zen Linji era mais jovem, ele era muito inteligente e um aluno diligente. Mas no final deixou de estudar livros e textos para seguir a prática do zen. Isso não significa que não devemos estudar; Mestre Linji tinha sólido conhecimento dos ensinamentos budistas. Estudar é necessário, mas o estudo formal em si não leva à transformação e ao despertar. Muitos de nós estamos dispostos a passar seis ou oito anos estudando para obter um diploma. Acreditamos que isso é necessário para sermos felizes. Mas muito poucos de nós estão dispostos a passar três ou seis meses, ou mesmo um ano, treinando-nos para lidar com a nossa tristeza ou a nossa raiva, para aprender a ouvir com compaixão e falar usando uma linguagem amorosa. Se você conseguir aprender a transformar sua raiva, tristeza e desespero, e se conseguir aprender a usar uma linguagem amorosa e escuta profunda, poderá se tornar um verdadeiro herói capaz de oferecer felicidade para muita gente.

Um código de ética

No tempo atual de globalização, será impossível haver harmonia sem algum tipo de valores compartilhados ou de uma *ética global*. Os Cinco Treinamentos de Atenção Consciente exprimem, em cinco parágrafos concisos, uma contribuição budista para uma espiritualidade e ética globais. Propõem uma prática espiritual capaz de proporcionar felicidade verdadeira e amor verdadeiro, proteger a vida, restaurar a comunicação e possibilitar a cura do planeta e de cada um de nós sobre a Terra. São uma saída para esta difícil situação do mundo. As visões do eu-nenhum e da interexistência constituem uma base sólida a partir da qual você pode mudar sua vida e comportamento. Dessas visões, a ação correta – para o seu próprio bem-estar e o bem-estar do nosso planeta – vai naturalmente fluir. Seguindo o caminho dos Cinco Treinamentos de Atenção Consciente você já pode trilhar o caminho da transformação e cura e se tornar um bodisatva, ajudando a proteger as belezas das diversas culturas e ajudando a salvar o planeta.

O caminho se faz caminhando – T.D.

Em sânscrito, caminho é chamado de *mārga*. Não significa algum tipo de caminho "desgastado" como uma roupa velha, mas um caminho íngreme serpenteando seu curso montanha acima. Nos tempos como os atuais, está tudo tão nebuloso e incerto que pode ser difícil avistar um caminho a ser seguido. Como podemos confiar no que vemos? Para que lado devemos ir?

Como você descobrirá neste livro, Thay descreve a atenção consciente como um *caminho*, não uma ferramenta. Não é uma ferramenta para se *conseguir algo* – mesmo que este *algo* seja relaxamento, concentração, paz ou despertar. Atenção consciente não é *um meio* para um fim, um meio de melhorar a produtividade, a riqueza ou o sucesso. Com verdadeira atenção consciente, chegamos ao destino em cada passo da caminhada. Esse destino é a compaixão, liberdade, despertar, paz e coragem. *A verdadeira atenção consciente não pode jamais existir separada da ética.* Se o lampejo experimentado durante a prática da atenção consciente for real, mudará a forma como você vê o mundo e deseja viver.

Para desenvolver as visões radicais apresentadas na Parte 1 – as visões do interser, da dimensão suprema e a de transformar o melão amargo do sofrimento em compaixão – nós precisamos praticar meditação e atenção consciente regularmente de forma resoluta. Precisamos de silêncio, de nos sentar quietos, e passar tempo junto à natureza, mas também precisamos de uma estrutura para vivermos atentos e conscientes da nossa maneira de trabalhar, consumir, falar, ouvir, amar e interagir com o mundo. Atenção consciente não se destina apenas ao silêncio da almofada de meditação; mas também à realidade tridimensional da nossa vida cotidiana. É exatamente aplicando essas visões e ensinamentos em contraposição à rocha áspera da realidade que seremos capazes de trilhar um caminho de transformação.

Os cinco capítulos seguintes resgatam poderosos ensinamentos transmitidos por Thay sobre cada um dos Cinco Treinamentos de Atenção Consciente; cinco preceitos essenciais que preveem um novo estilo de vida em nosso planeta, baseado na visão radical do interser conforme ensinado no Sutra do Diamante. Em "Reverência pela vida", exploramos a ética da não violência. Em "Simplicidade", reexaminamos as ideias de felicidade que podem estar destruindo nosso planeta e sociedade. Em "Combustível correto", examinamos em profundidade o que está conduzindo nossas ações e sonhos. Em "Diálogo corajoso", descobrimos novas formas de ouvir e de falar capazes de dar suporte à colaboração e inclusão. Em "Amor verdadeiro" aprendemos sobre o poder da compaixão de proporcionar cura e transformação. Cada um desses cinco capítulos está acompanhado do texto de um dos treinamentos ou "preceitos". Essa ética pode ser desconhecida ou inesperada; e pode até ser desafiadora. Entretanto, somente permitindo que nossas ideias e hábitos sejam interrompidos é que poderemos encontrar uma nova saída. Se formos ajudar nossa sociedade e planeta, precisaremos cultivar a reverência pela vida, profunda simplicidade, amor verdadeiro e diálogo corajoso; e precisaremos nos alimentar com o tipo certo de combustível. Aqui está uma bússola ética, uma estrela polar, para guiar nossos passos.

REVERÊNCIA PELA VIDA: A NÃO VIOLÊNCIA É UM CAMINHO, NÃO UMA TÁTICA

Força espiritual

Cada um de nós deve ter uma dimensão espiritual na vida para poder enfrentar e transcender os desafios e dificuldades que encontra todo dia. Uma maneira de falar sobre espiritualidade é em termos de *energia*: a energia do despertar, da atenção consciente – o tipo de energia que nos ajuda a estar ali, totalmente presente no aqui e agora, em contato com a vida e as maravilhas da vida.

Tendemos a distinguir entre o espiritual e o não espiritual. Associamos o espiritual com o espírito e o não espiritual com o corpo. Mas esta é uma forma discriminativa de ver as coisas. Digamos, por exemplo, que eu faça um chá. Nós precisamos das folhas de chá, da água quente, do bule e de uma xícara. Esses elementos pertencem ao reino espiritual ou não espiritual? Logo que despejo atento e conscientemente a água quente no bule há em mim a energia da atenção consciente e da concentração e, de repente, o chá, a água e o bule de chá todos se tornam espirituais. No momento em que levanto minha xícara de chá e a seguro com as duas mãos, de forma atenta e concentrada, o ato de beber chá se torna algo *muito* espiritual. Qualquer coisa que seja tocada pela energia da atenção consciente, concentração e discernimento se torna espiritual, inclusive o meu corpo sentindo prazer com o chá. Portanto, a distinção entre o sagrado e o profano não é absoluta. Nós vivemos *no* mundo e o que é considerado "mundano" pode se tornar espiritual, quando levamos a energia do despertar para aquilo. Atenção consciente, concentração e discernimento podem ser gerados em cada momento da vida diária, e são essas energias que lhe tornam espiritual.

Quando ingressei no monastério ainda muito jovem, ensinaram-me a recitar estes versos logo no primeiro momento em que acordo:

> Ao acordar de manhã sorrio
> Vinte e quatro horas novinhas em folha estão diante de mim
> Eu me comprometo a viver profundamente cada momento
> E olhar para todos os seres com olhos de compaixão

Na época, eu não percebia como esse poema era profundo e significativo; eu não o compreendia. Por que devo sorrir ao acordar de manhã? Depois aprendi que este sorriso já é um sorriso iluminado. Logo que você acorda, você percebe que *possui uma vida*; a vida está em você, a vida está ao seu redor, e você sorri para a vida. Você cumprimenta a vida com um sorriso para que possa se sentir realmente vivo e sentir a energia de estar vivo em você. Você está gerando a energia da atenção consciente, e isso lhe torna, imediatamente, espiritual.

Enquanto recita o segundo verso, seu sorriso se aprofunda ao perceber que tem vinte e quatro horas novinhas em folha para viver, vinte e quatro horas entregues à sua porta, ao seu coração. Então, você sorri um sorriso iluminado e alegre; você valoriza a vida e resolve fazer bom uso das horas que lhe foram dadas para viver.

Para os cristãos, onde quer que o Espírito Santo esteja, há vida, há perdão, há compaixão, há cura. Essas energias também são geradas pela atenção consciente, então poderíamos dizer que o Espírito Santo é outra palavra para atenção consciente. É o tipo de energia que o torna vivo, compassivo, amoroso, e pronto para perdoar. O que importa é que a energia está em você; e se souber cultivá-la, você pode torná-la manifesta.

E quando, com a energia da atenção consciente e concentração, encontramos o sofrimento, esse sofrimento pertence ao mundano ou ao espiritual? Se você se permitir ser dominado pelo sofrimento, não é espiritual. Mas quando você sabe como reconhecê-lo, acolhê-lo e examiná-lo profundamente para que a compreensão e a compaixão possam surgir, até mesmo o sofrimento se torna espiritual. Isso não significa que precisamos criar mais sofrimento; nós já temos mais do que suficiente. Mas podemos *fazer bom uso dele* gerando compaixão. Pode haver sofrimento em forma de tensão e dor em nosso corpo. Quando liberamos essa tensão e dor, respirando e andando de forma atenta e consciente, essa é uma prática espiritual. Quando, com a energia da atenção consciente, abraçamos sentimentos e emoções dolorosas, como raiva, medo, violência e desespero, e proporcionamos paz ao nosso corpo e mente, isso também é uma prática espiritual.

Em 1966, fui convidado aos Estados Unidos para protestar abertamente contra a guerra no Vietnã. Havia um movimento crescente nos Estados Unidos exigindo paz e o fim da guerra, mas era difícil conseguir paz. Lembro-me de uma palestra que dei, quando um jovem americano furioso se levantou e disse: "Você não deveria estar aqui! Você deveria estar de volta no Vietnã com uma arma, lutando lá contra o imperialismo americano". Havia muita raiva no movimento pela paz.

Minha resposta foi: "As raízes da Guerra do Vietnã estão aqui nos Estados Unidos. Os soldados estadunidenses que estão no Vietnã também são vítimas – eles são vítimas de uma política equivocada. Foi por isso que tive que vir aqui para dizer ao povo estadunidense que a guerra não está ajudando".

Independentemente do que estiver acontecendo, precisamos manter viva nossa compreensão e compaixão, para não nos perdermos em raiva e ódio. Então, enquanto eu viajava pelos Estados Unidos, falava com grupos ligados ao movimento pela paz, e compartilhava o seguinte: se você tiver muita raiva em você, não pode alcançar a paz. Você tem que *ser* paz, *estar* em paz antes de poder *fazer* [um trabalho pela] paz. Gradualmente, junto com amigos meus que eram líderes espirituais, encontramos oportunidades de introduzir a não violência e uma dimensão espiritual ao movimento pela paz.

Em situações difíceis, todos nós precisamos de uma prática espiritual para sobreviver e manter vivas nossa esperança e compaixão. Cada um de nós na Terra deve levar a dimensão espiritual ao nosso cotidiano para não ser arrastado, e assim poder lidar com nosso sofrimento e cuidar da nossa felicidade. Nós temos que ir para nossa casa interior e examinar profundamente, e esse é o trabalho do espírito. Nosso século deve ser um século da espiritualidade. Se vamos conseguir sobreviver ou não depende disso.

Você já se ama?

Se você não se respeita, será difícil amar e respeitar os outros ou a Terra. Quando você está preso à ideia de que *este corpo* é você, ou que você é *esta mente*, você subestima seu valor. Mas, quando você consegue se libertar da noção de um "eu" e ver seu corpo e mente como um fluxo de existência de todos os seus ancestrais, você começará a tratar seu corpo e mente com mais respeito.

Pode ser que você não se sinta merecedor(a) de amor. Mas todo mundo precisa de amor – até mesmo Buda. Sem amor, não podemos sobreviver. Então, não devemos nos discriminar; você precisa de amor, você merece amor, *todo mundo* merece amor. Todos os seus ancestrais em você precisam de amor. Então, por que privá-los de amor? Eles ainda estão vivos em cada célula do nosso corpo. Talvez eles não tenham recebido amor suficiente durante a vida. Mas agora temos a oportunidade de lhes oferecer amor nos amando e cuidando de nós mesmos.

Você é uma das maravilhas da vida, mesmo que não acredite nisso – mesmo que você se despreze ou acredite que tudo em você é sofrimento. A árvore de bordo lá fora também é uma maravilha, assim como a laranja que você está prestes a descascar. E você, que está prestes a descascar a laranja e comê-la, também é uma maravilha. É somente sua raiva, medo e complexos que lhe impedem de ver isso. Você é tão maravilhoso quanto o sol e o céu azul.

É possível nos treinar para sermos capazes de inspirar e expirar atenta e conscientemente e reconhecer as inúmeras coisas boas que nos foram transmitidas: as sementes da compaixão, de compreensão, amor e perdão. Podemos ter autoconfiança, pois podemos ver os nossos ancestrais em nós. Há democracia hoje porque nossos ancestrais lutaram muito por ela. Nós dispomos de belas cidades, arte, literatura, música, filosofia e sabedoria porque nossos ancestrais as criaram. Seus ancestrais estão presentes em você. Se eles puderam fazer isso, você também pode. Você *acredita* em si mesmo, e confia na sua capacidade de continuar o que eles não puderam fazer em vida.

No Vietnã, toda casa tem um altar para os ancestrais com imagens de ambos os ancestrais, espirituais e consanguíneos. Todo dia, limpamos a poeira, acendemos uma vela e um incenso, ou oferecemos flores. Contamos aos nossos filhos sobre como eles viveram e as qualidades que tiveram, e isso nos inspira e nos une. Cada um de nós podemos nos regressar às nossas raízes para redescobrir os valores da nossa herança.

O Mestre Linji ensinou que temos que ter confiança em nossas próprias sementes do despertar, da libertação e felicidade e não devemos sair procurando-as fora de nós. No seu corpo, mente e espírito você dispõe de todos os elementos de que precisa para se curar. Você já tem os elementos do despertar, da iluminação e felicidade em você; você só precisa se voltar para seu interior e contatá-los.

Acorde para as maravilhas

Lembro-me de quando eu vim, alguns anos atrás, para o norte da Califórnia guiar retiros e dar palestras, e fiquei alojado numa pequena cabana em um mosteiro nas montanhas numa floresta de sequoias gigantes. Um dia um jornalista da revista *San Francisco Chronicle* veio me entrevistar sobre atenção consciente. Eu o convidei para tomar chá antes da entrevista, e nos sentamos do lado de fora da cabana, ao pé de um grupo de enormes sequoias. Eu sugeri que ele esquecesse da entrevista e simplesmente curtisse tomar um chá comigo. E ele foi dócil o suficiente para dizer sim.

Então, preparei o chá, e desfrutamos o ar fresco, o sol, as sequoias e o chá. Eu sabia que para escrever um bom artigo sobre atenção consciente você tem que prová-la um pouco e não simplesmente fazer perguntas e obter algumas respostas. Isso não ajudaria os leitores a entender o que é atenção consciente. Por isso, tentei ajudá-lo a apreciar o chá: atenção consciente de beber chá. Aparentemente, ele gostou de tomar chá comigo e se esqueceu de toda entrevista. Depois disso, nós tivemos uma boa entrevista, e eu o acompanhei de volta ao estacionamento.

Na metade do caminho até o estacionamento, eu parei. Convidei-o a olhar para o céu, respirar e sorrir: "Inspirando, estou ciente do céu acima. Expirando, eu sorrio para o céu". Nós passamos um ou dois minutos somente ali parados, apreciando o céu, respirando e curtindo o azul. Quando chegamos ao carro, ele me disse que tinha sido a primeira vez que tinha visto o céu assim. Ele tinha realmente entrado em contato com o céu azul. É claro que ele já tinha visto o céu muitas vezes. Mas aquela foi a primeira vez que ele realmente viu o céu.

Albert Camus, um romancista francês, escreveu um romance intitulado *L'Étranger* (O estrangeiro). O romance é sobre um rapaz que cometeu um crime. Ele matou alguém e recebeu a pena de morte. Três dias antes da execução, deitado em sua cela de prisão, ele olhou para cima. E, de repente, viu o céu azul pela cúpula envidraçada. Claro que ele tinha visto o céu muitas vezes, mas esta foi a primeira vez que ele pôde vê-lo profundamente – somente uma pequena cúpula de céu. Talvez tenha sido porque estava prestes a ser executado que ele apreciou cada momento que restava para ele viver. No romance, Camus chama esse despertar, essa capacidade de entrar em contato com a realidade, de *le moment de conscience*: um momento de consciência, um momento de atenção consciente. Graças à atenção consciente, o rapaz pôde entrar em contato com o céu azul pela primeira vez.

Logo mais adiante, você lerá que um padre católico veio oferecer ao jovem suas últimas liturgias. Mas ele não queria receber o padre, pois sabia que só dispunha de pouquíssimo tempo para viver a vida e não queria desperdiçá-la fazendo algo que ele não acreditava. Ele sentiu que tinha acordado e que o padre ainda estava no escuro, no esquecimento, e não totalmente vivo. Ele usou a frase *il vit comme un mort*: ele está vivendo como um homem morto.

Muitos de nós estamos assim: vivos, mas vivendo como pessoas mortas, por não termos aquele momento desperto dentro de nós. Não estamos cientes do corpo que temos, que é uma maravilha. Não estamos cientes das maravilhas da vida que existem ao nosso redor, inclusive o céu azul. Andamos como sonâmbulos. Não estamos realmente vivos. É como se estivéssemos desligados; e não "ligados" para poder estar vivendo profundamente nossa vida no presente. Nós precisamos de um tipo de despertar para estar vivo de novo: a prática da ressurreição. Muitos de nós vivemos como se estivéssemos mortos, mas, desde que saibamos respirar com atenção e andar com atenção consciente, podemos nos ressuscitar e retornar a viver.

Foi porque tinha essa história em mente que eu convidei o jornalista a parar enquanto caminhávamos até o estacionamento e olhar para o céu no alto, respirar e entrar em contato com ele. E foi um exercício de atenção consciente bem-sucedido. O artigo que ele escreveu sobre a atenção consciente terminou sendo muito bom, pois ele tinha provado a atenção consciente de beber chá, de caminhar, de respirar e observar o céu acima.

Saia, desconecte-se, passeie no supremo – T.D.

Cultivar a reverência pelas coisas simples e maravilhosas da vida é um poderoso ato de resistência nos tempos de hoje. Escolher sair com o intuito de abrir os nossos olhos, ouvidos e corações à presença deste lindo planeta requer coragem e liberdade. O nosso condicionamento social vai de encontro a isso.

Os dias que Thay passou em seu eremitério em Plum Village foram vividos com o equilíbrio artístico da ação e inação. Quer estivesse trabalhando numa tradução, fazendo pesquisa, preparando uma palestra ou escrevendo um artigo ou uma carta, de pouca em poucas horas, Thay saía para dar uma caminhada leve e breve ao ar livre. Quer o dia estivesse ventando, chovendo, nevando ou ensolarado, ele se levantava da sua escrivaninha, totalmente ciente de cada passo e cada respiração, pegava seu casaco, chapéu e lenço e saía para curtir uma caminhada meditativa no jardim, passeando ao longo de um riachinho que corria entre bambus e pinheiros. Em dias ensolarados, Thay se deitava numa rede amarrada entre as árvores e olhava as folhas de choupo balançando ao vento. Às vezes, um lampejo inspirador vinha até ele, e ao voltar para seu eremitério, ele pegava um pincel de caligrafia e o apreendia no papel.

Pode haver trabalho a ser feito. Quando não mais haverá trabalho a ser feito? Thay ensina que, enquanto praticantes de meditação, depende de nós fazermos valer nosso direito de sermos livres: sermos um simples ser humano desfrutando o fato de estar vivo em um lindo planeta. Sempre que Thay era convidado a falar em um congresso ou parlamento, ele sempre insistia em conduzir uma caminhada meditativa ao ar livre ao término do programa. Em Harvard, no Google e na sede do Banco Mundial em Washington, DC, aconteceu o mesmo: Thay quis que todos tocassem a paz e a liberdade de estar ciente de cada respiração e passo, e de estarem totalmente presentes enquanto caminhavam pelas ruas, jardins e praças já conhecidas. A dimensão suprema não é algo distante. Ela pode estar disponível a nós, em nossa experiência, profundamente sentida, da vida em nosso entorno, exatamente onde vivemos e trabalhamos.

Quando era uma jovem jornalista e trabalhava em Londres para a BBC News, eu já havia começado a estudar com Thay em Plum Village. Perguntei a uma monja como poderia manter minha prática quando eu estivesse de volta na cidade, e ela me disse que eu precisaria criar "ilhas de atenção consciente" no decorrer do meu dia. Ela me recomendou que eu descesse do ônibus antes e andasse um percurso maior até o trabalho. "Você só precisa escolher um trecho para andar atenta e conscientemente. Isso não requer muitos minutos do seu dia e vai manter viva a energia de atenção consciente em você."

Escolhi um atalho pelo cemitério de uma igreja, e todos os dias, ao atravessar a rua e passar pelo portão, eu entrava em um reino de total consciência. Eu podia ouvir o tráfego, ver as árvores, escutar os pássaros, sentir a vibração da metrópole e seguir cada um dos meus passos e respiração. Às vezes, se os meus pensamentos estivessem me dominando, eu os interrompia, parava ali mesmo, respirava fundo e recalibrava o andamento. Nunca me senti tão próxima à alma da cidade como me senti naqueles poucos minutos atravessando o pátio.

Um dos melhores amigos e alunos de Thay é o notável professor Zen Dr. Larry Ward. Em seu recente livro *America's Racial Karma: An Invitation to Heal* (O carma racial estadunidense: um convite à cura), ele escreve sobre o poder de cura que o estado de união com as maravilhas da Terra proporciona: "Quando estou ao ar livre no mundo natural, fico comovido pela experiência de não ser julgado e saio ileso das opiniões políticas sobre minha pele. Eu disse, recentemente, a um amigo que uma árvore ou uma pedra nunca me desrespeitaram ou intencionalmente me causaram sofrimento. Toco as maravilhas da vida diariamente e, ao fazer isso, alimento meu coração e mente com o fluxo de beleza, vastidão e gratidão que reequilibra o bem-estar em meu sistema nervoso".

Larry explica que ao cultivar uma prática diária, de estar fora "das quatro paredes" de sua casa, ao ar livre em contato com a natureza regularmente, "uma vitalidade mais nova e profunda se torna agora disponível para eu me criar e criar o mundo de uma nova maneira. [...] Para superar a injustiça não podemos perder nosso eixo, a nossa resiliência espiritual e, mais importante ainda, a nossa capacidade de responder com sabedoria, compaixão e ação de criar um novo mundo".

A arte da não violência

A palavra não violência, em sânscrito, é *ahimsā*. Significa não prejudicar, não causar dano à vida, à nossa vida e a dos outros. A palavra "não violência" pode dar a impressão de que você não é muito ativo, que é passivo. Mas isso não é verdade. Viver pacificamente sem violência é uma arte, e temos que aprender como fazer isso.

Não violência não é uma estratégia, uma habilidade ou uma tática de se alcançar algum tipo de objetivo. É um tipo de ação ou resposta que surge da compreensão e compaixão. Enquanto tiver compreensão e compaixão no coração, tudo o que você fizer será não violento. Mas, logo que você se torna dogmático a respeito de não ser violento, você deixa de ser não violento. O espírito sem violência deve ser inteligente. Um policial pode carregar uma arma sem violência porque, se usá-la com calma e compaixão para resolver situações difíceis, não precisará usar a arma. Eles podem aparentar estar prontos para fazer uso da violência, mas seu coração e mente podem ser não violentos. É possível prender, algemar e encarcerar um criminoso com compaixão.

Às vezes, inação significa violência. Se você permite que outros matem e destruam, mesmo sem fazer coisa alguma, você também está contido implicitamente naquela violência. Então, a violência pode existir pela ação ou inação.

Ação não violenta também pode ser uma ação de longo prazo. No reino da educação, agricultura e arte, você pode introduzir pensamento não violento e ação não violenta. Ajudar pessoas a se livrarem da discriminação é uma ação não violenta fundamental, pois a violência vem da discriminação, do ódio, medo e raiva. A própria discriminação já é uma espécie de violência. Quando você discrimina, não dá oportunidades aos outros; você não os inclui. Portanto, a inclusão e tolerância são muito importantes na prática da não violência. Você respeita a vida e a dignidade de cada pessoa. Ajudar pessoas a transformar discriminação, ódio, medo e raiva, antes de se tornar ação, *é* uma ação não violenta, e é algo que você pode começar a fazer agora mesmo. Não espere ser confrontado por uma situação difícil para decidir se vai agir com ou sem violência.

A não violência nunca pode ser absoluta. Tudo o que podemos dizer é que devemos ser o mais não violentos possível. Quando pensamos nos militares, achamos que tudo o que eles fazem é violento. Mas existem muitas maneiras de conduzir um exército, proteger uma cidade e impedir uma invasão. Existem maneiras mais violentas e menos violentas. Você pode escolher sempre. Talvez não seja possível ser 100% não violento, mas 80% não violento é melhor do que 10% não violento. Não peça o absoluto. Você não pode ser perfeito. Você faz o seu melhor; é isso que é preciso. O que importa é que você está determinado a ir na direção da compreensão e compaixão. A não violência é como uma estrela do norte. Só temos que fazer nosso melhor, e isso basta.

Violência e guerra nem sempre envolvem armas. Toda vez que você tem um pensamento cheio de raiva e divergências isso também é guerra. A guerra pode se manifestar através do nosso modo de pensar, falar e agir. Podemos estar vivendo em guerra, lutando conosco e com aqueles à nossa volta, sem nem mesmo saber disso. Pode haver alguns momentos de cessar-fogo, mas a maior parte do tempo são momentos de guerra. Não se transforme em um campo de batalha. Reprimir ou resistir seus sentimentos pode também ser uma espécie de violência psicológica. Na meditação budista nós nos treinamos para estarmos presentes para o nosso sofrimento, raiva, ódio ou desespero. Deixe a energia da atenção consciente envolver e penetrar suavemente qualquer sentimento manifesto. Você o *permite* existir, você o acolhe e o ajuda a se transformar.

Até mesmo um sistema econômico pode ser muito violento. Mesmo que você não veja armas e bombas, em última análise, ainda é extremamente violento, pois é uma espécie de prisão que impede as pessoas de serem incluídas. Os pobres têm que ser eternamente pobres, e as pessoas ricas, eternamente ricas por conta da violência institucional dentro do sistema. Temos que abolir esse tipo de sistema econômico para incluir a todos e dar a todos uma oportunidade de educação, de trabalho, uma oportunidade de desenvolver seu talento. Isso significa aplicar a não violência no reino da economia. Quando um líder empresário pratica a não violência em sua empresa, não é somente todos os que estão ao redor dele que vão se beneficiar com isso, o líder também vai. Não é porque tem um grande Produto Interno Bruto que a sociedade consegue ser feliz; é produzindo compaixão. Você tem o direito de ir no encalço do crescimento econômico, mas não à custa de vidas.

A resistência não violenta

Quando eu era um jovem monge houve um tempo em que fui tentado a me tornar marxista. Eu via que, na comunidade budista no Vietnã, as pessoas falavam muito em servir aos seres vivos, mas não tinham métodos práticos para ajudar o país, que estava sob domínio estrangeiro, e as pessoas sofriam profundamente devido à pobreza e à injustiça. Eu queria ajudar a criar um tipo de budismo que pudesse reduzir a injustiça social e a opressão política. Eu via que os marxistas estavam realmente tentando fazer algo e estavam prontos a morrer pelo bem da humanidade. Então, naquela época, minha tentação não era a fama, não era o dinheiro, nem mulheres bonitas; era o marxismo.

Não me tornei comunista porque tive muita sorte. Percebi rapidamente que, sendo membro do Partido Comunista, eu teria que obedecer às ordens do partido e poderia ter que matar meus conterrâneos que não concordassem com o partido, em vez de ser capaz de servi-los. Quando a pessoa é jovem está cheia de boas intenções de servir seu país, então ele ou ela adere a um partido político. Você quer servir, não prejudicar, mas o seu partido pode se tornar como uma máquina, e um dia você pode receber uma ordem de matar ou eliminar outros jovens que não pertencem ao seu partido. E você tem que trair sua primeira intenção de amar e servir. Fui salvo pela constatação de que a revolução violenta não era o meu caminho. Eu não queria ir na direção da violência.

O princípio de não ferir, não matar, é muito importante. Você tenta ajudar, salvar os outros porque tem um coração compassivo. A compaixão é uma energia poderosa que nos permite fazer tudo o que pudermos para ajudar a reduzir o sofrimento que nos rodeia.

Na ação engajada você não precisa morrer para ter sua mensagem disseminada. Você precisa estar vivo para continuar. Podemos ser enviados para a prisão, podemos protestar. Mas, mesmo que nosso protesto seja muito forte, temos de nos lembrar que protestar pode não conseguir eliminar o medo, a raiva e a ganância daqueles que estamos protestando contra. O verdadeiro protesto é ajudá-los a acordar e ir numa nova direção. Fazer isso é ação real. Podemos fazer isso dando exemplo. Você cria uma comunidade de paz e verdadeira solidariedade. Você consome de uma forma que protege o planeta. Você fala e ouve de uma maneira que transforma a raiva e a divisão. Você vive de forma simples e mesmo assim é feliz. Esta é uma forma radical de criar paz. Você é a personificação da boa saúde para si mesmo e para o mundo e vive de tal forma, que prova que um futuro pode ser possível.

Não tomando partido

Durante a Guerra do Vietnã havia muito medo, raiva e fanatismo. Os comunistas queriam destruir os anticomunistas, e os anticomunistas queriam destruir os comunistas. Nós importamos ideologias e armas estrangeiras, e logo irmãos estavam matando irmãos. Os dois blocos estavam sendo apoiados por exércitos, dinheiro e armas vindos do exterior. Cada lado estava convencido de que sua visão era o melhor tipo de visão, e os adeptos de cada lado estavam prontos a morrer por sua visão. E ainda havia muitos de nós no Vietnã que não queriam a guerra, e tentávamos protestar abertamente. Você não tinha a permissão de expressar seu desejo pela paz, porque ambas as partes em conflito queriam lutar até o fim. E assim o movimento pela paz tinha que ser uma oposição secreta, e você arriscava sua vida se falasse a favor da paz. Junto com um grupo de jovens, distribuímos literatura sobre a paz e eu escrevi poesia pacifista contra a guerra, que foi proibida, e então nós a publicamos às escondidas. Você se arriscava a ser preso se fosse encontrado com uma cópia.

Falávamos a favor da paz, não tomávamos partido. Isso era muito difícil, era muito perigoso assumir essa posição. Quando você escolhe um dos lados, pelo menos você está protegido por um lado. Mas se não tomar partido, você está se arriscando a ser destruído por ambos os lados, e por isso é muito difícil. E, nessas condições, nós lutávamos pela paz e nos engajávamos no trabalho social no espírito da não violência e da não discriminação. Era muito difícil. E foi nessa conjuntura que a nossa Escola de Jovens pelo Serviço Social foi mal-interpretada por ambos os lados.

Certa noite, homens armados invadiram o complexo e sequestraram cinco de nossos assistentes sociais, e os levaram para as margens do Rio Saigon. Lá, eles fizeram muitas perguntas para confirmar se eles eram assistentes sociais em nossa escola, e quando eles disseram que sim, os homens responderam: "Nós lamentamos. Recebemos ordens para atirar em vocês". Eles foram baleados no local. O clima de ódio era intenso. Sabemos dessa história porque um dos alunos caiu no rio ao levar um tiro, mas sobreviveu.

Nós matamos uns aos outros porque não sabemos quem realmente somos. Para matar alguém, em primeiro lugar, você tem que dar um rótulo àquela pessoa: o rótulo de "inimiga". Só se virmos alguém como nosso inimigo podemos atirar nele ou nela sem hesitação. Mas, desde que continuemos a ver que essas pessoas são gente, outro ser humano, jamais conseguiremos puxar o gatilho. Então, por trás da violência e da morte existe a ideia de que a outra pessoa é má, que não resta bondade alguma nela. Nossa visão é obscurecida pelo ódio. Acreditamos que os que estão do outro lado são seres desprezíveis. Entretanto, esse vilão é somente um ponto de vista, uma ideia. No budismo, a espada da sabedoria serve, acima de tudo, para cortar a visão, o rótulo: neste caso, o de que uma pessoa ou um grupo de pessoas são do "mal". Esses rótulos são perigosos. Eles têm que ser extirpados. As visões podem destruir os seres humanos; e podem destruir o amor.

Nosso inimigo não são as outras pessoas. Nosso inimigo é o ódio, a violência, a discriminação e o medo.

Foi uma época muito difícil e muito dolorosa. Os agressores tinham dito "Nós lamentamos" antes de atirar nos assistentes sociais. Então, sabemos que eles não queriam matá-los; eles foram forçados a matar. Os agressores também eram vítimas. Talvez eles mesmos teriam sido baleados se não fizessem aquilo. E assim, no tributo do funeral dos assistentes sociais, os líderes da Escola de Jovens para o Serviço Social disseram claramente que, apesar do ataque, eles continuavam não considerando os assassinos como inimigos. Não houve mais ataques à escola depois disso. Talvez eles estivessem nos seguindo de perto e ouviram o que foi dito.

Muita gente nos entendeu mal, mesmo assim continuamos seguindo nosso caminho, pois tínhamos fé em nossos valores. Nós tínhamos aprendido a verdade – de que a raiz do sofrimento e da violência é a intolerância, o dogmatismo e apego às opiniões. Em tal situação é muito importante não se apegar a pontos de vista, doutrinas ou ideologias – inclusive as budistas. Isso é muito radical. É um rugido de leão.

O bodisatva do respeito

Existe um bodisatva chamado Sadaparibhuta, o bodisatva do respeito constante, que jamais subestima ou menospreza quem quer que seja. A ação deste bodisatva é eliminar o complexo de não merecimento e autoestima baixa. Este bodisatva age trazendo a mensagem de esperança e confiança e lembrando a todos que somos uma maravilha da vida. Sadaparibhuta consegue ver a semente do despertar em cada pessoa. Mesmo que seja alguém desagradável, Sadaparibhuta continua a sorrir e dizer: "Bem, mesmo quando você está gritando comigo, mesmo quando você está furioso, continuo acreditando que há um buda em você". Ele só está tentando falar a verdade. O voto dele é esse: ir até cada uma das pessoas, ricas, pobres, inteligentes ou menos inteligentes; para sempre dizer a mesma coisa. "É nisso que eu realmente acredito. Eu quero trazer essa mensagem para você, de que existe um buda em você. Você é capaz de compreender e amar".

Todos nós, enquanto vivermos como seres humanos vamos ter que passar por um momento de humilhação em determinado momento ou noutro. Eu também passei por isso. Pode ser que sejamos vítimas da discriminação, vítimas dos abusos, vítimas das injustiças. Mas com o *insight* de que – não importa o que aconteça – sua natureza búdica interna continua intacta, você é livre. Você está livre do sentimento de vitimização. E pode atuar como um bodisatva equipado de uma energia imensa, capaz de mudar sua vida, e de até mesmo ser capaz de mudar a vida daqueles que o prejudicaram.

Isso significa que mesmo os que cometem crimes atrozes também têm compaixão? A compaixão é inata? De acordo com a psicologia budista, todos nós temos a semente da compaixão, mas todos nós também temos a semente da violência. Podemos imaginar a consciência como tendo pelo menos duas camadas. Abaixo, está a "consciência armazenadora" e, acima, a "consciência mental". Em nossa consciência armazenadora há muitos tipos de sementes – entre elas, as sementes da violência e da crueldade. E também existe a semente da compaixão.

Se acontecer de você nascer em um tipo de ambiente onde as pessoas são compassivas e regam a semente de compaixão em você, então sua semente de compaixão crescerá e você se tornará uma pessoa compassiva. Mas, se você viveu em outro tipo de ambiente, onde ninguém soube regar a semente de compaixão em você, então esta semente será pequeníssima E se, por exemplo, você assiste muitos filmes violentos e vive num ambiente muito violento onde as pessoas regam suas sementes de raiva e violência, você vai se tornar então uma pessoa violenta. As pessoas veem violência em você, mas não conseguem ver a compaixão em você, pois a sua semente de compaixão está pequeníssima. Você não pode negar que a semente da compaixão é inata; ela está presente, mas não teve a oportunidade de ser regada. Por isso a prática da atenção consciente consiste em regar diariamente as sementes de compreensão e compaixão, para que possamos restaurar o equilíbrio entre compaixão e violência.

A compaixão lhe protege

Quando você testemunha muita violência, discriminação, ódio e ciúme, é a sua compreensão e compaixão que lhe protegem. Você está equipado com a sabedoria, a visão da interexistência e a sabedoria da indiscriminação. E com essa energia você pode ser um bodisatva, ajudando os outros a serem mais compreensivos e compassivos, inclusive aqueles que estão causando prejuízos. Você deixa de ser *vítima* deles. Você se treina para ver a semente do despertar neles, e vive de uma forma que os ajuda a eliminar a discriminação, a violência e o ódio deles. São *eles* as vítimas da própria ignorância e discriminação; e o objeto de seu trabalho e prática são *eles*.

A compaixão pode proteger você melhor do que armas e bombas. Com compaixão no coração você não vai reagir com medo ou raiva, e atrairá muito menos perigo para si mesmo. Se estiver com raiva, você provoca medo nos outros, e quando estão com medo eles atacam porque têm medo de que você vá atacá-los primeiro. Portanto, a compaixão protege você e a outra pessoa. Se puder produzir compaixão e prevenir a violência, isso é uma vitória – uma vitória para ambas as partes. É uma verdadeira vitória.

Quando estamos arrodeados de confusão e sofrimento, nós precisamos praticar nos refugiando em nossa natureza búdica. Cada um de nós tem aquela capacidade de ser calmo, compreensivo e compassivo. Devemos nos refugiar nessa ilha de segurança interna para manter nossa humanidade, nossa paz e esperança. Você se torna uma ilha de paz, de compaixão, e pode inspirar outras pessoas a fazer o mesmo. É como um barco cruzando o oceano:

se o barco encontrar uma tempestade e todos no barco entrarem em pânico, o barco vai virar. Mas, se uma pessoa no barco conseguir permanecer calma, pode inspirar os outros a ficarem calmos e haverá esperança para todos do barco.

Quem seria essa pessoa que consegue se manter calma numa situação de sofrimento? Na minha tradição budista, a resposta é *você*. Você tem que ser essa pessoa. Você será o salvador, a salvadora de todos nós. Esta é a prática do bodisatva, uma prática muito poderosa, a de tomar refúgio. E numa situação de guerra ou de injustiça, se você não praticar assim, não conseguirá sobreviver. Você vai se perder muito facilmente. E se você se perde, não há esperança. Então, nós contamos com você.

Agentes da paz – T.D.

Como seria para você o caminho de cultivar a não violência, na forma de você interagir com o mundo vivo, na maneira de você falar e se engajar, na maneira de você beber uma xícara de chá e consumir? Reverência pela vida é uma semente em nossa consciência, e quanto mais forte essa semente for, mais rápido se manifestará em um momento difícil quando mais precisarmos dela. É preciso discernimento, honestidade e coragem para ser capaz de dizer: *Esta árvore é preciosa, esta vida é preciosa, esta pessoa diante de mim – independentemente de quais sejam suas opiniões ou valores – também é preciosa e é um filho, uma filha, da Terra como eu.*

Eu acho a história de Cheri Maples profundamente inspiradora. Cheri era uma das alunas sêniores de Thay, uma policial que levou atenção consciente para as forças armadas e o sistema de justiça criminal em Madison, Wisconsin. Lembro-me encontrando-a nas sombras das Montanhas Rochosas em um retiro em 2011 – ela era perspicaz, forte e formidável, com olhos brilhantes que eram ao mesmo tempo ferozes e ternamente compassivos, como somente um bodisatva pode ser. Cheri era uma contadora da verdade e um espírito destemido. Em sua vida e ação ela demonstrou que, com uma prática espiritual pessoal consistente e uma comunidade para tomarmos refúgio, é possível realizar muito mais do que jamais acharíamos que fosse possível.

O primeiro retiro de Cheri com Thay foi transformador; ela amava a meditação, amava o espírito comunitário – e estava determinada a continuar a praticar quando voltasse para casa. Mas as práticas da não violência e "não matar" pareciam inconciliáveis com o trabalho dela; ela carregava uma arma para viver. Quando ela perguntou a Thay sobre isso, a resposta dele foi: "Quem mais nós gostaríamos que estivesse armado, senão alguém que fizesse isso conscientemente?" A compaixão pode ser gentil e pode ser feroz. E, como Cheri aprendeu com Thay, "Sabedoria significa saber quando empregar a compaixão gentil de compreensão e quando empregar a compaixão feroz dos limites bons". Cheri se tornou uma verdadeira "policial da paz" e, ao longo de sua carreira, levou sua visão adiante, trabalhando pela transformação e esquemas da cultura em torno do perfil racial, militarização e padrões policiais para fazer uso da força letal.

Vivemos numa sociedade violenta. Podemos experimentar violência nas ruas, ou em casa, ou logo que ligamos nossos monitores ou os noticiários. O que ouvimos, assistimos e lemos pode estimular as sementes do medo, ódio, da discriminação e violência em nós – geralmente sem a gente nem perceber. Portanto, enquanto meditador, o desafio é ver se podemos estar presentes e alertas o suficiente para perceber quando isso está acontecendo. Será que podemos identificar as pequenas ações em nossa vida cotidiana que, de alguma forma, contribuem para a guerra? Será que estamos participando ou somos privilegiados por sistemas construídos sobre a violência? O que precisaríamos fazer ou mudar para ajudar a criar uma cultura justa e regenerativa que respeita todas as vidas?

O respeito começa com o básico, e a intenção de cultivar ativamente uma mente não violenta na vida cotidiana. Quando Plum Village começou oferecendo transmissão ao vivo de retiros online em 2020, pedimos aos participantes que criassem um canto sagrado em sua casa onde pudessem seguir as palestras, meditações e relaxamentos. Com a pandemia, não podíamos mais receber pessoas em nossas salas de meditação, bosques de bambu ou floresta de carvalho antigo, mas podíamos ajudá-las a criar um espaço sagrado e inspirador, bem no bojo da vida diária delas. Esse espaço faz parte da arquitetura de nossa prática, e rega sementes de paz e respeito em nossa consciência. Flores é bom, e velas também, talvez incenso, também elementos da natureza – talvez uma pedra ou uma bela folha de outono. E é encantador ter fotos – de pessoas que nos inspiram, nossos avós ou ancestrais, ou lugares do planeta que guardam um significado especial. Quando investimos num espaço como este, ele estará ali quando mais precisarmos – quando precisamos de um lugar para nos sentar e respirar e nos conectar, nos animar e sonhar, ou simplesmente chorar. Um lugar desses pode nos ajudar a ter contato com o sagrado e espiritual em nossa própria vida.

Eis o texto do treinamento de atenção consciente sobre cultivar a não violência na vida diária, o primeiro dos Cinco Treinamentos de Atenção Consciente. Não se trata de uma filosofia, mas literalmente de um treinamento: algo que nós treinamos naquela direção. Depois de ler o texto, talvez você queira dar uma pausa por algum tempo e refletir sobre como isso pousa no seu coração. Sente que o texto ressoa com você ou desencadeia reações? O texto foi concebido como um objeto de contemplação, a ser relido de tempos em tempos, como um espelho refletindo sobre nossa vida cotidiana e ações. Que essas frases sirvam para desafiar e fortalecer suas intenções e inspirá-lo(a) a cultivar mais reverência em sua vida.

O treinamento da atenção consciente para reverenciar a vida

Ciente do sofrimento causado pela destruição da vida, comprometo-me a cultivar a visão do interser e compaixão e aprender formas de proteger a vida das pessoas, dos animais, plantas e minerais. Estou determinado a não matar, a não deixar os outros matarem, e a não apoiar qualquer ato de matança no mundo, em meu pensamento ou modo de vida. Vendo que as ações prejudiciais surgem da raiva, do medo, ganância e intolerância, que por sua vez vêm de pensamento dualista e discriminativo, cultivarei a abertura, a indiscriminação, o desapego aos pontos de vista a fim de transformar a violência, o fanatismo e o dogmatismo dentro de mim e no mundo.

A SIMPLICIDADE PROFUNDA: VOCÊ É SUFICIENTE

Reconsidere suas ideias de felicidade

Para salvar nosso planeta precisamos reexaminar nossas ideias de felicidade. Cada um de nós tem uma visão, uma ideia sobre o que vai nos fazer feliz. E, por causa dessa *ideia* de felicidade, pode ser que tenhamos sacrificado tempo e destruído nosso corpo e mente correndo atrás dessas coisas. Mas, logo que entendermos que *já dispomos de condições mais do que suficientes para sermos felizes*, podemos ser felizes imediatamente, aqui e agora.

O despertar não é algo distante. Respirando com atenção, trazendo a mente de volta ao nosso corpo, sabemos que estamos vivos, que estamos presentes e a vida está ali disponível para ser vivida. Isso já é um tipo de despertar. Não temos que lutar. Não temos que sair correndo em direção ao futuro. Não temos que buscar felicidade em outro tempo ou lugar. Temos que realmente existir no momento presente, vivendo profundamente este momento em que podemos receber nutrição e cura. E, logo que tocamos essa felicidade, não sentimos mais a necessidade de lutar ou de nos preocupar, e temos muita felicidade para compartilhar com os outros. Por isso, o despertar coletivo é tão importante.

Podemos nos perguntar por que os líderes corporativos e os políticos não estão fazendo mais para salvar o planeta? Eles sabem que o planeta está numa situação perigosa e precisando urgentemente da nossa atenção, e pode até ser que queiram fazer algo para ajudar. Eles são inteligentes e bem-informados. Então, não é que eles *não queiram* fazer algo, mas sim que eles se encontram numa situação em que *não conseguem* fazer coisa alguma, por causa das suas próprias dificuldades.

Eles têm dor e sofrimento, com os quais não sabem como lidar, e por isso não podem nos ajudar a resolver os problemas ambientais. Eles estão aprisionados em seus próprios mundos. Estão aprisionados na visão de que, em primeiro lugar está o dinheiro e poder que pode trazer felicidade e ajudar a reduzir o sofrimento. Mas não é verdade que riqueza, poder e crescimento econômico quer dizer que haja menos sofrimento; muita gente dispõe de tudo isso e ainda sofre. Então, precisamos ajudá-los a mudar a *ideia* de felicidade que têm. E até mesmo isso pode não ser suficiente; nós precisamos dar a eles uma *gustação* da verdadeira felicidade. Somente quando tiverem provado a verdadeira felicidade, eles mudarão sua maneira de pensar, estilo de vida e vão fazer negócios de uma maneira diferente, que ajuda a proteger a Terra.

Ser feliz significa ser compreendido, ser amado e ter o poder de compreender e amar os outros. Alguém sem compreensão e compaixão está totalmente excluído. Mesmo que você tenha muito dinheiro, muito poder e muita influência, sem compreensão e compaixão como você poderia ser feliz?

A verdadeira felicidade está alicerçada na liberdade – não a liberdade para destruir nosso próprio corpo e mente, nem a liberdade para dominar e destruir a natureza, mas a liberdade de ter tempo para apreciar a vida: liberdade de ter tempo para amar; liberdade do ódio, do desespero, ciúme e obsessão; liberdade de estar sendo tão arrastado pelo trabalho ou ocupações que não temos mais tempo para aproveitar a vida ou cuidar uns dos outros. Nossa qualidade de ser depende desse tipo de liberdade.

O momento presente é um mundo inteiro a ser descoberto – T.D.

A busca do crescimento econômico desumano não garantirá nossa felicidade, e pode até mesmo ameaçá-la. A felicidade não é algo que *alcançamos* acumulando riqueza ou *status*; é algo que está disponível para cada um de nós, neste momento, desde que possamos acordar para ele. Mas temos a tendência de não dar muito crédito ao momento presente. Vemos uma árvore, e é apenas uma árvore, que não está fazendo muito. Grande coisa! Que importância tem? O céu – muito encantador, mas isso tem a ver com o quê? Nós temos lugares para ir, coisas para fazer, problemas a resolver. Há uma lua – e podemos pensar "belíssima" – e seguir adiante, de bem com nossa vida. Quantos instantes e quantas respirações você ofereceu à lua quando você a viu pela última vez? Você poderia me contar algo sobre a primeira árvore que você vê logo que sai de casa? Qual a personalidade dela? Quando é que ela canta sua canção de vida da forma mais brilhante? É uma canção da florescência ou dos botões, ou das magníficas folhas de outono?

Thay uma vez nos convidou a "abrir as cortinas" no momento presente. A verdade é que, às vezes, reconheço que estou dando somente uma porção mínima da minha atenção, 10% talvez, ao presente. Estou cheia de tudo o que esteve acontecendo (o passado) e já antecipando tudo o que quero que aconteça – ou que tenho medo de que aconteça – no futuro. Nós vivemos em um presente muito estimulado e superlotado. Então, enquanto praticante de meditação, nosso desafio é o de nos retreinar para realmente deixar que a realidade mergulhe, em câmera lenta, em nossa consciência. Há uma multidimensionalidade no momento presente, que muitas vezes negligenciamos: há o tato, o sabor, o olfato e a consciência corporal.

Enquanto meditador, nossa tarefa é a de nos tornar fascinados com a *sensação* no momento presente. Lembro-me de que inicialmente eu pensava que eu precisava acessar o momento presente com a minha mente. Mas aos poucos compreendi que poderia acessá-lo mais diretamente com os sentidos: o cheiro do bosque, o sopro da brisa, o som da chuva, os rumores da humanidade pelo asfalto. Aprendi a atravessar o barulho e abrir espaço para me conectar a um momento com todo o meu ser. Se o sol estiver espetacular, lembro-me de apreciá-lo com dez inspirações e expirações, acalmando o corpo e saboreando os sentidos. O mesmo acontece com a presença de um ente querido ou de uma bela árvore. É preciso ter força para deter o corre-corre e simplesmente estar presente, aberto para tudo o que estiver acontecendo dentro e em torno de nós.

Quando eu era uma jovem noviça tive a oportunidade de ser assistente de Thay em um dos dias que ele deu palestra. A tarefa era simples, mas surpreendentemente desafiadora: simplesmente estar presente, ao lado de Thay, o tempo todo, e ajudá-lo em qualquer coisa que ele precisasse – fosse um casaco, seus óculos, um caderno ou, mais frequentemente do que você imagina, uma xícara de chá. O desafio, certamente, é estar ciente de cada respiração e cada passo que damos enquanto os estamos realizando.

O primeiro dia foi muito difícil. Thay é extremamente rápido: cada ação sua é tão decisiva e desobstruída. Ele já estava pegando seu casaco antes que pudesse ajudá-lo, já na porta antes que eu pudesse abri-la. O treinamento é para estar tanto à frente como atrás, e era muito para processar; e minha mente ficava atrapalhando. Eu estava hipnotizada pela maneira de ele caminhar; ele dava impressão de parar em cada passo, mas se movia tão fluidamente quanto um barco pela água.

Lembro-me de um dia que o acompanhei aos seus aposentos após almoçar com toda a comunidade. Fiquei feliz por ter chegado à porta antes dele, de tê-la fechado com atenção, guardado a sacola e pendurado a rede para ele descansar. Era um momento calmo de silêncio enquanto eu lentamente balançava a rede e olhava lá fora pela janela. Havia o som de risadas distantes, cantiga dos pássaros, do crepitar do fogão, e o tique-taque silencioso do relógio na parede. "Que horas são?", Thay me perguntou, muito gentilmente. Eu não tinha muita certeza. De onde eu estava balançando a rede, não dava para ver. "É... quase duas?" Sugeri, hesitante. "Pensei que você fosse inglesa!", disse ele sorrindo, olhos brilhantes como estrelas. Devo ter demonstrado estar perdida. Mesmo assim, ele sorriu. "Não é hora do chá? Pensava que na Inglaterra sempre é hora do chá!"

Podemos imaginar que existem muitas portas que levam à felicidade. E que, abrindo qualquer uma dessas portas, a felicidade virá até você de várias formas. Mas, se estiver apegado a uma ideia específica de felicidade, é como se você tivesse fechado todas as portas, exceto uma. E, como essa porta específica não abre, a felicidade não pode chegar até você. Portanto, não feche porta alguma. Abra todas as portas. Não se comprometa com uma ideia de felicidade apenas. Descarte a ideia de felicidade que você tem, e a felicidade poderá chegar imediatamente. O fato é que muitos de nós estamos apegados a uma série de coisas que consideramos cruciais ao nosso bem-estar – um trabalho, uma pessoa, a posse de um bem material, uma ambição –, pode ser qualquer coisa. Mesmo que estejamos sofrendo muito por causa daquilo, não temos a coragem de largá-lo. Mas a verdade é que podemos continuar a sofrer exatamente por isso. Cada um de nós tem que contemplar profundamente e compreender isso por si mesmo. Requer grande sabedoria e coragem para largar nossas ideias de felicidade. Mas, quando conseguimos fazer isso, a liberdade e felicidade poderão chegar muito facilmente.

Depois de ter conseguido voltar para casa no Vietnã em 2005, centenas de jovens me pediram permissão para serem ordenados como monásticos em nossa tradição de

Plum Village. Ofereceram-nos o Templo Prajna nas montanhas da região central, e lá começamos um novo tipo de centro de prática da atenção consciente, e o treinamento de uma nova geração de monásticos budistas. O templo cresceu tão rapidamente que foi percebido pelas autoridades como uma ameaça. Em 2009, eles tentaram fechar o templo e multidões foram enviadas para intimidar e ameaçar os monásticos. Os quatrocentos monges que viviam lá sentiam que ali era a casa deles, o centro de prática deles, e que deveriam fazer de tudo para mantê-lo. Cada um deles deu o melhor de si para resistir e não ser dispersados à força. Prajna para eles era um lugar onde podiam ser quem eram, podiam falar a verdade e dizer um ao outro o que estava nos seus corações. Eles queriam se agarrar àquele ambiente e comunidade, e fazer o que fosse preciso. Eles resistiram de forma não violenta por mais de um ano e meio.

Mas, no final, vimos que o importante não era o lugar; era a prática e a energia da união, da irmandade que importava. Independentemente do lugar para onde fôssemos, poderíamos levar a prática conosco. Então, os jovens monásticos foram embora, passaram um tempo escondidos e acabaram encontrando outros lugares para continuar a praticar juntos. Hoje, muitos deles estão servindo em nossos centros de prática na França, Alemanha e Tailândia. Nesse processo, conseguimos algo mais valioso do que um centro de prática: o fortalecimento da nossa fé neste caminho e na comunidade. Agora encontramos condições melhores até que nos facilitam fazer o que queremos fazer, para continuar juntos treinando atenção consciente e desenvolver nossa comunidade.

Então não devemos nos apegar a uma ideia de felicidade. Se formos capazes de largar nossa ideia, haverá muitas oportunidades de realizar o que queremos realizar. Não devemos ter tanta certeza de nossas ideias. Devemos estar prontos para abrir mão delas. O que consideramos ser infortúnio pode terminar sendo uma ventura. Depende da nossa maneira de lidar com a situação.

Você não precisa viver numa caverna para ser zen

Alguns acreditam que, se eles morarem em um lugar remoto imperturbado pela sociedade, vão ter mais tempo para praticar. Segundo Buda, a melhor maneira de estar sozinho e não ser perturbado é retornar ao seu lar interior e tomar consciência do que está acontecendo no momento presente. No tempo de Buda havia um monge conhecido só como Thera, que gostava de ficar sozinho. Ele tentava fazer tudo sozinho e era muito orgulhoso da prática dele de ser só.

Alguns dos monges foram conversar com Buda sobre a existência desse tal monge que praticava dessa forma e dizia estar seguindo os ensinamentos de Buda sobre a solidão. Então, certo dia, Buda convocou o Monge Thera, convidou-o para sentar e perguntou se ele gostava de praticar sozinho. Thera respondeu que sim. Buda disse: "Conte-me como você faz isso". E Thera respondeu: "Sento-me sozinho. Vou até a aldeia na ronda de mendicância sozinho, como meu almoço sozinho, ando em meditação sozinho. E lavo minhas roupas sozinho".

Buda então disse: "Essa é uma forma de ficar só. Mas eu tenho uma maneira muito melhor de viver sozinho". Ele continuou, "Não persiga o passado. Não corra atrás do futuro. O passado não existe mais. O futuro ainda não chegou. Quem vive em atenção consciente noite e dia é quem conhece a melhor maneira de viver só".

Viver sozinho (*ekavihārī*) significa não ter alguém com você. Esse "alguém" pode ser o passado, o futuro ou seus projetos. Pode ser o objeto da sua busca ou desejo ardente ou a sua ideia de felicidade. Viver sozinho significa estar completamente satisfeito com o aqui e agora, ter um senso profundo de realização no momento presente. Você não precisa subir até as montanhas, ou estar numa caverna, para estar sozinho. Você poderia estar numa montanha ou numa caverna e continuar ansiando por outra coisa, ainda que esteja buscando, ou ainda se arrependendo – portanto, você não está sozinho. Mas com atenção consciente você pode se sentar no centro de um mercado e ainda estar sozinho, em paz e liberdade. Não é preciso você passar anos numa caverna.

Liberdade é uma prática. Não é algo que ganhamos depois de dez anos. Logo que atravessamos nossos arrependimentos e ansiedade e entramos em contato com o presente, obtemos liberdade prontamente. Todos nós somos guerreiros e a atenção consciente é a espada afiada que nos liberta.

Tudo o que você busca, tudo o que você quer experimentar, devem todos acontecer no momento presente. Isto é um ponto muito importante. O passado não existe mais; o futuro é somente uma vaga ideia. Se nos agarrarmos ao futuro, podemos perder o momento presente. E se perdermos o momento presente, perdemos tudo – nossa felicidade, liberdade, paz e alegria. Desse modo, todas as nossas aspirações, todos os nossos sonhos, todos os nossos projetos têm que ser trazidos ao momento presente e centrados no momento presente. Só o momento presente é real.

Você simplesmente inspira e percebe que tem um corpo. Sorri para o seu corpo, aprecia o fato de ter um corpo para se sentar ou andar sobre a terra e apreciá-la. E com essa energia da atenção consciente você também cuida de qualquer mal-estar, inquietação ou sofrimento que estejam ali. Isso é muito concreto. Não é uma filosofia ou uma ideia, mas uma forma real de praticar que lhe ajuda a sofrer menos e gozar mais a vida – começando com sua respiração, seu corpo e a terra.

Você percebe que seu corpo é maravilhoso e contém todos os seus ancestrais e futuras gerações. Você sente o privilégio de estar vivo. A vida não é somente sofrimento; também está repleta de maravilhas.

Deixe o artista em você reconhecer, admirar e ansiar por aquilo que é bom e belo. O artista em você nunca morreu. Toda manhã que você é capaz de apreciar o nascer do sol, o artista está em ação. O guerreiro anda de mãos dadas com o meditador e o artista. Também temos que dar uma chance ao guerreiro em nós. A arma do nosso guerreiro é a espada de sabedoria que nos liberta.

A vida é maravilhosa, misteriosa. Há muito o que ser descoberto e estar curioso a respeito. *Permita-se* ser livre para gozar o seu tempo na Terra. Ajudar o mundo, libertar pessoas do próprio sofrimento é algo que podemos fazer. Mas, primeiramente, temos que nos ajudar e nos libertar.

Quem é o chefe?

Hoje em dia, muita gente vive no piloto automático; vivemos como máquinas. Viver atento e consciente é diferente. Quando você dirige, sabe que está dirigindo. Você é o chefe. Não é o carro que está dirigindo você; você está dirigindo o carro. E, quando respira, não é só porque o corpo precisa respirar que você respira. Você inspira e gosta de inspirar. A liberdade é cultivada por pequenas coisas assim. Quando você anda, não é somente para chegar a algum lugar. Em cada passo você aprecia o fato de estar vivo. Você é verdadeiramente você. Isso é liberdade. Com atenção consciente, a liberdade se torna possível. E, quanto mais liberdade tivermos, mais feliz nos tornamos como pessoa.

Se nas vinte e quatro horas do seu dia você tiver cinco minutos de paz, bem-estar e liberdade, isso não é tão ruim. Veja como somos generosos! Quando você passa apenas de cinco minutos sem deixar que os desejos ardentes, projetos ou ansiedades lhe arrastem para longe, você se torna uma pessoa livre sem nada a fazer e nenhum lugar para ir.

Entretanto, muitos de nós somos arrastados por eventos e situações à nossa volta e por tudo o que vemos e ouvimos. Nós *nos perdemos*. É por isso que também precisamos cultivar a liberdade na multidão. Quando você tem liberdade verdadeira, mesmo que a multidão esteja gritando ou indo numa direção, você ainda consegue ser você mesmo. Você não é arrastado pelas emoções da maioria. Você precisa ser muito forte para dispor desse tipo de liberdade.

Buda era um monge que tinha grande liberdade. Mesmo quando todos pensavam de forma diferente, ele ainda podia ver que sua forma de pensar era verdadeira. Por exemplo, quando Buda falou sobre o eu-nenhum, muita gente se opôs, pois essa visão era contrária ao modo de pensar predominante na Índia naquele tempo. Mesmo assim, ele teve a coragem de defender a visão dele. Ele tinha liberdade interior, e era paciente. E finalmente pôde tornar essa visão disponível para muitas outras pessoas. A verdadeira liberdade proporciona amor, paciência e tantas outras qualidades maravilhosas.

Isso é isso?

Quando eu era noviço, acompanhei meu professor numa visita ao Templo Hải Đức em Huế, Vietnã. Lá, eu vi um mestre Zen sentado sobre sua plataforma de madeira. A imagem me tocou. Ele não estava meditando sentado. Ele não estava no salão de meditação. Ele estava simplesmente sentado diante de uma mesa baixinha, de forma muito linda, muito ereto. E eu fiquei muito impressionado. Ele parecia estar tão tranquilo, natural, relaxado. E no meu coração de noviço surgiu uma promessa, um desejo profundo de me sentar assim. Como eu poderia me sentar daquele jeito? Eu não precisaria fazer coisa alguma. Eu não precisaria dizer qualquer coisa. Eu só precisaria me sentar.

Na tradição Zen, a meditação é considerada uma espécie de alimento. Você pode se nutrir e se curar com meditação. Na literatura Zen, você pode encontrar a frase "a alegria e a felicidade da meditação enquanto alimento diário". Em chinês se escreve: 禪悅為食. Cada sessão de meditação sentada deve nos proporcionar nutrição, cura e liberdade.

Praticar meditação sentada é como se sentar no gramado sentindo a brisa da primavera. Em Plum Village nós nos sentamos para assim estar verdadeiramente presentes. Sentamo-nos para entrar em contato com todas as maravilhas do cosmos, da vida, no momento presente. Não há outro objetivo. Simplesmente nos sentamos, e não precisamos realizar coisa alguma. Sequer precisamos nos iluminar. Simplesmente nos sentamos para ser feliz. Sentamo-nos para ter paz e alegria. Sentar-se não é um trabalho árduo. Na tradição do Soto Zen, eles falam de "sentar-se com a finalidade de sentar" ou de "simplesmente sentar-se". Não nos sentamos para fazer algo. Você só precisa se sentar.

Precisamos organizar nossa vida cotidiana para termos mais oportunidade de ser, de aprender a ser paz, ser alegria, ser amoroso, ser compassivo. Precisamos de métodos muito concretos de fazer isso. Como podemos deixar de ser vítimas de agendas superlotadas? Nossa sociedade está tão presa em preocupações e ansiedade diárias que não temos tempo de viver a vida nem de amar. Não temos tempo de viver profundamente e tocar a verdadeira natureza do que existe para entender o que a vida é. Estamos demasiadamente ocupados para ter tempo de respirar, sentar-se, descansar.

Por que precisamos estar tão ocupados? Você tem que aceitar o fato de que é possível levar uma vida mais simples – uma vida que lhe dê mais liberdade. Você deve viver uma vida que lhe possibilite algum tempo de se sentar e não fazer nada. E, quando você se senta em silêncio, pode começar a ver muitas coisas. Você tem tempo de cuidar do seu corpo, cuidar dos seus sentimentos e emoções. Você saboreia a alegria de ser livre.

A coragem de sentar-se – T.D.

O problema de retornar e aterrissar no momento presente é o que encontramos ao chegarmos lá. Você acha que é por isso que o evitamos tanto? Logo que regressamos ao nosso corpo e fechamos os olhos, descobrimos que estamos cheios de tudo o que estávamos experimentando e todas as imagens, sons e sentimentos associados àquilo. Se o mundo já parece desanimado, por que desejaríamos sentir mais esse desânimo? Não queremos nos encontrar com isso; queremos *resistir*.

Pode parecer paradoxal o fato de que, por um lado, os mestres Zen nos dizem para respirar e aceitar a situação; por outro, eles dizem que devemos procurar mudá-la. A saída é fazer as duas coisas. Como podemos ter esperança de mudar algo se ainda não entendemos como aquilo se formou? Como podemos ouvir e entender o que está acontecendo lá fora se não conseguimos ouvir e compreender o que está acontecendo lá dentro? Vinte ou trinta minutos sentado em meditação pode ser vinte ou trinta minutos cuidando do mundo, da forma como o sofrimento do mundo está refletido em nosso próprio corpo e sentimentos. Isso requer coragem.

Em Plum Village nós nos sentamos para praticar meditação por trinta minutos, duas vezes ao dia. A prática de nos sentarmos para meditar já começa quando estamos a caminho do salão de meditação, seguindo nossa respiração, e regressando em cada passo. Abrimos a porta, tiramos os sapatos e ficamos totalmente presentes, sentindo cada passo à medida que nos aproximamos da almofada na qual vamos nos sentar. É importante encontrar uma postura estável e confortável: sentamo-nos com o corpo, não com a mente. Muitos de nós começamos fazendo uma varredura corporal, relaxando todos os músculos com a energia suave da atenção consciente. Já existe o ato de chegar e "ouvir" como estão nossa testa, mandíbula, ombros ou peito naquele dia.

Nós nos treinamos para nos encontrar conosco com a suavidade e sem julgar ou reagir. Não nos sentamos para ser um buda, para ser outra pessoa, alguém melhor ou diferente. Sentamo-nos simplesmente para ser nós mesmos, sentados. Criar uma janela de quinze minutos de liberdade para sermos nós mesmos todo dia já é alguma coisa. Sentar é uma arte. Não se trata de somar os minutos, de manter uma certa postura, ou fugir para algum lugar diferente de onde estamos. Há um bem-estar, uma naturalidade e ausência de objetivo só por estar presente, vivo, fascinado pelo milagre de respirar e sentir o mundo.

As gravações de meditações guiadas podem ser úteis para manter o fio da meada da nossa concentração se estivermos distraídos, mas uma experiência direta e silenciosa de nosso próprio momento presente pode ser ainda melhor. Nós ouvimos profundamente a gravação do mundo em nosso corpo e sentimentos; dissolvemos a inquietação, acalmamos a ansiedade. Se necessário, derramamos as lágrimas. Não meditamos somente para tocar a paz; meditamos para reconhecer, acolher e transformar tudo o que descobrirmos estar bloqueando o caminho entre nós e a paz. Thay sempre diz: "Você tem a permissão de chorar. Só não se esqueça de respirar" – envolvemos nossas lágrimas na energia da atenção consciente. Ao nos sentar, precisamos da compaixão e criatividade de um artista, a quietude de um meditador e a disciplina de um guerreiro. Precisamos de uma estratégia. Onde você vai se sentar? Quando você vai se sentar? Tudo o que você faz antes até o momento de sentar-se para meditar já é a sessão.

O poder da vida simples

Quando eu era noviço, no meu templo, não tínhamos água corrente, nem água quente, nem eletricidade e, mesmo assim, vivíamos muito felizes. Até mesmo lavar pratos para cem monges era muito divertido, porque lavávamos juntos, com a alegria da irmandade. Nós subíamos os morros para recolher pinos de pinheiro para o fogo aquecer a água. Não tínhamos sabão, mas usávamos cascas de coco e cinzas para limpar os potes. A felicidade não depende só das condições externas; depende da nossa maneira de observar e compreender as coisas. Podemos viver de um modo mais simples se soubermos valorizar as condições que dispomos.

Mahatma Gandhi disse que devemos ser a mudança que queremos ver no mundo. Se soubermos viver de maneira mais simples, descontraída e feliz, o nosso planeta terá futuro e todas as espécies do planeta terão um futuro. É um sonho que podemos realizar agora mesmo, hoje. Gandhi se vestia com simplicidade, andava a pé e comia frugalmente. A simplicidade de vida de Gandhi é testemunho não só de sua liberdade diante das coisas materiais, como também da força espiritual dele. O grande sucesso da luta de Gandhi não veio de uma doutrina – nem mesmo a doutrina da não violência –, mas da maneira de ser do próprio Gandhi.

Gente de toda parte tenta aplicar o princípio da não violência, mas luta para reproduzir a vitalidade de Gandhi. Sem a força espiritual de Gandhi é difícil produzir seu nível de compaixão e sacrifício. Mas, enquanto continuarmos nos permitindo ser arrastados pela máquina do consumismo, será difícil desenvolver nossa força espiritual. Por essa razão, o ponto de partida para uma nova civilização deve ser a determinação de não ser "colonizado" pelos bens materiais – rebelar-se contra o materialismo a favor de nossa necessidade de existir enquanto *ser* humano.

Vivendo de forma mais simples pode nos dar uma coragem tremenda de falar a verdade. Quando nos expressamos abertamente, fazemos isso por amor e compaixão. Você tem a coragem de falar ousadamente porque não teme perder coisa alguma. Você é livre. Você sabe que compreensão e amor são a base da felicidade, não as posses materiais, *status* ou posição social e econômica. Mas, se tiver medo de perder essas coisas, você não terá a coragem de falar abertamente.

Bodisatva Samantabhadra

Bodisatva Samantabhadra é "o Bodisatva da grande ação". Há muitos tipos de ação que podemos realizar no espírito de Samantabhadra que ajudam a aliviar o sofrimento no mundo, inclusive a prática da generosidade, doação. Nossa vida cotidiana deve ser vivida como uma oferenda. Você não precisa ter muito dinheiro para fazer uma oferenda; sua própria paz e felicidade já são uma grande dádiva aos outros. Você pode se sentir generoso, mas deve também encontrar maneiras específicas de desenvolver sua generosidade. O tempo vale mais do que dinheiro. O tempo é vida. O tempo é para ser vivido profundamente presente com a outra pessoa. O tempo serve para proporcionarmos alegria e felicidade aos outros.

Sua presença – o seu jeito de ser – é o que você está oferecendo a cada minuto, a cada hora do dia. Samantabhadra não é uma figura abstrata. Samantabhadra vive, em carne e osso, por toda parte ao nosso redor. Samantabhadra está presente em cada um de vocês, que está fazendo algo para levar socorro às pessoas em todo planeta.

Eu vejo muitos bodisatvas trabalhando incansavelmente para ajudar os outros, até mesmo em minha própria comunidade, e me sinto muito grato por eles. Alguns são jovens, outros nem tão jovens. Todos eles são braços do Bodisatva da grande ação. Quando ajudamos, não nos sentimos forçados a ajudar; fazemos isso com satisfação. Nossa prática é viver o nosso dia a dia de tal maneira que todo ato se torne um ato de amor. Nós servimos todos os seres com nossa compreensão, compaixão e ação – e podemos desfrutar felicidade enquanto agimos.

O que devo fazer da minha vida?

Como você pode saber se está vivendo uma vida capaz de contribuir ao máximo para a humanidade? Como podemos escolher um tipo de trabalho onde possamos nos sentirmos mais em paz conosco e ser mais úteis para o mundo?

Decidir o que fazer é uma questão de decidir como queremos ser. Fazer é uma forma de ser. O essencial é que, quando você estiver fazendo algo, que você esteja gostando do que faz e oferecendo plenamente sua presença ao mundo e a si mesmo(a). Tudo é bom. Depende de como você realiza aquilo e não o que você faz. Existem muitos tipos de empregos que podem lhe ajudar a expressar sua alegria e compaixão à humanidade e demais espécies. Você pode ganhar menos, viver numa casa menor e ter um carro mais humilde, mas será mais feliz. Você pode rir e pode amar – tudo o que faz é uma expressão de amor. Se você consegue viver assim, sua vida é uma vida feliz; é possível viver uma vida simples. A coisa de maior serventia para você fazer é ser um ser humano feliz.

Muitos de nós estamos sendo engolidos pelo trabalho e desperdiçando nossa vida; não dispomos de tempo para viver a vida profundamente. Esta é a nossa civilização. A exaustão é uma realidade. Não vale a pena. A vida é uma dádiva e precisamos aproveitar ao máximo essa dádiva. Precisamos de tempo para viver. Precisamos evitar um tipo de pensamento dualista de que o "trabalho" é uma coisa e a "vida" é outra.

Quando você corta lenha, quando carrega água, quando prepara o café da manhã – todas essas coisas são "trabalho", mas alegria e felicidade são possíveis durante o tempo em que você realiza o trabalho. Quando estiver em reunião com um cliente é a mesma coisa. A reunião não serve apenas para fechar um negócio, ela pode ser transformada em um encontro agradável entre dois seres vivos. O elemento da atenção consciente e bondade amorosa podem tornar essa reunião em um momento alegre, significativo e feliz. É uma questão de qualidade, não de quantidade, de *como* você vive, não de quanto realiza ou de o quanto é eficiente.

Sempre que faço caligrafia, eu pratico ver a vida e o trabalho como uma coisa só. No início de cada sessão eu sempre preparo um chá e depois misturo um pouco de chá com a tinta. O chá e o zen têm andado juntos por milhares de anos. Quando estou desenhando um semicírculo com o pincel, eu inspiro. Quando estou desenhando o outro semicírculo, eu expiro. Há respiração contida no círculo; há atenção consciente. De vez em quando, eu convido meu professor ou meu pai para desenhar o círculo comigo. Toco a verdade do eu-nenhum, pois o meu professor está em mim, o meu pai também está em mim, e a meditação, o trabalho, a alegria e a vida se tornam uma coisa só. Não há distinção. A arte é a maneira de tornar seu trabalho em algo agradável e divertido – e isso é possível com atenção consciente e treinamento.

Como posso tomar decisões difíceis?

No dia a dia, muitas vezes nos encontramos numa situação em que é necessário tomar uma decisão, e muito rapidamente tomamos a decisão, quando nossa mente está ansiosa ou agitada. Essa decisão não veio de uma mente clara. Devemos evitar tomar decisões quando nossa mente não está livre. Mesmo que as pessoas nos pressionem, devemos recusar, pois uma decisão errada pode causar sofrimento a nós e aos outros por muito tempo.

Então, não tome a decisão. Inspire primeiro. Inspire e se concentre inteiramente na sua respiração, desvencilhe-se de tudo o que estiver preocupando você, solte o passado e o futuro, e você se torna mais livre. Dentro de cinco ou sete minutos pode ser que você já disponha de liberdade suficiente para tomar a decisão. Sua respiração nutre a liberdade que você dispõe, e haverá uma variedade de decisões disponíveis para você. Sua decisão será melhor, mais benéfica, mais compassiva do que uma decisão tomada sob a influência do medo, arrependimento, ansiedade ou tristeza. Você pode obter muita liberdade ao respirar conscientemente. E, se quiser que esta liberdade continue, você pode estender, o quanto quiser, o tempo em que respira conscientemente. A prática é simples, mas muito eficaz.

Praticar atenção consciente não significa que você esteja proibido de fazer planos para o futuro, nem significa que você esteja impedido de aprender com o passado. A ideia não é se perder em medo ou incerteza do futuro, mas estar *alicerçado* no momento presente e trazer o futuro para o momento presente e observá-lo em profundidade. Isso significa planejar o futuro. Você não está perdido no futuro; você está planejando o futuro no âmago do momento presente.

Como fracassar?

Você tem medo de fracassar? Como você pode administrar esse medo? Pode ser que tenha dúvidas de que é capaz de realizar o que deseja realizar. Mas o que é sucesso e o que é fracasso? Cada um de nós está motivado pelo desejo de ser bem-sucedido. Alguns fracassam, mas baseado neste fracasso fazem melhor e podem obter um tipo de sucesso que é realmente sucesso. Existem outros que têm sucesso, mas se tornam vítimas do seu sucesso. Esse não é o tipo de sucesso que queremos.

Suponha que você pratique a respiração consciente e seja bem-sucedido. A respiração consciente traz a mente de volta ao corpo e lhe ajuda a se estabelecer no aqui e agora. Isso proporciona paz e alegria. Esse tipo de sucesso jamais poderá lhe prejudicar. Depende da sua *maneira* de fazer as coisas. Se você quer ter sucesso, e fizer de tudo para alcançar esse sucesso, até mesmo usar meios que não são bons, você pode ter "êxito", mas se arruína como ser humano.

A ação correta é o tipo de ação que vai na direção da compreensão, compaixão e verdade. É o tipo de ação sem discriminação, baseada na visão do interser. A ação correta é motivada por compaixão. E, se tudo o que você fizer para alcançar o sucesso for ação correta, você então não tem do que temer, pois esta ação correta gera a energia da bondade, compaixão e paz. E isso pode lhe proteger por toda a vida.

Cuidando do que pensa, diz e faz, você não terá mais medo de fracassar. Com a energia da atenção consciente, concentração e sabedoria, cada momento da sua vida já se torna um sucesso. Você não precisa esperar um ano para ter êxito. Cada passo é um sucesso. Cada respiração é um sucesso. Porque com cada passo você é capaz de gerar alegria, paz e felicidade. E, se os meios são bons, será bom no final.

O aluno e o eremita

O mundo precisa de luz. Precisamos de pessoas capazes de trazer para este mundo a luz da liberdade, a luz da compreensão, a luz do amor. Buda Dipankara é alguém com a capacidade de "acender a lamparina de sabedoria" e iluminar o mundo.

Diz a lenda que, numa vida passada, Buda Shakyamuni foi aluno uma vez. Ele não era um buda ainda; era um bodisatva. Ele era um aluno que seguia estudos avançados, e sonhava em se tornar um estadista. Os rapazes da época dele tinham o mesmo sonho: passar nos exames e ser escolhido pelo imperador para se tornar um estadista. Então, os pais e amigos de todos eles se empenhavam ao máximo para ajudar os alunos a passar nos exames.

Cada província organizava competições, e dos milhares que entravam para competir só cem eram escolhidos e enviados à capital para treinamento e seleção. Na capital, foi o próprio imperador quem organizou as perguntas da dissertação na Competição Imperial. Ele queria testar se os candidatos compreendiam a situação do país e ver as ideias que eles tinham para ajudar as pessoas e a sociedade a se desenvolverem e serem mais felizes.

O rapaz entrou na competição, mas não foi escolhido. Ele sentiu um desespero profundo. Ele tinha estudado muito para realizar seu sonho de servir seu povo e sua terra, ganhando um bom salário e tendo uma família. Desanimado, ele iniciou uma longa jornada a pé de volta para casa atravessando montanhas, florestas e campos. Numa tarde, ao chegar totalmente exausto numa colina, ele sentiu que não podia continuar. Neste momento, ele se encontrou com um eremita, um monge que vivia de forma muito simples no sopé da colina. Ele parou e notou que o eremita estava cozinhando algo numa panelinha. Ele estava tão faminto e cansado que pediu algo para comer. O eremita disse: "Descanse um pouco e, quando a sopa estiver pronta, eu vou lhe oferecer uma tigela. Aqui, você pode usar as raízes desta árvore como seu travesseiro". O jovem deitou-se para descansar e logo caiu num sono profundo.

Ele teve um sonho muito estranho. No sonho, ele viu que tinha sido um dos cem primeiros escolhidos para uma competição trienal e tinha sido enviado à capital para participar da Competição Imperial. Ele deu o melhor de si ao responder as perguntas feitas pelo imperador, usando todo o conhecimento que tinha adquirido através das leituras de muitos e muitos livros. Ele foi escolhido pelo imperador e, por ter sido considerado o mais brilhante de todos os rapazes que se apresentaram na competição, o imperador ofereceu a ele a mão da princesa. A princesa era muito bonita, e você não pode imaginar como ele estava feliz. Ele estava cheio de esperança e cheio de energia. Ele tinha recebido um cargo muito importante no gabinete como ministro da Defesa.

Mas o país deles era um país pequeno, vizinho a outro muito mais forte. Enquanto ministro da Defesa, ele era responsável pela defesa das fronteiras, e encontrou muitas dificuldades e desafios, inclusive ciúme, desespero e raiva. O seu relacionamento com a princesa também não era fácil, eles brigavam praticamente todo dia. Os dois filhos deles também eram muito difíceis de serem educados. Havia muita infelicidade. Havia dificuldades em sua vida de casado e em sua vida política.

Um dia, ele recebeu a notícia de que o país vizinho tinha reunido grandes tropas para invadir. Ele teve que convocar suas forças e enviá-las para a fronteira para resistir à invasão. Como já estava lutando na sua vida pública e privada, ele não tinha paz e clareza no seu coração suficientes, e então, quando organizou o contra-ataque, cometeu muitos erros. O inimigo prevaleceu e se apossou de muito território. As notícias da derrota chegaram ao imperador e, furioso, ele deu ordens para decapitar o ministro da Defesa.

No sonho, o jovem se viu cercado por soldados e levado até o bloco de execução. Exatamente quando estava prestes a ser decapitado, ele ouviu algo como o canto de um pássaro e acordou. Desorientado, ele olhou para a esquerda e para a direita, viu que estava no sopé de uma colina, e perto dele estava o eremita.

O eremita olhou para ele com um belo sorriso e disse: "Descansou bem? A sopa de milho está pronta. Venha, sente-se aqui e me permita servi-lo uma tigela desta sopa gostosa". O jovem se levantou e quase não estava com fome. Ele tinha visto tanta coisa em seu sonho, que parecia como se uma vida inteira tivesse se passado. Se você não sabe como viver profundamente cada momento, a vida pode passar muito rapidamente por você, como um sonho, talvez até mais rápido do que o tempo que leva para cozinhar uma caldeirada de milho.

O eremita estava presente, calmo e sereno, mexendo a sopa com dois pauzinhos que os chineses usam para comer. Observando profundamente o eremita você podia ver que a paz estava viva nele. Ele estava realmente vivo, e estava muito feliz. Com paz, solidez e liberdade, viver é algo maravilhoso e a felicidade é possível. O rapaz se sentou próximo ao eremita e fez muitas perguntas a ele. Como era inteligente, começou a descobrir que paz e liberdade no coração são essenciais para uma vida feliz, e ele desistiu de suas ambições de ser um estadista e criou um sonho novo. Ele quis aprender a viver como um eremita, para assim poder transformar seu sofrimento e restabelecer a paz e a liberdade no seu coração. Ele decidiu se tornar um discípulo do eremita.

Este eremita era Buda Dipankara, aquele que acende a lamparina. E, depois disso, quando o rapaz já tinha praticado durante muitas vidas, tornou-se um buda com o nome Shakyamuni. Se você ainda é um aluno, uma aluna, pode ser que goste de refletir sobre esta história. Analise profundamente suas ambições e planos para ver se vale a pena investir toda a sua vida e energia correndo atrás daquelas coisas que você deseja tão ardentemente.

Estar em contato com alguém, um amigo, que conheça o caminho da liberdade, que saiba gerar solidez e compaixão é algo imprescindível. Há uma palavra muito importante no budismo: *kalyānamitra*. Significa um sábio amigo, um amigo que tem luz – um verdadeiro amigo espiritual. Pode ser que este amigo já esteja muito próximo a você, mas você não tenha sido ainda capaz de o reconhecer. Todos nós precisamos encontrar este amigo que pode nos apoiar e nos iluminar para que não nos percamos na escuridão do nosso caminho. E no momento que você descobre este amigo espiritual é um momento maravilhoso.

Aprendendo a arte da verdadeira felicidade – T.D.

Os grandes mestres Zen nos dizem que, se apenas dedicarmos um tempo parados e ouvindo, saberemos o rumo que precisamos tomar. Ninguém mais pode nos dar essa compreensão intuitiva profunda – é algo que temos que obter sozinhos, através da nossa prática autêntica. Lampejos não podem ser transmitidos em palavras, nem mesmo em um livro. As palavras podem apontar o caminho, sim, mas elas não podem trilhar o caminho por nós.

Quando eu era uma jovem jornalista, praticava a atenção consciente na redação, na cobertura de um prédio de seis andares no centro de Londres. Eu me treinava para ouvir meus colegas quando estavam gritando, respirar antes de atender o telefone e visualizar nascentes e cachoeiras nas montanhas toda vez que ia buscar um copo d'água no refrigerador. Quando as coisas ficavam difíceis – quando um convidado ao vivo desistia no último minuto ou uma fita se perdia – meu treinamento era me lembrar onde estavam as estrelas: não somente acima da minha cabeça, além dos céus cinzentos da cidade, mas também à esquerda, à direita, e debaixo da minha mesa, longe, muito longe, muito além do outro lado do planeta. Em momentos de extrema pressão, descobri que poderia fazer breves relaxamentos de dez minutos nos cubículos do banheiro. E descobri que era possível estar presente em cada passo, quando corria pelo corredor do estúdio no último minuto para entregar cartões de sugestão, segundos antes de entrar ao vivo no ar.

A atenção consciente me ajudou a viver profundamente meus minutos na redação e me ajudou a ver minha situação com clareza. Lembro-me de um dia estar seguindo minha respiração e meus passos enquanto cruzava o chão acarpetado para fazer um café, minha mente zumbindo com as histórias dos dois programas de rádio e seis jornais que tive de ler naquela manhã. Quando dei um passo com atenção ao entrar na quitinete, de repente, surgiu uma questão que me deixou sem fôlego: É *assim* que eu quero viver minhas horas, dias e meses? Percebi que eu era uma minúscula engrenagem numa máquina tóxica, espalhada por milhares de estúdios de planos abertos, escritórios e quitinetes. É realmente isso que eu quero fazer com minha única e preciosa vida? É aqui que quero investir minha energia? A questão foi plantada bem no cerne da minha vida e se tornou um koan. E, um dia, a resposta se apresentou, clara como o dia.

A atual geração de jovens ativistas francos defensores do clima são um tipo muito especial de bodisatva – porta vozes e espelhos reveladores da verdade em nosso mundo. O impacto extraordinário deles nos mostra que não precisamos de um diploma de economia para falar a verdade. A verdade está presente, bem diante de nossos olhos, só se nos permitirmos vê-la, ouvi-la e falar sobre ela. Precisamos de muitos mais contadores da verdade em nosso mundo, e precisamos de muitos tipos diferentes de bodisatvas. Que tipo de bodisatva você será? Como você escolherá gastar seu tempo e energia? Enquanto uma espécie, as escolhas que fazemos com relação ao nosso tempo, energia e meios de subsistência estão na raiz de nossa crise planetária.

Aqui está o próximo treinamento, dos Cinco Treinamentos de Atenção Consciente, para nós o tomarmos como um objeto desafiador de contemplação para nos guiar e nos acompanhar na direção de uma simplicidade e satisfação mais profundas. Depois de o ler, pode ser que você queira dar uma pausa e refletir algum tempo sobre o tipo de clareza que este treinamento irradia em sua vida agora mesmo.

Ciente do sofrimento causado pela exploração, injustiça social, roubo e opressão, eu me comprometo a praticar a generosidade em meus pensamentos, palavras e ações. Estou determinado(a) a não roubar e a não possuir qualquer coisa que deveria pertencer aos outros; e compartilharei meu tempo, energia e recursos materiais com aquelas pessoas necessitadas. Vou praticar a contemplação profunda para compreender que a felicidade e o sofrimento dos outros não estão separados da minha própria felicidade e sofrimento; e que a verdadeira felicidade é impossível se não houver compreensão e compaixão; e que correr atrás de riqueza, fama, poder e prazeres sensuais podem causar muito sofrimento e desespero. Estou ciente de que a felicidade depende da minha atitude mental e não das condições externas, e que posso viver feliz no momento presente simplesmente por lembrar que já tenho condições mais do que o suficiente para ser feliz. Comprometo-me a praticar o meio de vida correto para poder ajudar a reduzir o sofrimento dos seres vivos da Terra e não mais contribuir para as mudanças climáticas.

O COMBUSTÍVEL CERTO: PROTEJA SUA MENTE, NUTRA SUA ASPIRAÇÃO

O que você está sentindo?

Para ser realmente capaz de proteger o ambiente, você precisa saber cuidar de si mesmo. A nossa vida cotidiana é base das nossas atividades, e o nosso corpo, sentimentos, percepções, formações mentais e consciência. O bem-estar do planeta depende do bem-estar do seu próprio corpo e mente, do mesmo modo que o bem-estar da mente e corpo dependem do bem-estar do planeta. Então, proteger o planeta tem a ver com nosso modo de consumir. Se você não for capaz de lidar com o problema da poluição e desequilíbrio em si mesmo, como poderá lidar com o problema da poluição e desequilíbrio na natureza? O ensinamento do interser aqui é muito importante.

Nós sofremos porque estivemos consumindo o tipo errado de alimento. Estamos arruinando o nosso planeta com a nossa forma de consumir, e os nossos filhos correm o risco de sofrerem profundamente. Então, a forma de salvar nosso planeta é praticando o consumo consciente. Caso contrário, a humanidade continuará a arruinar nosso planeta e a criar muito sofrimento, não só para outros seres humanos, mas também para outras espécies da Terra.

Buda disse que "Nada pode sobreviver sem alimento". Ele também falou que, "Quando sofremos, culpamos o que está do lado de fora, culpamos outras pessoas que achamos que nos fazem sofrer. Mas contemplando de maneira profunda, descobrimos que o nosso inimigo número um somos nós mesmos". Somos *nós* os que mais nos fazem sofrer, pela forma como consumimos, comemos, bebemos, organizamos nossa vida, a forma como nos comportamos – até mesmo pela maneira como corremos atrás das nossas ideias de felicidade. Somos nós que criamos o nosso próprio sofrimento; somos os nossos piores inimigos. Foi isso o que Buda disse. De várias maneiras, somos os *responsáveis* pelo nosso próprio sofrimento. Podemos ter pensado que algo era bom para nós, entretanto aquilo nos fez sofrer muito.

É possível pôr um fim em nosso mal-estar. Essa é uma notícia boa! É possível acabar com a depressão. Seu medo, raiva e ódio podem ser eliminados. Podemos nos treinar a ver nosso mal-estar em termos de nutriente. Logo que reconhecemos qualquer que seja a fonte de nutriente do nosso mal-estar, simplesmente nós a desligamos e nosso sofrimento cessará; deixará de ser alimentado e morrerá.

No budismo, nós falamos de quatro tipos de nutrientes: alimentos comestíveis (o que comemos e bebemos), as impressões sensoriais (tudo o que consumimos através dos sentidos em termos de imagens, sons, música, filmes, websites e assim por diante), volição (o que consumimos em termos da nossa intenção mais profunda), e consciência (o que consumimos na energia coletiva em torno de nós). Todas essas fontes de nutrientes podem ser saudáveis ou tóxicas.

O desejo mais profundo

O primeiro dos Quatro Nutrientes a ser contemplado é a "volição". O que queremos fazer com a nossa vida? Temos que nos sentar e contemplar profundamente para descobrir. Será que o nosso desejo mais profundo é correr atrás de fama, poder, sucesso, riqueza e estímulo sensorial, ou é outro? O desejo mais profundo de um terrorista é punir ou matar. O desejo mais profundo de um ecologista é proteger o ambiente.

Todos nós temos desejos, e nosso desejo pode ser saudável ou doentio. Pode nos causar sofrimento ou nos fazer feliz. Será que o nosso desejo mais profundo é saudável, ou não? Se o nosso desejo mais profundo for sofrer menos e ser mais feliz; se o nosso desejo mais profundo for nos voltarmos introspectivamente para criar alegria e felicidade e nos nutrir e ajudar os outros a fazer o mesmo; se o nosso desejo mais profundo for aprender a acolher e transformar nosso sofrimento, para que possamos sofrer menos e ajudar os outros a fazer o mesmo – então é um desejo bom. Essa é uma boa aspiração, isso é boditchita, o melhor tipo de volição.

Sabemos que há sofrimento em nós e no mundo. Queremos *fazer* algo, *ser* algo, a fim de diminuir o sofrimento existente. Mas podemos nos sentir impotentes, pois o tamanho do sofrimento é esmagador. E sozinho parece que não podemos fazer muita coisa. Não suportamos viver mais, mesmo que ainda sejamos muito jovens.

Quando Buda era jovem, ele teve o mesmo sentimento. Ele viu o sofrimento, viu que mesmo que você seja um rei, não consegue fazer muita coisa para aliviar o sofrimento. Por isso ele optou por não se tornar rei. Deu as costas à corte real e tentou encontrar outro caminho. E o que o motivou a se tornar monge, a praticar, foi o desejo de ajudar as pessoas a sofrerem menos. Quando conseguirmos transformar nosso próprio sofrimento, seremos capazes de ajudar na transformação do sofrimento no mundo. É muito simples, muito claro. E foi isso que Buda fez.

Nós praticamos atenção consciente – podemos até nos tornar monásticos – não para evitar o sofrimento, nem para evitar a sociedade, mas sim para conseguir a força de que precisamos para olhar de frente e ajudar. E aprendemos que embora sozinhos não podemos fazer muito, com uma comunidade podemos fazer alguma coisa. Por isso, a primeira coisa que Buda fez depois de ter se iluminado foi buscar nas redondezas os elementos para estabelecer uma *sanga*, e ele foi um excelente criador de sanga. Nas últimas décadas eu também estive aprendendo a estabelecer sangas. Quando encontrei Martin Luther King Jr., ele usava a expressão "amada comunidade" para descrever a sanga, nossa comunidade espiritual.

Quando eu era um jovem monge, o sofrimento no Vietnã era esmagador. Milhões de pessoas morriam. E como você poderia ajudar? Mesmo dominado pelo sofrimento, você quer fazer algo para ajudar que a guerra termine. Meus amigos e colegas – inclusive Irmã Chan Khong, que ainda era uma jovem aluna naquela época – fizeram tudo o que puderam para ajudar a aliviar o sofrimento daquelas pessoas pobres e oprimidas. Mas isso não bastava; a guerra continuava destruindo muito mesmo. Então, eles começaram a se engajar em atividades pela paz, e inclusive a Irmã Chan Khong foi presa. Eu também sofri as consequências de ter me esforçado para trazer a paz: quarenta anos de exílio por ter ousado fazer algo em prol do fim da guerra. Quarenta anos em exílio! Mas nós tínhamos que fazer *algo*; senão, não poderíamos jamais ter sobrevivido, seja física ou mentalmente. Nós *enlouquecemos* se não conseguirmos fazer coisa alguma.

Para todos nós hoje em dia é a mesma coisa. Nosso planeta está em perigo. Há tanta violência, tanto sofrimento acontecendo no mundo, você enlouquece. Você quer *fazer* algo, acima de tudo sobreviver e então ajudar a reduzir o sofrimento. Você *aspira* fazer algo. Você *deseja* algo. E precisa desse tipo de desejo para ter energia suficiente para se manter. O seu desejo mais profundo não é simplesmente ter dinheiro, reconhecimento social, influência ou sucesso. O que você realmente quer é algo mais.

Talvez você queira mudar a direção da civilização. Talvez você queira ajudar as pessoas a cuidar delas mesmas e do próprio sofrimento delas para que possam se curar e se transformar, viver profundamente com alegria e felicidade e ajudar a Terra a restaurar sua beleza. Este é um desejo benéfico, uma fonte saudável de nutrientes. Isso é boditchita, a mente de amor. E se você é um político, um militante ou um líder corporativo e tem esse tipo de intenção boa, de volição bondosa, você pode reverter a direção que a nossa civilização está indo.

Existem desejos que podem destruir você, seu corpo e sua mente. Mas também há desejos que podem lhe dar muita força: uma aspiração, um voto. E os jovens precisam desse tipo de alimento. É claro que nós temos o nosso próprio sofrimento, mas desde que tenhamos uma forte aspiração, estaremos prontos para fazer algo. Ao ver o sofrimento do mundo, logo sentimos que o sofrimento dentro de nós não é a coisa mais importante, e nosso sofrimento diminui imediatamente. Por isso é que este tipo de nutriente é tão importante.

E, quando você tem esse tipo de desejo dentro de si, seus olhos brilham mais e seu sorriso é mais belo e seus passos se tornam mais firmes. E esse forte desejo é o tipo de nutriente, o tipo de alimento de que você precisa. E, quando nos reunimos em comunidade com uma aspiração *coletiva*, temos a energia que precisamos para realizar o que queremos realizar. E nos refugiamos na comunidade, não em proveito próprio, mas em prol de todos porque, sem comunidade, não podemos ir longe.

Você sabe o que fazer. Você precisa dominar as técnicas de atenção consciente, concentração e sabedoria, pois as gerações mais jovens precisam de você. Seu tempo é para isso. Cada instante é uma oportunidade de nos treinar, de nos transformar e de nos preparar para servir ao mundo. Não temos tempo para desperdiçar com coisas que não sejam realmente importantes. Nosso caminho é muito claro. Temos algo a fazer. E sabemos que, se pudermos fazer isso, poderemos ajudar a diminuir o sofrimento do mundo. Mesmo estando numa idade avançada, eu consegui manter a minha aspiração viva. Ainda tenho o espírito jovem e quero transmitir essa energia aos meus alunos. Não envelheçam, continuem jovens. Consigam o tipo de alimento adequado. E juntos estabeleçam comunidades.

Bodisatva Ksitigarbha

Qualquer bodisatva, qualquer grande ser, sempre tem uma tremenda fonte de energia neles. Se você ainda não tem uma aspiração, precisa encontrá-la. Devemos nos sentar com o nosso parceiro, a nossa parceira, com nossos amigos e questionar sobre os sonhos mais profundos um do outro. E se vocês compartilharem o mesmo tipo de aspiração, seus relacionamentos serão fortalecidos. Estamos aqui, vivos, e todos nós queremos fazer algo com nossa vida. Queremos que nossa vida seja útil e significativa.

Há um bodisatva cujo nome é Ksitigarbha. O voto de Ksitigarbha é ir aos lugares onde há muito sofrimento para servir e ajudar. Há um pouquinho de inferno em cada canto do planeta. Às vezes o inferno pode estar em nossa própria família, em nossa própria comunidade, ou em nosso país. Estamos um odiando o outro, estamos um matando o outro, estamos usando bombas e armas para matar um ao outro. Pertencemos a mesma família, a mesma nação, a mesma comunidade, a mesma cultura, mas, apesar disso, criamos um inferno um para o outro. Ksitigarbha está pronto para ir a essas áreas e ajudar. É muito difícil. Você precisa estar cheio de frescor, deve ser paciente e perseverante, deve estar armado de coragem. E você chega não para acusar, mas para ajudar a interromper o medo, a raiva e a violência. Você chega para oferecer compreensão e compaixão e ajudar os outros a gerarem compreensão e compaixão no coração deles.

Existem muitos médicos, enfermeiras, e assistentes sociais que são Ksitigarbha vivos. Eles se oferecem como voluntários e se apresentam para ajudar em locais sofridos da Terra. Então, o Bodisatva Ksitigarbha é muito real – não é apenas um ícone. Muitos jovens estão servindo como Bodisatva Ksitigarbha em toda parte do planeta. Eles não estão com medo de sofrer, pois sabem que podem levar socorro. Eles estão protegidos por uma forte energia de compaixão e aspiração.

Todos nós devemos apoiar aqueles que, de forma resoluta, tomaram o voto de ajudar os outros, para que eles não percam suas aspirações ou fiquem exauridos. Nós enviamos a eles a nossa energia de estímulo. Então, após seis meses ou um ano trabalhando em situações muito difíceis, eles voltam para casa e precisam de nutrição e cura. Estamos presentes para cuidar deles e tentamos ajudá-los a se curarem da melhor maneira, para que assim possam sair de novo e ajudar uma segunda vez, uma terceira vez. Os Ksitigarbhas precisam de ajuda no mundo. Eles precisam de uma comunidade, uma sanga, para que possam continuar trabalhando por muito tempo.

Em situações difíceis, você precisa saber como cultivar o seu artista, meditador e guerreiro internos – a determinação e persistência corajosa de Ksitigarbha – para assim poder estar equilibrado e calmo para seu povo. Muitas décadas atrás houve momentos que parecia que a guerra no Vietnã não iria jamais terminar. O desespero prevalecia, especialmente entre os jovens. Eu lembro que eles vinham me perguntar: "Thay, será que essa guerra vai terminar algum dia"? A impressão que dava era de que jamais terminaria; que a guerra se arrastaria com força para todo o sempre. Era muito difícil para mim dar uma resposta, mas, depois de inspirar e expirar eu respondi: "Meus amigos, sabemos que tudo é impermanente, e a guerra também".

A resposta daquela pergunta não é o que importa. O importante é, em cada situação, buscar uma forma de cultivar compaixão, calma e clareza. Se essas coisas puderem permanecer vivas, então há esperança. Nossa prática de acalmar e contemplar profundamente nutre nossa esperança. E com essa calma, esse olhar profundo e aquela abertura, podemos cultivar um movimento para despertar, em tamanho e qualidade. Tanta gente está pronta para ser e fazer algo pelas causas da paz, da justiça social, da proteção do planeta. Não devemos sentir-nos sozinhos. A tentação de cair em desespero e usar violência está sempre presente. Mas, se o(a) meditador(a), e a(o) artista estiverem vivos em nós, então o guerreiro saberá qual direção seguir.

Sonhar é zen?

Pode ser que você diga: Thay Nhat Hanh sempre nos incentivou a viver no momento presente e agora está nos dizendo para sonhar sobre o futuro! Pode ser que seja um lindo sonho, mas continua sendo apenas um sonho.

O que é a nossa maior esperança e aspiração senão um sonho? Em budismo a energia da bodhicitta, a mente de amor, não é apenas um sonho. Bodhicitta é uma realidade, uma energia viva que nos dá fé e esperança. Em cada momento de nossas vidas cotidianas, os nossos sonhos podem gradualmente se tornar realidade. Nas últimas décadas, da minha própria vida, posso lhe dizer que não há um único momento em que eu não tenha testemunhado os meus sonhos se tornando realidade. Nossos sonhos *podem* se tornar reais. De fato, eles *já* estão se tornando reais. Os sonhos podem não ser realizados 100%, mas a cada dia eles podem lentamente se tornar cada vez mais reais, tão reais que podemos tocá-los no momento presente.

No budismo Mahayana, cultivar uma aspiração profunda é uma prática muito importante. Para se tornar um verdadeiro bodisatva, você precisa de uma aspiração profunda: a aspiração de se transformar e ajudar os outros a se transformarem. Você *precisa* ter uma aspiração. No entanto, você também pode praticar sem ter finalidade (ou sem ter "negócios", como diz o Mestre Linji). Sem finalidade significa "não colocar diante de si algo e tentar obter aquilo". Outra forma de compreender isso é assim: você já é o que quer se tornar. Não se subestime. Neste exato momento, tudo está aqui. Você não precisa buscar mais. Tudo já está aqui. Tudo o que você está procurando, seja a paz, o bem-estar, a felicidade ou o amor – tudo já está aqui. Não há necessidade de continuar buscando.

O momento presente contém o passado e o futuro. Se você souber viver sua aspiração profundamente no momento presente, você toca a eternidade. No budismo, os meios e fins devem ser idênticos. Não há caminho que leve à felicidade; o caminho é a própria felicidade. Não há prática que leva à cura e transformação; a prática deve ser a própria cura e transformação. Você tem uma aspiração profunda, mas você também pode praticar a ausência de finalidade. Isso é perfeitamente possível.

Você ousa sonhar? – T.D.

Para um meditador engajado, a energia da aspiração é um dos elementos mais essenciais do seu caminho. Podemos nos questionar: "Em que estado se encontra minha aspiração de vida?" Se estiver um pouco exaurida, podemos reacendê-la. Se ainda for uma vaga ideia, podemos cristalizá-la. Se nós a encontramos antes, mas com o passar do tempo nós a abandonamos, temos que retomá-la. Se estiver muito enterrada, podemos habilidosamente encontrar um meio para que ela se revele.

Às vezes, há o pensamento equivocado de que a aceitação e equanimidade do meditador levam a um tipo de indiferença fria e serena diante do sofrimento do mundo. Mas isso só acontece se estivermos usando a mediação para encobrir a verdade. De fato, a arte de meditar se propõe a *revelar* a verdade e o caminho de seguir em frente. Ao conseguirmos ver e compreender como o sofrimento do mundo se formou, logo podemos saber também como transformá-lo. O discernimento e compreensão do sofrimento faz surgir a compaixão e um desejo profundo de proteger e nutrir a vida. Enquanto aluna de caminho dos bodisatvas, nossa aspiração é uma semente de vitalidade, uma força vital sustentando nossa jornada.

Há uma diferença entre aspiração e ambição. Ganhar dinheiro, alcançar um certo sucesso, influência, posição ou *status* são apenas marcos externos que a sociedade nos diz que devemos realizar. Podemos até estar no encalço disso sem saber que estamos. A aspiração é muito mais profunda do que isso. Aspiração diz respeito àquilo que realmente queremos contribuir para o mundo neste tempo de vida.

Lembro-me do tempo em que era uma jovem jornalista e alguém me disse que se continuasse trabalhando duro, um dia eu poderia ser um "Editor" (com E maiúsculo) de programa. Era um grande nome e soava como algo impressionante. Mas tinha uma coisa que atrapalhava, e eu continuava a pensar naquilo: "Se eu continuar, um dia..."

Naquele tempo, uma prática que eu tinha era recitar "As cinco lembranças" antes de dormir: lembrar-me silenciosamente, a cada respiração, que faz parte da minha natureza adoecer, envelhecer, morrer, separar-me das pessoas que amo, e não há o que eu possa fazer para escapar desse fato. A última frase é para me lembrar que, quando morrer, não poderei levar comigo coisa nenhuma; minhas ações de corpo, fala e mente são as minhas únicas continuações. Eu comecei a entender que morrer é um momento muito reservado de ajuste de contas. Vou querer saber: Será que fui verdadeiro(a) comigo mesmo(a)? Será que eu fiz o melhor que pude para viver bem, fazer o que eu queria fazer com esta vida preciosa daqui?

Um dia, de repente, fui tocada pelo fato de que se eu continuasse seguindo naquela mesma trilha, a lápide do meu túmulo diria "Natasha Phillips, BBC Editor". Imediatamente compreendi que não queria aquilo. O pensamento seguinte foi "eu preferia morrer do que ter aquilo gravado na lápide do meu túmulo!"

Muita gente extraordinária fez contribuições maravilhosas à sociedade como editores da BBC, mas eu vi que aquele não seria o caminho certo para mim. A próxima compreensão foi que, independentemente do que estivesse escrito na lápide do meu túmulo, no meu leito de morte, eu seria confrontada – acima de tudo – com o meu relacionamento comigo mesma. Será que realizei a coisa mais importante para mim? Como posso não desperdiçar esta oportunidade de estar vivo, de curar e transformar, não somente meu próprio lixo, como também o lixo dos meus ancestrais e cultura? Como preciso viver meus minutos e horas para poder estar em paz no meu leito de morte? Foi um novo chão sobre o qual me embasar para tomar decisões na minha vida. Eu tive uma sensação mais profunda de como seria "uma vida bem-vivida", e isso me deu um impulso de coragem para andar por um caminho com menos pegadas.

Cuidando do fogo

Ter clareza de como queremos viver, e nutrir uma forte aspiração pode ser um poderoso antídoto para o desespero. Sem isso, diz Thay, "enlouquecemos" ao nos confrontar com tanto sofrimento no mundo. Mas nem sempre é fácil manter acesa a chama.

Nos primeiros anos após minha ordenação monástica, eu era muito ativa ajudando Thay nos projetos de engajamento comunitário. Mas eu ainda não tinha aprendido a encontrar equilíbrio, e num determinado ponto eu fiquei exausta e exaurida. Foi então que as sementes de desespero vieram à tona. Eu compreendi que tinha que recalibrar e pedi a permissão da comunidade para ser dispensada dos trabalhos que eu fazia no computador e passar a organizar e servir no jardim dos vegetais por um ano. Eu vivi minha infância numa fazenda na área rural e era confortante estar de volta à simplicidade e calma da lama, da compostagem e folhagens. Mas a aflição ainda estava presente e, mesmo que a suavidade e frieza da terra fossem revigorantes, as nuvens escuras no meu coração aclaravam lentamente.

Um dia, um monge – Irmão Espírito – trouxe uma mensagem para mim: "Thay está me pedindo para lhe dizer que ele quer que você organize um retiro para jornalistas na próxima primavera". Minha resposta imediata foi frustração. Eu tinha me tornado monástica para *não estar* entre jornalistas e me curar. Meu caminho mal tinha começado! Eu queria reivindicar meu direito de ter uma vida simples, uma vida próxima à natureza e longe dos computadores. Thay nos ensinou sobre a importância de manter equilíbrio e reconhecer nossos limites. Então, eu mandei de volta uma resposta ousada: "Não. Diga a Thay que trabalhar no computador é muito estressante para mim neste momento. Eu posso praticar a atenção consciente muito melhor no jardim. A comunidade já me deu permissão de trabalhar no jardim por um ano". O irmão Espírito retransmitiu a mensagem para Thay, que simplesmente sorriu. E com uma espécie de alegria feroz, puxou sua espada zen dizendo: "É a mesma coisa. Diga a ela que trabalhar no computador ou plantar alface tanto faz". Eu entendi a mensagem, discordei e voltei para minha compostagem.

Uma semana depois, o irmão Espírito tinha uma nova mensagem. Ele me entregou um rascunho de um artigo de Thay intitulado "Conversa íntima com a Mãe Terra", dizendo: "Thay está lhe pedindo para editar isso. E ele quer que você organize uma conferência com a imprensa para o lançamento". Minha teimosia queria dizer não, mas o meu coração disse sim. Então eu pedi ajuda a alguns monásticos e editamos juntos, e eventualmente o publicamos em forma de um belo livro escrito por Thay, intitulado *Love Letter to the Earth* (Uma carta de amor para a Terra). As condições ainda não eram suficientes para a conferência da imprensa. Mas cerca de dois anos depois fomos capazes de organizar um evento de atenção consciente, no Dart Center, para o jornalismo e trauma em Nova York. Foi intenso e gratificante. A flechada de Thay não bateu fora do marco; só que levou tempo para o fogo pegar.

Curar-se da exaustão é complicado, e cada um de nós tem que encontrar nosso próprio caminho de atravessá-la. Precisamos de tempo junto à natureza, simplesmente imersos no momento presente, encharcando-nos das maravilhas; precisamos de tempo junto com pessoas que amamos e nos importamos, e também de tempo para cuidar do corpo e da mente, a fim de curar dores profundas, arrependimentos e tristezas. Precisamos dormir, chorar e rir. Mas o que aprendi dessa experiência com Thay é que uma das coisas mais importantes que podemos fazer é manter aceso o fogo da aspiração; este é o nosso combustível mais essencial. E, quando este combustível diminui, precisamos de bons amigos no caminho, entes queridos e mentores, para nos ajudar a seguir em frente e nos lembrar daquilo que mais gostaríamos de fazer com a nossa vida.

Um dos meus mentores, certa vez, descreveu a "aspiração" e "atenção consciente" como sendo duas asas de um belo pássaro voando alto, e atravessando uma tempestade. Precisamos das duas asas para flutuar pelos ventos. Nós precisamos do fogo da determinação, da resiliência e do destemor – as qualidades do Bodisatva Ksitigarbha – e precisamos também da força e equilíbrio vindos de nossas práticas de respirar e caminhar atentamente, de comer bem, dormir bem, relaxar, exercitar-se e estar presente para nós mesmos e cuidando de tudo o que está vindo à tona internamente, exatamente enquanto trabalhamos para servir.

Proteja sua mente

Aspiração ou "volição" é um dos Quatro Nutrientes. Outro tipo de nutriente é o que chamamos no budismo de "impressões sensoriais" – o que ouvimos, vemos, tocamos e cheiramos. Quando assistimos filmes e seriados na TV, nós estamos consumindo. Quando estamos online, estamos consumindo. Até mesmo quando estamos conversando, estamos consumindo aquela conversa. O que outra pessoa diz, pode estar cheio de ódio e desespero e, ao trazermos essas coisas para dentro do corpo e mente, isso pode ser muito tóxico. As notícias podem conter muita raiva, medo, ansiedade e ódio nelas.

Queremos sentir algum tipo de animação e pegamos o telefone, nosso laptop ou um livro ou revista, na expectativa de consegui-la. Estamos buscando imagens e sons que afastem o desconforto que estamos experimentando no momento presente e encubram nosso sofrimento interno. Quando buscamos estímulo, não é exatamente porque *precisamos* dessas coisas, mas sim porque fazemos qualquer coisa que estiver ao nosso alcance para evitar de nos encontrar conosco. E nos viciamos nessas coisas, mas nunca conseguimos o tipo de satisfação que precisamos. Nós precisamos de amor, nós precisamos de paz, e somente porque não sabemos ainda como gerar esse amor e essa paz interior é que estamos buscando isso fora de nós mesmos.

Buda nos aconselhou a voltar para casa sem medo, a respirar e andar conscientemente para desenvolver suficiente energia de atenção consciente, concentração e sabedoria e coragem para ser capaz de cuidar da solidão e sofrimento presentes. Com algum treinamento você pode trazer a mente de volta ao corpo, reunir corpo e mente e criar momentos que lhe proporcionem amor e alegria. Quando está realmente presente, você olha do lado de fora e percebe que a chuva está ali e que é maravilhosa; percebe que as árvores estão presentes e são belas, e que o ar é surpreendentemente refrescante. Inspirando e expirando você se encontra com as maravilhas do momento presente.

Lembro-me de, no início dos anos de 1970, quando eu representava a Delegação Budista Vietnamita da Paz nas conferências pela paz, em Paris. Nós tínhamos tanta coisa para nos preocupar. As bombas estavam caindo todo dia e muita gente estava morrendo. Minha mente estava concentrada em como ajudar a pôr um fim na guerra, como interromper a matança. Eu não tinha tempo de estar em contato com as maravilhas revigorantes e saudáveis da vida; e por isso não estava recebendo os nutrientes de que precisava. A Irmã Chan Khong, que estava presente como membro da delegação me assistindo, um dia preparou uma cesta com ervas cheirosas e fresquinhas. No Vietnã toda refeição é servida com as folhas de ervas frescas. E eu me maravilhei. Eu não tinha tido tempo de pensar em coisas, como ervas cheirosas e maravilhas da vida. Aquele momento me ensinou muito: que eu não deveria me afogar no trabalho e ficar totalmente imerso nele. Eu deveria reservar um tempo para viver, entrar em contato com os elementos revigorantes e saudáveis dentro e em torno de mim. Naquele dia eu fui capaz de restabelecer meu equilíbrio graças ao prato de ervas fragrantes que a Irmã Chan Khong me apresentou.

Aqueles entre nós, que são ativistas, estão sempre ávidos de ter sucesso em nossos esforços de ajudar o mundo. Mas se não mantivermos um tipo de equilíbrio entre o trabalho e nutrição pessoal, não vamos ser capazes de ir muito longe. Por isso, as práticas de andar em meditação, respirar conscientemente e manter-se em contato com os elementos revigorantes e revitalizantes dentro e em torno de nós é crucial para nossa sobrevivência.

O caminho dos heróis

Não espere até amanhã para transpor suas aflições. Você precisa fazer isso hoje. Às vezes hesitamos e continuamos emaranhados em nossas dificuldades, mês após mês, ano após ano. Não conseguimos nos desvencilhar. O guerreiro em nós realmente quer ser livre, o meditador em nós quer realmente transcender a situação, entretanto permitimos que o nosso sofrimento nos deprima. Queremos pôr fim à situação, mas o guerreiro em nós não entrou em ação, e por isso o meditador em nós se sente aprisionado.

Toda vez que ansiamos por algo – seja comida, bebida alcóolica ou prazeres sensuais – podemos facilmente nos tornar uma *vítima* do nosso anseio e perder a liberdade. Os objetos de nossos anseios estão traiçoeiramente nos tentando, mas há um "anzol" para nos capturar. A saída é reconhecer o "anzol" para poder nos libertar. O guerreiro usa a espada de sabedoria para decepar todas as aflições e anseios, e é agora que o guerreiro tem que fazer isso. O guerreiro declara: “Não posso esperar. Preciso ser livre”.

Qualquer que seja a coisa que esteja lhe tentando, e que tenha tomado o controle da sua vida, qualquer que seja o hábito que já esteja emaranhado em você e feito você sofrer tanto – use a espada de sabedoria para se libertar. Agora mesmo, hoje, imediatamente, você se determina a não ir mais naquela direção. É agora ou nunca. Dê chance de o guerreiro em você agir, tirar a espada da cintura e lhe libertar. Não hoje à noite, não amanhã, mas neste exato momento.

Se você quer paz, a paz imediatamente estará presente. Você declara: “Eu quero ser livre. Eu me recuso a *ser* dependente. Eu me recuso a ser escravo” – do objeto do seu anseio, qualquer que ele seja. Você quer se libertar. Você quer paz. A questão é se você quer isso o bastante. Esta é a chave. Se você ainda não estiver livre, se ainda não conseguiu a liberdade, a paz e a cura que busca, é porque o seu querer não é suficientemente forte. Você precisa realmente querer aquilo, como se a sua vida dependesse disso. Sua determinação de ser livre surge do despertar. Você entende que já sofreu por muito tempo. Você não aguenta mais sofrer. Você quer cair fora. Não quer continuar daquele jeito nem por mais um dia. Isto significa despertar. E deste ponto da consciência desperta você decide ser livre.

Tem uma história do zen sobre um homem galopando num cavalo em alta velocidade. Em um cruzamento um amigo dele gritou: "Para aonde você está indo?" E o homem respondeu: "Sei não. Pergunte ao cavalo!" Esta é a situação da humanidade neste momento: este cavalo é a tecnologia do nosso tempo. Ela está nos arrastando e está fora de controle.

No início, o Google tinha o lema "Não seja mau". Isso é realista? É possível? Será que você consegue ganhar muito dinheiro sem ser mau? É isso que eles estão tentando fazer, mas, até agora, sem muito sucesso. A tecnologia está nos alienando de nós mesmos, de nossa família e da natureza também – mesmo que a natureza tenha o poder de cura e nutrição. Mas passamos tanto tempo junto ao computador que deixamos de estar presentes para nós mesmos, para nossa família ou a Mãe Terra. E isso significa que a civilização está indo na direção errada. A maneira como estamos gerando dinheiro não deve matar ninguém, não deve roubar ninguém, mas está nos custando a própria vida, nossa felicidade e a vida e felicidade de nossos entes queridos e da Mãe Terra.

A verdade é que, em vez de usar as descobertas científicas e tecnológicas para salvar o planeta, o mercado está usando a tecnologia para satisfazer nossos desejos e explorar a Terra ainda mais. O problema é que estamos usando a tecnologia principalmente para satisfazer nossos anseios e fugir do momento presente. Temos sim a tecnologia suficiente para salvar a nós e a Terra, mas a vontade de fazer uso dela continua inexistente. A questão é: Como poderia a tecnologia se transformar numa força de integração em vez de destruição? Quais inovações tecnológicas as empresas de tecnologia poderiam adotar que ajudassem as pessoas a cuidarem de si mesmas, a cuidarem de seus funcionários e a cuidarem da Terra?

Cuidado com o embargo

Podemos considerar nossa "consciência armazenadora" como um tipo de porão e a "consciência mental" como a sala de estar. Temos a tendência de colocar no porão qualquer coisa que não gostamos, pois queremos manter a sala de estar bonita. O mesmo acontece com nosso sofrimento. Mas os blocos de sofrimento em você não querem ficar no porão e, se estiverem muito fortes, eles empurram a porta e se acomodam na sala de estar sem serem convidados. Especialmente durante a noite, quando você perde as rédeas do controle, eles empurram a porta e sobem até a consciência mental.

E durante o dia, a violência, o anseio, ódio e raiva podem estar pressionando forte, porque você permitiu que eles crescessem devido ao seu modo de consumir. Você pode tentar resistir e travar a porta. Você estabelece uma espécie de embargo entre a sala de estar e o porão e reprime o que está lá embaixo. Como você reprime? Você consome, na tentativa de preencher a consciência mental. Você se sente desconfortável, inquieto, sente que algo está vindo à tona, e então liga o som para ouvir música; você pega o telefone, liga a televisão, sai para dar uma volta em algum lugar. Faz de tudo para manter a sala ocupada para que esses blocos de dor não tenham a chance de emergir.

Mas muitas das coisas que consumimos nesses momentos também podem conter muitas toxinas, e quando você as consome os venenos do anseio, ódio e violência caem na consciência armazenadora, fazendo crescer ainda mais os seus blocos de sofrimento. É uma situação muito perigosa. Então, o primeiro passo é parar de regar essas sementes para impedi-las de crescer. Você tem que criar uma estratégia de consumo consciente com os seus entes queridos e amigos – uma estratégia de apoio e proteção um do outro.

Suponha que estamos falando da depressão. A depressão não surge por si só, vinda do nada. Se examinarmos a depressão profundamente, podemos ver suas raízes. Até mesmo uma depressão precisa de alimento para se manter viva. Então, devemos ter vivido e consumido de um determinado modo nos meses anteriores, que possibilitou a depressão existir no momento presente. Talvez estivemos reprimindo nosso sofrimento com a nossa maneira de consumir e criamos um estado de má circulação em nossa consciência. Com atenção consciente você responde de forma diferente. Você pode permitir que a dor venha à tona; você a reconhece, acolhe-a com ternura e a examina profundamente. Envolta na energia da atenção consciente, concentração e compaixão, sua dor diminuirá, perdendo um pouco de sua força. E da próxima vez que emergir, você permitirá que a dor venha à tona, pois sabe como administrá-la. Depois de algumas semanas praticando dessa forma, você restaura o estado de boa circulação na sua consciência. A prática da atenção consciente pode possibilitar a cura.

Uma estratégia de guerreiro para proteger a nossa mente – T.D.

O conceito que Thay está nos propondo aqui é relativamente simples: começar a ver como alimento tudo o que lemos, assistimos e ouvimos. Então, a artimanha é transformar os nossos hábitos, que também são hábitos de nossa cultura, ancestrais e civilização. As práticas da atenção consciente nos possibilita estar vigilantes e alertas e de sentir como nosso corpo e mente estão respondendo ao que deixamos entrar. Como nos sentimos enquanto rolamos a tela do computador para cima e para baixo, e como nos sentimos depois? Como nos sentimos em relação aos filmes ou seriados quando estamos os assistindo, e especialmente quando desligamos o aparelho? Quais são as impressões? Desencadearam tensão, medo, agitação e solidão? Ou alegria, satisfação, conexão e compreensão?

As telas nos fornecem muitas coisas boas: sorrisos, inspiração, educação, diversão, TV, filmes cinematográficos etc. E não são maus em si mesmos, têm seus benefícios. O desafio é nos treinar para não nos afogarmos neles. Em Plum Village, durante nossos retiros monásticos, temos uma noite de filmes. E, no verão, muitas vezes assistimos as finais da Copa do Mundo de futebol, junto com centenas de pessoas, no salão de meditação.

Não há verdade absoluta aqui, nenhum "certo" ou "errado" – consumir de forma atenta e consciente é uma arte. Tem a ver com o conteúdo: Será que o que estamos consumindo está poluindo nossas mentes com medo, violência ou raiva? Diz respeito a duração: Quanto tempo basta? E diz respeito ao fato de ver se as nossas telas e fones de ouvidos estão nos afastando da presença de um ente querido, de estar ao ar livre junto à natureza, ou simplesmente nos impedindo de estar presente para nós mesmos e para os sentimentos emergindo dentro de nós. Isso varia de pessoa para pessoa. Mas, quanto mais forte a nossa prática de atenção consciente se torna, maior é a clareza com que vemos, e maior o livre-arbítrio e opções que dispomos. E à medida que aprendemos a lidar com os sentimentos mais intensos e difíceis, menor se torna o nosso medo de olhar de frente o que estiver em nós, quando tivermos desligado as telas.

Não é fácil assumir o controle e ter a liberdade de escolher o que depositar na mente: somos confrontados com algoritmos sofisticados e uma pilha de supercomputadores, explicitamente projetados para jogar com nossas preferências e lucrar quando prendem nossa atenção. Em 2013, alguns de nós, monges, acompanhamos Thay em um encontro que ele teve com executivos sêniores e engenheiros numa sala de reuniões na sede do Google em Mountain View, Califórnia.

Thay tinha acabado de dar uma palestra para centenas de funcionários sobre como é importante criar tipos de aplicativos e dispositivos que possam nos ajudar efetivamente a sofrer menos e a cuidar do nosso corpo, sentimentos e relacionamentos. Os engenheiros tinham perguntas. Eles queriam saber o que Thay faria se estivesse no lugar deles; queriam saber onde traçar os limites éticos.

Thay ouviu com muita atenção as preocupações deles. Ele estava paciente e atento, generoso e encorajante, mas também firme: "se pudermos ajudar a diminuir o sofrimento, devemos fazer isso". Um dos engenheiros, presente naquele dia, foi adiante e fundou o Centro de Tecnologia Humana, uma organização não governamental que trabalha para promover um mundo digital em apoio ao bem-estar humano, ao invés de explorar a fraqueza humana. Individual e coletivamente, somos nós quem decidimos resistir a um futuro digital que – mesmo sem nos apercebermos – monetiza nossa atenção, radicaliza nossas visões e promove uma economia de iscas de cliques digitais e de anseios.

A questão é: Como? Poderíamos criar uma estratégia: decidir quantas horas por semana vamos assistir filmes e TV, jogar, ler jornais, navegar nas redes sociais ou usar aplicativos e bloqueadores que nos ajudem a proteger nossa atenção, para que assim possamos cumprir nossa resolução. Será que conseguimos nos comprometer a guardar nossos telefones quando estivermos em companhia dos entes queridos ou deixar nosso telefone em outro quarto quando formos dormir? Estas são decisões simples, porém difíceis. O autodomínio começa aos poucos.

Também precisamos de um plano de como vamos cuidar de nossa mente quando não estivermos consumindo. Como vamos abraçar nossa solidão, tristeza ou desespero? Como vamos nutrir alegria e conexão? Como vamos relaxar? Eu tenho minha própria lista do que funciona. Quando a semente de tristeza surge, procuro ao máximo sair ao ar livre e dedicar toda a minha atenção ao momento presente – aos sons, imagens, cheiros, sabores, e entrar em contato com o milagre dessa coisa que chamamos de vida.

Quando estou inquieta ou ansiosa, posso sentir isso em meus ossos e passar alguns minutos praticando o relaxamento de varredura corporal, sentada ou deitada. Quando a raiva é desencadeada, tento dar uma caminhada o mais rápido possível. Gerar compaixão ajuda – é o antidoto mais poderoso contra a fúria. E às vezes, por trás de nossa raiva, podemos encontrar mágoa e medo ocultos, que foram desencadeados em um nanossegundo, justamente antes, e assim podemos cuidar disso.

Quando eu me encontro num estado de espírito enfadado, que simplesmente não muda, meu treino é "mudar de canal", mudar de faixa, mudar de assunto e trazer algo mais positivo. Isso é o que, no budismo, se chama de cultivar "a atenção apropriada". Às vezes, a melhor coisa que podemos fazer para restabelecer nosso equilíbrio é mudar o objeto da nossa atenção; outras vezes, isso pode ser um ato de evitar ou fugir. A magia, a arte, é aprender a discernir o que nossa mente precisa – o que seria mais saudável – em um dado momento ou contexto. Eu também aprendi a nunca subestimar a importância dos bons amigos: pessoas com quem você pode somente sair, conversar, rir, brincar e chorar. A pandemia tornou este recurso essencial ainda mais escasso e precioso. Simplesmente estar junto de outros seres humanos pode ser uma fonte profunda de satisfação e de sustentação. Esta "consciência coletiva" é o próximo dos Quatro Nutrientes no budismo.

Consciência coletiva é alimento

Então, temos o nutriente da *volição* e o nutriente das "impressões sensoriais". E o terceiro tipo de nutriente, sobre o qual Buda discursou, é a *consciência*. Podemos falar em consciência *individual* e consciência *coletiva*. A individual é composta da coletiva e a coletiva da individual; ambas as consciências *intersão*. A nossa consciência individual reflete a coletiva. Por exemplo, o nosso medo e raiva são *individuais*, mas também refletem de alguma forma o medo e a raiva da sociedade. Ou então, suponha que você considera algo bonito. Não é só porque aquilo é bonito em si, mas porque é considerado bonito pela consciência coletiva. A consciência individual e a consciência coletiva que consumimos todos os dias são *muito reais*.

Os pensamentos, sentimentos e estados de espírito podem ser considerados um tipo de alimento penetrando nosso corpo e mente. Se nos sentarmos e deixarmos o sofrimento ou a tristeza virem à tona, e ficarmos os remoendo como animais ruminantes, várias e várias vezes, a consciência pode se tornar um tipo de alimento prejudicial. Mas com a energia da atenção consciente podemos nos treinar para saber lidar com o pensamento com atenção apropriada, de forma conducente à compreensão, compaixão e liberdade. Podemos escolher *quando* é apropriado prestar atenção nos diversos tipos de pensamentos. Nossa consciência é uma fonte de alimento, e com atenção consciente podemos escolher o alimento que, sabemos, irá nos nutrir e ajudar a crescer.

Quando vemos um amigo mergulhado em pensamento, sendo arrastado pelos próprios pensamentos e transparecendo ansiedade e tristeza no rosto, sabemos que ele pode estar se afogando em seus próprios pensamentos ou sentimento de dor e tristeza. Isso é "atenção inadequada". Em momentos assim, temos que ajudar. Colocamos a mão no ombro do nosso amigo e dizemos: "Um centavo pelos seus pensamentos! O dia está lindo. Vamos dar uma caminhada". Nós ajudamos nosso amigo a parar de consumir alimentos prejudiciais à consciência. Nós não os deixamos ficar sentados ruminando. Qualquer pessoa que possa se beneficiar de uma zona de energia coletiva positiva com bons amigos começará a se sentir melhor; e dia após dia ela ou ele se sentirá nutrida(o) e transformada(o).

O mesmo também acontece com a energia negativa na consciência coletiva. Quando o medo e a raiva se tornam coletivos, podem ser extremamente perigosos. Você pode ficar tão apavorado e alarmado como todos os demais; e ser facilmente arrastado pela energia coletiva. Por isso é tão importante escolher um ambiente onde você será influenciado por uma consciência coletiva saudável e clara. Muitos de nós somos influenciados pelos pensamentos à nossa volta. Por exemplo, durante a Guerra do Iraque em 2004, 80% dos estadunidenses acreditavam que a guerra era justa, enquanto no Reino Unido apenas 35% das pessoas pensavam assim. Um país inteiro pode ficar atravancado numa noção, ideia ou sentimento. A mídia de massa, o complexo militar-industrial, todos esses elementos podem nos aprisionar; então continuamos a pensar da mesma maneira, a ver da mesma maneira, e a agir da mesma maneira.

Quem poderia nos ajudar a sair dessa prisão de pontos de vista, de sentimentos, a prisão da consciência coletiva? Você. Seja você um artista, um escritor, um jornalista, um cineasta, um ativista ou um praticante, você deve gerar suas *próprias* visões. Você ajuda o seu Buda interno a se manifestar, e você se expressa à luz da verdade. E, mesmo que a maioria não tenha compreendido a verdade que você compreende, seja corajoso o suficiente para continuar. A minoria, que tem a verdade consigo, pode transformar a situação inteira.

Comer sem violência

O quarto nutriente, sobre o qual Buda falou, é a *comida*: café da manhã, almoço e jantar – de fato, qualquer coisa que consumirmos através da boca. O que comemos é muito importante. Diga-me *o que* comes e te direi quem és. Diga-me *onde* comes e te direi quem és.

Buda disse que devemos comer de um modo que mantenha acesa a nossa compaixão. A Unicef relata que, todo ano, três milhões de crianças morrem de fome e de subnutrição. Elas são nossos próprios filhos e filhas. E se estivermos comendo demais, é como se estivéssemos comendo nossos filhos. Nossa forma de comer e produzir alimento pode ser muito violenta. Estamos comendo nossos filhos; estamos comendo nossos descendentes. Estamos devorando a Terra.

Atenção consciente nos ajuda a saber o que está acontecendo. A indústria de carne tem devastado o planeta. As florestas estão sendo destruídas para criar pasto para o gado ou plantações para alimentá-lo. Só o mundo do gado consome sozinho uma quantidade de alimento equivalente à necessidade calórica de 8,7 bilhões de pessoas. Isso requer centenas de vezes mais de água para produzir um único quilograma de carne, do que precisaria para produzir um quilograma de grãos.

É preciso urgentemente agir nos níveis individual e coletivo. Não comer carne é uma forma poderosa de ajudar nosso planeta a sobreviver. Apenas comendo comida vegetariana, você pode preservar água, reduzir a poluição, impedir o desflorestamento, e impedir a extinção da vida selvagem. Se pararmos de consumir carne eles vão parar de produzi-las.

É sua consciência do sofrimento que faz com que você naturalmente fique determinado a consumir de forma não violenta – não é porque alguém forçou você. Você faz isso por estar consciente, atento e compassivo. É uma forma de você expressar amor e gratidão à Terra. E imediatamente poder ter paz, alegria e felicidade. Nossa vida diária tem que expressar nosso despertar. Somente consumindo conscientemente é que podemos manter viva a nossa compaixão e assegurar um futuro para o nosso planeta.

Você pode ser muito feliz seguindo uma dieta vegetariana, e pode fazer isso sem julgamento. Você continua tolerante; sem querer impor suas ideias nos outros. Você permite que as pessoas sejam elas mesmas. Você não deve conversar muito sobre isso, mas apenas convidar outras pessoas para saborear de um delicioso prato vegetariano com você. Sempre haverá gente comendo carne e bebendo muito álcool, mas precisamos que 50% da humanidade se ofereça como voluntários para criar equilíbrio. Comer é apenas uma parte da prática, e na medida em que os outros veem sua paz, alegria e tolerância, eles vão começar a apreciar uma forma não violenta de se alimentar. Se nossa sociedade puder praticar o consumo consciente, seremos capazes de nos curar, de curar nossa sociedade e curar o planeta também.

Na tradição budista existe um verso lembrando todo monástico a treinar, em suas interações com o mundo, de forma tão gentil e consciente como uma abelha visita uma flor. As abelhas se alimentam do néctar doce da flor, mas sem destruir a fragrância e beleza da flor. Todos nós somos filhos da Terra, e podemos aproveitar a Terra ao máximo e nos beneficiar da sua beleza, mas de um modo tal que respeitemos a Terra, como uma abelha respeita a flor.

Talvez os políticos e empresários precisem contemplar isso, pois, com nossa ganância, nós destruímos a Terra, destruímos as flores, águas e montanhas com a nossa ambição por bens e riquezas. Devemos pegar somente aquilo que precisamos e nos comportar de um modo que mantenha intactas as belezas e flores do nosso planeta. Os ensinamentos dos Quatro Nutrientes nos ajudam a compreender maneiras de não nos destruir, de não destruir nossa comunidade, nosso planeta, e como nutrir e proteger nós mesmos e o nosso planeta.

A coragem e honestidade radicais nos ajudam a ver com clareza o efeito que o nosso modo de consumir tem em nós mesmos e no planeta. Será que a nossa economia cresce em um andamento sustentável? Será que sou o mestre ou a mestra da minha atenção? Quanto realmente custa uma camiseta barata, uma taça de licor ou meio quilo de bife? A verdade pode nos aferroar, mas pode nos acordar. Esta compreensão profunda nos ajudará a transformar nossos hábitos para que possamos encontrar novas maneiras de nutrir nossa aspiração e encontrar combustíveis saudáveis para o nosso corpo e mente.

Precisamos da determinação e força de um guerreiro para agir rapidamente e reivindicar nossa liberdade, mas também precisamos da paciência e bondade de um meditador e a abertura, tolerância e criatividade de um artista. Como diz Thay, "Não se transforme num campo de batalha!" O mundo não precisa de mais fanáticos. Se for difícil mudar um hábito, é bem provável que seja porque nos foi transmitido por várias gerações ou adotado pela sociedade, cultura, conjuntura ou ambiente. Podemos descobrir muita coisa sobre nós mesmos e nossos ancestrais quando começamos a fazer mudanças para alinhar nossas escolhas com nossos valores.

Aqui está o texto dos Cinco Treinamentos de Atenção Consciente que Thay escreveu para nos orientar enquanto navegamos em nossa própria jornada rumo a uma forma de consumo mais consciente. Você pode achá-lo severo, uma afronta, ou difícil de ler. Se assim for, tudo bem. O texto é para ser desafiador, como um mestre Zen lhe questionando:

"Você tem certeza?" Talvez você prefira ler o texto devagar e refletindo sobre as formas como se relaciona à sua vida neste momento, ou a desafia. Cada leitura pode trazer à tona uma resposta diferente. Quais sacadas, perguntas ou reações esta leitura provocou em você hoje?

O treinamento da atenção consciente para nutrir e curar

Ciente do sofrimento causado pelo consumo descuidado, comprometo-me a cultivar a minha saúde física e mental, em benefício próprio e da minha família e sociedade, através das práticas de comer, beber e consumir de forma atenta e consciente. Contemplarei profundamente a forma como estou consumindo os quatro tipos de nutrientes, isto é: alimentos comestíveis, impressões sensoriais, volição e consciência. Estou determinado a não jogar a dinheiro ou a usar bebidas alcóolicas, drogas, ou quaisquer outros produtos que contenham toxinas, como certos websites, jogos eletrônicos, programas de televisão, filmes, revistas, livros e conversas. Vou praticar voltando-me ao momento presente para entrar em contato com os elementos revigorantes, revitalizantes e nutridores que existem em mim e ao meu redor, não permitindo que arrependimentos e tristezas me arrastem de volta ao passado, nem permitindo que ansiedades, medo ou desejos ardentes me levem embora do momento presente. Estou determinado a não tentar encobrir minha solidão, ansiedade ou outro sofrimento ficando completamente absorvido(a) em consumismo. Contemplarei a interexistência e consumirei de modo a preservar a paz, alegria e bem-estar no meu corpo e consciência, e no corpo e consciência coletivos da minha família, sociedade e da Terra.

O DIÁLOGO CORAJOSO: O PODER DA ESCUTA

Em um diálogo verdadeiro, ambos os lados estão dispostos a mudar

Se quiser salvar o planeta e transformar a sociedade, você precisará de irmandade; precisará de espírito coletivo. Toda vez que falamos em meio ambiente, ou paz e justiça social, geralmente falamos de ações não violentas ou de soluções tecnológicas, e nós esquecemos que a colaboração é um elemento crucial. Sem colaboração, não conseguimos fazer coisa alguma; não conseguimos salvar nosso planeta. As soluções técnicas devem ser apoiadas pelo espírito coletivo, compreensão e compaixão.

Para colaborar precisamos saber ouvir profundamente e ter a habilidade de falar, de restaurar a comunicação, e saber como tornar a comunicação mais fácil para que possamos nos comunicar conosco e um com o outro. Podemos ter muita boa-vontade de nos reunir, de analisar a situação, criar um plano e agir. Mas se não conseguirmos concordar, e se somente brigarmos um com o outro, nossa organização se desintegra. Se não soubermos como ajudar um ao outro, ou como ouvir, nós nos enraivecemos e ficamos divididos.

Restabelecer a comunicação é uma prática urgente. Se a comunicação for boa, a harmonia, compreensão e compaixão se tornam possíveis entre os indivíduos, os diversos grupos e até mesmo nações. Nossos líderes precisam ser capazes de se reunirem para discutir o problema que o planeta está enfrentando. É muito importante a prática de escutar profundamente um ao outro, usando uma fala compassiva e habilidosa ao transmitir visões e ideias, para os partidos oponentes estabelecerem uma verdadeira relação humana de compreensão.

Os líderes e representantes políticos precisam treinar-se na arte da escuta profunda: ouvindo o seu próprio povo, o sofrimento do seu próprio país, e o sofrimento de outras nações. Muitas pessoas sentem que o sofrimento delas não é ouvido e compreendido. Nossas sociedades estão profundamente divididas. Estamos um matando o outro, e há medo, raiva, discriminação e desespero, pois – enquanto uma espécie – não há comunicação suficiente entre nós. Não estamos somente matando *outras* espécies, mas também *nos* matando enquanto espécie. E por isso precisamos aprender a ouvir profundamente, de modo que cada um de nós possa contribuir com nossa escuta e compaixão.

Quando ouvimos palavras acusatórias e julgamento dos outros, pode desencadear nossa própria irritação, raiva e frustração. Então, não precisamos de apenas a *intenção* de ouvir: precisamos de um *treinamento* de como ouvir. Quando conseguimos abrir as portas dos nossos corações e restaurar a comunicação em nossos relacionamentos íntimos, vamos ser capazes de fazer o mesmo no trabalho, pela sociedade e entre diversos partidos políticos e nações.

Enquanto ouvimos profundamente o outro lado, começamos a reconhecer não só as percepções erradas deles como também as *nossas próprias*. Por isso o diálogo consciente e a fala amorosa podem ajudar a remover as percepções equivocadas que estão na base do medo, do ódio e da violência. A minha maior esperança é que nossos líderes políticos possam fazer uso desses instrumentos e levar paz para eles mesmos e para o mundo.

Atravesse o abismo

Há um bodisatva especial no Sutra do Lótus conhecido como Dharanimdara, "O Guardião da Terra". Seu nome significa "aquele que mantém a Terra sob controle" – aquele que protege e preserva. Esses bodisatvas são muito necessários nos tempos de hoje. O Bodisatva Guardião da Terra contribui com a energia de união e sustentação da vida. Sua tarefa é promover a comunicação, a conexão, entre humanos e outras espécies, e proteger a Terra e o meio ambiente. O papel deles é como o daquele tipo de engenheiro ou arquiteto, cuja tarefa é criar um espaço capaz de acolher todo mundo, é construir pontes para cruzar de um lado a outro, e construir uma estrada, um meio de podermos alcançar as pessoas que amamos. Devemos reconhecer a presença do Bodisatva Guardião da Terra dentro e em torno de nós. Podemos também criar um espaço capaz de incluir todos. Podemos ajudar as pessoas a restabelecer a comunicação e construir pontes de coração para coração.

Eu vim para o Ocidente em 1966, sobretudo para protestar contra a Guerra do Vietnã. Mas junto com outros amigos do movimento pela paz, também meditamos sobre a situação mais ampla do nosso planeta e focamos a atenção na Terra. Depois de muita contemplação profunda, fundamos uma organização chamada *Dai Dong* visando criar consciência da necessidade de uma comunidade transnacional da humanidade, uma comunidade que transcendesse as fronteiras das nações. *Đại* quer dizer "grande" e *ð'ông*, "união": uma organização pela Grande União.

Em 1970, Dai Dong convocou uma reunião de cientistas na França, e lançamos a Declaração de Menton, uma "mensagem aos nossos 3 bilhões e meio de vizinhos do Planeta Terra", assinado por mais de 3 mil cientistas. Falamos sobre a deterioração ambiental, esgotamento dos recursos naturais, superlotação da população e fome. Em 1972, quando a ONU organizou a primeira conferência ambiental em Estocolmo, nós organizamos uma conferência alternativa paralela, não representando governos, mas o povo, agindo no espírito da Grande União.

O então secretário-geral da ONU, U Thant, endossou nossos esforços, dizendo: "Esta preocupação global em face de um grave perigo comum – que carrega as sementes de extinção da espécie humana – bem que pode provar ser a força elusiva capaz de unir a humanidade". Se todas as partes em conflito no mundo pudessem ser expostas diretamente à verdade e receber informações completas sobre a situação do planeta, então poderíamos interromper nossas disputas. Resolveríamos rapidamente nossos conflitos a fim de realizar algo. Mas, se as nações ainda estiverem preocupadas com coisas que não são importantes, é porque ainda não dispõem de total consciência da verdade. Logo que aceitarmos a verdade que, se continuarmos assim, não poderemos evitar o fim da nossa civilização, vamos ter a força e o despertar de que precisamos para nos unir, e superar a raiva, a divisão, ódio e discriminação e ter a clareza do que precisamos fazer.

Mesmo dispondo de uma tecnologia de comunicação mais sofisticada do que nunca, a nossa comunicação se tornou muito difícil. Muitos de nós não conseguimos sequer nos ouvir. Ouvir significa acima de tudo estar totalmente presente e não distraído. Isso requer que estejamos presentes para nós mesmos; ouvindo-nos e, respirando conscientemente, para restabelecer nossa paz e frescor. É esta a qualidade da presença que oferecemos à pessoa diante de nós e que nos possibilita ouvir para poder escutar o que está sendo dito e o que deixou de ser dito.

Ouvir é uma arte. Atenção consciente sempre significa estar atento e consciente de algo, e em muitas ocasiões em que escutamos, praticamos a *atenção consciente da compaixão*. Você mantém viva a sabedoria de ouvir só com um propósito: o de dar uma oportunidade ao outro de falar e sofrer menos. Enquanto ouve, você respira atentamente para manter viva essa intenção. E mesmo se o outro disser coisas que não são verdadeiras ou que estejam cheias de percepções distorcidas, amargura ou culpa, você consegue continuar ouvindo compassivamente, porque você está praticando atenção consciente da compaixão. A compaixão lhe protege e impede que o que a outra pessoa estiver falando desencadeie raiva ou irritação em você. Uma hora ouvindo dessa maneira pode aliviar o sofrimento do outro e possibilitar que a comunicação seja restaurada.

Mas, se você descobre que não está conseguindo ouvir e for embora, isso não significa necessariamente que você não tenha compaixão, mas que ainda não foi capaz de transformar o seu próprio sofrimento interno. Lembro-me de uma vez em que ouvi Oprah Winfrey entrevistar uma mulher que estava falando sobre o sofrimento de ter sido violentada. Ela quase teve um colapso nervoso como entrevistadora e ficou tão angustiada que queria desligar a câmera. Isso ocorreu pois ela tinha atravessado o mesmo tipo de sofrimento; ela mesma tinha sofrido abusos quando criança, e não tinha tido uma oportunidade de transformar aquele sofrimento. Então, ao ouvir o sofrimento da outra senhora, ela quase desmoronou. Por isso, a verdade é que temos de aprender a transformar o nosso próprio sofrimento para poder estarmos presentes para os que estão sofrendo e precisam da nossa ajuda.

Acredito que os professores de escolas e universidades também precisariam dedicar algum tempo para ouvir o sofrimento de seus alunos. Isso não significa perda de tempo, pois se os alunos estiverem sofrendo muito, é difícil para eles aprenderem. Então, ajudá-los a sofrer menos é essencial no trabalho de educar e transmitir conhecimentos. Quando o professor tiver escutado o seu próprio sofrimento, conseguirá ouvir o sofrimento dos alunos e ajudá-los a sofrer menos, mesmo em apenas uma hora de escuta. E, por outro lado, os alunos podem então ouvir o sofrimento dos seus professores, pois os educadores também sofrem e, quando têm a habilidade de compartilhar seus próprios sofrimentos com seus alunos, a comunicação se tornará muito mais fácil. O clima será transformado e o trabalho de ensino e aprendizagem se tornará muito mais agradável.

Em toda organização deve haver pessoas que conheçam as artes da escuta compassiva e da fala amorosa. E a função delas é a de ir até cada pessoa, sentar-se e ouvi-la. Elas poderiam dizer algo assim: "Caro(a) amigo(a), por favor, conte-nos como você está, ajude-nos a entender os desafios e as dificuldades que você está enfrentando em seu trabalho, com você mesmo(a), e na sua família". A pessoa que ouve deve já ter ouvido a si próprio e à sua própria família antes de ser capaz de trabalhar ajudando o outro a falar abertamente e aliviar seu sofrimento. Com uma boa comunicação entre seus membros e todos compartilhando a mesma intenção e direção, qualquer organização pode ser transformada em comunidade e pode servir de instrumento à mudança social.

Há momentos, também, em que precisamos nos ouvir como uma nação. Há muito sofrimento em um país; há injustiça, discriminação e raiva, e muitas pessoas sentem que o sofrimento delas ainda não foi ouvido e compreendido. Precisamos identificar aqueles entre nós que têm o poder de ouvir, para se reunirem e nos ajudar a praticar enquanto nação, ouvindo aqueles que se sentem vítimas de discriminação e injustiça. E nós podemos criar o tipo de ambiente em que eles se sintam seguros para se expressarem, mesmo que isso leve vários dias ou semanas para que tenham a coragem suficiente de compartilhar tudo o que está no coração deles. E, quando conseguirmos ouvir uns aos outros em nosso país, seremos capazes de ouvir pessoas de outros países.

Bodisatva da compaixão

Avalokiteshvara é o Bodisatva que sabe ouvir profundamente os clamores do mundo. Todos nós – e todas as espécies – nos expressamos de maneiras diferentes; mas independentemente de como nos expressamos, o Bodisatva Avalokiteshvara é sempre capaz de nos entender. Se essa pessoa for uma criança, que sabe poucas palavras para se expressar, o Bodisatva entende. Se for alguém que se expressa através de palavras ou da linguagem corporal, o Bodisatva também entende.

Precisamos aprender a ouvir, e precisamos de treinamento. Se o que a outra pessoa estiver dizendo for difícil de ouvir, você pode sentir necessidade de interrompê-la e corrigi-la, pois é doloroso ouvi-la; porque toca o seu próprio sofrimento. Mas nós nos empenhamos ao máximo para evitar interromper o outro. Não importa se o que o outro está dizendo está certo ou errado. O importante é dar ao outro uma oportunidade de desabafar. Ouvindo compassivamente seu sofrimento é a única maneira de ajudá-lo. A outra pessoa precisa ser ouvida por alguém, e você pode ser a primeira pessoa em sua vida que foi capaz de ouvi-la e dar a ela uma oportunidade de esvaziar o coração. É uma prática muito profunda e requer treino.

Você diz para si mesmo: *Eles estão sofrendo e precisam de alguém que os escute, e eu serei essa pessoa. Eu vou desempenhar o papel do Bodisatva da escuta profunda, Avalokiteshvara. Vou conseguir fazer isso, se eu me lembrar de inspirar e expirar cuidadosamente enquanto ouço e me lembrar de uma coisa: estou ouvindo com a única intenção de dar-lhes uma oportunidade de esvaziar seu coração. Qualquer coisa que eles disserem, mesmo que esteja errada ou cheia de acusação, culpa e percepções distorcidas, continuarei a ouvir.* É isso que se chama escuta compassiva. É muito gentil de sua parte sentar-se e escutar desse jeito. Você está desempenhando o papel de um bodisatva; você está protegido pela energia da compaixão. É nisso que temos que nos treinar para ser capazes de realizar.

É possível ouvir o sofrimento de tal maneira que não sejamos sugados. Todos nós temos ambas as sementes da raiva e compaixão. Se você praticar efetivamente a atenção consciente, é possível que a semente de compaixão em você cresça mais do que a semente da raiva. E, se a semente de compaixão estiver suficientemente poderosa, você será capaz de ativar sua compaixão para se proteger enquanto ouve, e será capaz de impedir que a semente da raiva seja acionada. Na escuta compassiva, nossa intenção não é a de nos isolar ou nos desligar da outra pessoa. Nós ouvimos o sofrimento dos outros com compaixão, e tomamos o cuidado de reconhecer, acolher e transformar nossas próprias feridas, que podem ter sido tocadas durante a escuta. Em Plum Village, após uma sessão de escuta profunda, geralmente praticamos caminhadas meditativas ao ar livre para restabelecermos nossa paz, calma e frescor.

Ao mesmo tempo, devemos saber nosso limite. Devemos organizar nossa vida de modo a ter equilíbrio e nutrição suficiente, paz e alegria para poder continuar a escutar os outros compassivamente. Algumas pessoas sentem muita dor, ódio e violência, e precisam expressar isso. É muito difícil para elas encontrarem alguém com quem possam se sentar e ser ouvidas. Então, quando você chega pronto para ouvi-las, pode ser que elas tenham vontade de abusar do seu tempo e bondade e falar sem parar. E você não sabe quanto tempo, quantos dias ou anos de escuta serão suficientes para ajudar essas pessoas. Elas repetem as mesmas coisas inúmeras vezes.

Em situações assim, não é inteligente continuar ouvindo. Temos que encontrar meios hábeis de ajudá-las ativamente a reconhecer, acolher e transformar profundamente o sofrimento nelas. Ao serem ouvidas, pode ser que sintam algum alívio, mas isso não basta. Então, devemos encontrar aliados para juntos ajudá-las a organizar suas vidas, para que elas possam erradicar qualquer fonte de nutrição que esteja alimentando seu sofrimento. Continuar ouvindo, simplesmente, podemos estar nos anulando e anulando nosso Bodisatva interno, e isso não é bom de jeito nenhum.

A escuta profunda 101 – T.D.

Quando discordamos de alguém, isso pode nos exigir a coragem de ouvir o outro e, sempre que experimentamos qualquer tipo de injustiça e nos sentimos impotentes, precisamos de imensa força espiritual para não ser vítima da raiva ou do ódio. Como podemos ajudar a construir pontes em um mundo fraturado e polarizado?

Antes de visitar Plum Village pela primeira vez, eu não sabia que ouvir era aprendível. Eu imaginava simplesmente que você ou tinha o dom ou não tinha – e eu não tinha. Mas aos poucos descobri que, quanto mais eu era capaz de só ficar quieta e me escutar, eu tinha mais espaço para ouvir os outros. E quanto mais eu ouvia os céus e árvores, eu podia ouvir melhor os seres humanos. Fiquei mais interessada nas pessoas e paisagens das esperanças, medos e sonhos delas.

A questão é que é fácil misturar ouvir com tentar transmitir nosso próprio ponto de vista, quando na verdade falar e ouvir são duas coisas diferentes. Escutar é um treinamento, uma prática. É uma dádiva que oferecemos ao outro, e é uma dádiva que oferecemos a nós mesmos: expandir nossa perspectiva e ter um encontro profundo com o ser humano diante de nós.

Em Plum Village, treinamos para escutar com todo o nosso ser, e estar totalmente presente para o que está sendo dito. O primeiro artifício é seguir nossa respiração enquanto escutamos. Logo nos tornamos um ouvinte corporificado. Prestando atenção à extraordinária sinfonia da nossa respiração nos mantemos enraizados no momento presente e não nos permitimos nos distrair com nosso próprio discurso interno. Respirando atentamente durante a escuta, logo descobrimos que nossa respiração contém dentro dela resíduos das nossas reações. Cuidando da nossa respiração, temos uma oportunidade de reconhecer, receber e acolher quaisquer reações logo que surgem.

Há muita coisa acontecendo simultaneamente: existe alguém à nossa frente e as palavras dessa pessoa e o nosso próprio corpo, respiração e reações. O segundo artifício é este: tomar conta de como a impressão do sofrimento da outra pessoa está afetando nossa respiração e corpo. Se surgir tensão, nós a liberamos pela expiração. Se nossa respiração ficar irregular ou curta, nós a suavizamos e gentilmente soltamos. Não reprimimos quaisquer sentimentos que surjam em nós; simplesmente os observamos e os acolhemos, sabendo que sempre vamos poder examiná-los depois quando tivermos terminado de ouvir.

A arte de ouvir inclui a arte de não interromper, o terceiro artifício. Quando alguém aperta nosso gatilho, ou fala alguma falsidade, pode ser que a primeira coisa que a gente queira fazer seja interromper, corrigir e explicar por que ele ou ela está errado(a). Mas, na escuta profunda e compassiva, nossa tarefa é, acima de tudo, permitir que a outra pessoa diga tudo o que tem a dizer. É a nossa chance de ouvir o que elas realmente pensam, nas profundezas dos seus corações. E, se for doloroso ouvir, como explica Thay, nós nos protegemos com a energia da compaixão e nos lembramos de que estamos ouvindo com um só propósito: deixá-los falar abertamente tudo o que pensam. Cultivamos um interesse genuíno para compreender os seus mais profundos medos e preocupações.

Este é o quarto artifício: manter viva nossa compaixão durante todo o tempo da escuta. Geralmente faço isso não me concentrando muito nas palavras. Acho que a melhor maneira de ouvir o discurso difícil, amargo ou raivoso é ouvindo a dor por trás das palavras, o sentimento que a pessoa tenta articular, mesmo de forma desajeitada. Thay descreve a ação de Avalokiteshvara, o Bodisatva da escuta profunda, como "ouvir com tanta atenção que seremos capazes de ouvir o que a outra pessoa está dizendo e o que deixou de dizer também". Colocar nossos sentimentos em palavras é para todos nós uma luta, mesmo nos melhores momentos, e especialmente nos piores, quando fomos feridos ou quando puxaram o gatilho do nosso medo ou raiva.

Às vezes, quando estou ouvindo alguém que está agitado ou furioso, enquanto olho diretamente para ele ou ela, além das palavras, e sigo minha respiração, mantenho silenciosamente uma questão em aberto no meu coração: "O que está realmente doendo aqui? O que você está realmente tentando me dizer?" Pode haver um grande abismo entre o que uma pessoa intenciona dizer e as palavras que ouvimos na realidade. A energia da atenção consciente pode nos ajudar a resolver essa disparidade. Este é o quinto artifício: ouvir o que deixou de ser dito.

Finalmente, temos que criar certo tipo de condições para possibilitar a escuta. Seja desligando os telefones celulares, desligando a TV ou o som, ou sugerir uma saída para caminhar ao ar livre ou tomar um café – em qualquer situação, há sempre algo que podemos fazer para criar um contexto um pouco melhor para estar totalmente presente.

Ao mesmo tempo, precisamos ser honestos conosco: Será que estamos realmente prontos para ouvir? Dispomos de espaço interno suficiente? Se não estivermos em uma boa disposição mental, é melhor ser franco e dizer não, e se dispor a ouvir o outro profundamente noutra hora. Também temos o direito de respeitar nossos próprios limites. Existe interligação entre orador e ouvinte: quando alguém está realmente nos ouvindo, quando realmente sentimos que seremos ouvidos, de repente, torna-se possível expressar totalmente o que está em nosso coração. Da mesma forma, quando alguém não está nos ouvindo com abertura e compaixão genuínas, podemos sentir isso.

Eu percebi que aprofundar o nível da comunicação em nossos relacionamentos mais íntimos pode ser a coisa mais difícil. Mesmo assim pode ser muito eficaz sair para caminhar com alguém que prezamos e perguntar a ele ou ela:

"Como você realmente está?" ou "Qual a sua maior preocupação neste momento?" ou até mesmo: "Será que eu te entendo o bastante?" Alguns dizem que, se você não sabe como um extrovertido está se sentindo, é porque não esteve ouvindo, e se não sabe como um introvertido está se sentindo, você não perguntou. O estranho é que, às vezes, aqueles que falam mais alto são também os que se sentem menos ouvidos.

Quando eu era jovem e trabalhava em jornalismo, tinha um colega na equipe que morava sozinho. Todo dia ele irrompia a porta do escritório com um discurso tóxico sobre o tráfego, sobre as últimas notícias do dia, ou do político com quem tinha se encontrado lá embaixo no saguão. A maioria dos colegas, de forma muito britânica, berrava mecanicamente de sua mesa, sem nem olhar para cima, "Bom dia!" e prosseguia com seus trabalhos. Eu também tentei isso, mas, como era a mais jovem, eles tinham me dado a mesa mais próxima dele. Ignorar era difícil. Lembro-me de certo dia em que o discurso já durava mais de dez minutos e era impossível realizar qualquer trabalho. Ele estava tão zangado e xingando tanto, que cheguei no meu limite máximo. Era demasiadamente tóxico. Mas ele era um sênior meu, então eu não podia simplesmente pedir a ele para calar a boca, e eu tinha trabalho a fazer, portanto, não podia simplesmente sair. Mas então pensei que poderia ser uma boa ideia tentar ouvir.

Então, virei minha cadeira para olhá-lo de frente e comecei a ouvir 100%, seguindo minha respiração, e calmamente, abertamente, olhando direto para ele. Primeiro, percebi que ele tinha ficado surpreso por alguém estar realmente ouvindo. Então, em poucos segundos, tudo o que pude ver no rosto dele foi a solidão e a frustração, ecoando no escuro. Eu sinceramente senti compaixão. Então, eu me sentei e respirei e ouvi e respirei. E em apenas alguns minutos ele perdeu o fôlego, dizendo: "Pra que você está ouvindo? Volte a trabalhar!" E então, mudando de tom, disse: "Vou buscar uma xícara de chá. Você quer uma?" E sumiu indo para a cozinha. Daí em diante, tudo que eu tinha que fazer quando ele entrava reclamando era girar minha cadeira, e ele se acalmava. Às vezes, mesmo que pensemos que queremos ser ouvidos, nem sempre estamos prontos para isso.

Dominando a raiva

Tem gente que vê raiva como energia e acha que devemos fazer uso dessa energia para lutar por justiça e igualdade social. Claro que a raiva é muito poderosa, mas a questão é ser capaz de *controlá-la*. Quando você está com raiva, não está muito lúcido e corre o risco de causar muitos prejuízos tanto para si mesmo como para o mundo. Mas, se souber transformar a raiva em compaixão, você continua tendo uma fonte de energia muito poderosa. E com essa energia da compaixão as pessoas podem estar prontas para morrer e salvar a vida dos outros; elas não têm o que temer, assim como uma mãe que sacrifica a própria vida para salvar o filho. A energia da compaixão é melhor do que a da raiva, do mesmo modo como a energia solar é melhor do que a nuclear. Então, a prática da atenção consciente aqui proposta não é para lutar ou suprimir a raiva, mas sim reconhecer, acolher e gradualmente transformar raiva em compaixão. Precisamos de algum treinamento para fazer isso.

Aprender a administrar nossas emoções arrebatadoras quando surgem é essencial para termos sucesso na prática de falar amorosamente. A compaixão é um tipo de *antídoto* da raiva; os dois estão relacionados de alguma forma. Logo que a compaixão está presente em seu coração, você deixa de ter raiva; você pode restabelecer a comunicação e reconciliar. Você pode se comunicar consigo mesmo com muito mais facilidade; você pode compreender-se e comunicar-se com os outros mais facilmente. A raiva, por outro lado, bloqueia a comunicação.

Eu sempre aconselho casais a toda vez que ficarem com raiva um do outro, retornarem à sua respiração e caminhar de modo atento e consciente, acolhendo a raiva e examinando suas raízes. Em apenas alguns minutos ou horas você poderá conseguir transformar sua raiva. Mas, se não consegue, você deve deixar a outra pessoa ciente disso. E tenta falar com calma: "Eu quero que você saiba que estou sofrendo. Eu honestamente não sei por que você fez o que fez ou disse o que disse". E, se você não estiver suficientemente calmo para dizer isso, você escreve numa folha de papel.

A segunda coisa que você pode dizer é: "Tenha a satisfação de saber que estou fazendo o melhor que posso". Com isso quero dizer que "Estou tentando não falar nem fazer coisa alguma com raiva, pois sei que, se agir assim, só criarei mais sofrimento. Estou me empenhando ao máximo para acolher minha raiva e observá-la profundamente". Você deixa claro para o outro que está tentando descobrir se a sua raiva também pode estar vindo de um mal-entendido da sua parte, percepções equivocadas ou falta de consciência.

A terceira coisa que você poderia achar bom dizer é "Preciso de sua ajuda". Normalmente, quando estamos com raiva, queremos fazer o oposto. Nós dizemos: "Não preciso de você de forma alguma. Deixe-me em paz". Mas, se pudermos dizer "Preciso da sua ajuda", isso quer dizer que "preciso do seu apoio para superar minha raiva". A qualidade do nosso estado de ser é muito importante. Você está livre para compartilhar o que está no seu coração. Mas precisa dizer de uma maneira que o outro possa ouvir, possa realmente escutar. Se formos muito agressivos ou acusadores, não há argumento. Expressar-se é uma arte. Se você ainda estiver com muita raiva, muita energia de culpar e punir, você só vai piorar a desunião. Então, você escreve um bilhete de um modo tal, que é um verdadeiro convite para restaurar a comunicação verdadeira. Você está pronto para ouvir; você está pronto para compreender.

Muitas vezes, em um conflito, acreditamos que só poderíamos estar felizes e em paz se o outro lado simplesmente deixasse de existir. Podemos estar motivados pelo desejo de aniquilar, destruir o outro lado, ou mesmo aprisionar os opositores. Mas ao contemplarmos profundamente entendemos que, do mesmo modo como sofremos, o outro lado também sofreu. Queremos ter a chance de viver em paz, com segurança e proteção, e queremos que o outro lado também tenha a chance de viver em paz, com segurança e proteção.

Quando for capaz de incluir o outro lado no seu coração, e essa intenção tiver se originado, você já começa a sofrer menos. E será possível perguntar a eles: "Como poderíamos melhor garantir a segurança de vocês? Como poderíamos lhes ajudar a ter paz, segurança e oportunidade? Por favor, nos digam". No momento em que você for capaz de fazer esse tipo de indagação, a situação pode mudar de maneira muito profunda e rápida. Mas, primeiro, deve ter havido mudança no seu coração: a intenção de *incluir* os outros, e dar a eles uma chance. Com essa intenção, você imediatamente passa a sofrer menos; e deixa de ter o desejo de eliminar.

Enquanto estivermos vendo o outro como inimigo, estaremos determinados a vencê-lo e puni-lo. E quanto mais eles sofrem, mais satisfeitos ficamos. Mas, com essa forma de pensar, certamente vamos fracassar. Buda nos ensina que primeiro temos de vencer *nós mesmos*, o que significa ter que nos libertar de ressentimentos, ódios e percepções equivocadas. Temos que primeiro vencer nossa própria mente. Vencer não significa vitória sobre aqueles ou aquelas que nos causam sofrimento, mas vitória sobre nossa própria ignorância e ressentimento internos. Podemos ter a impressão de que não temos culpa de nada e que todo o nosso sofrimento foi causado por outra pessoa, do outro lado. Mas isso não é verdade. Fomos os responsáveis de pelo menos uma parte do sofrimento. E, se examinarmos, vamos ser capazes de entender isso. E, se ainda não conseguirmos ver a nossa parcela de responsabilidade nisso, podemos pedir aos outros que nos mostrem.

Aqueles a quem chamamos de "terroristas" têm um ressentimento e ódio terríveis. Eles sofreram e agem impulsionados pela energia do próprio ódio. Mas isso não significa que os que não se consideram "terroristas" estejam sem ódio. Qual dos lados *não tem* ódio? Qual dos lados *não tem* más interpretações?

Podemos nos considerar justos, andando no caminho certo, sem culpa, sem ódio. E podemos considerar o outro grupo como uma ameaça à civilização ou à segurança global. Mais do que nunca, precisamos usar a espada da compreensão para nos libertar e libertar os outros dos rótulos. Este lado rotula o outro lado, e vice-versa, para um resistir o outro, ou até mesmo matar uns aos outros, em nome de Deus, da democracia, liberdade ou civilização.

Em Plum Village, na França, convidamos grupos de palestinos e israelenses para virem praticar conosco. No início é sempre difícil. Quando os dois grupos chegaram, não conseguiam sequer olhar um para o outro, não conseguiam falar um com o outro, pois ambos os grupos tinham muita raiva, medo e suspeição – muito sofrimento. Então, durante a primeira semana, deixamos que eles ficassem separados, e praticassem respirando e andando conscientemente para ajudá-los a acalmar e acolher a própria dor. Foram orientados a entrar em contato com as maravilhas da vida dentro e ao redor de si para obter o nutrimento de que precisam.

No início da segunda semana, treinamos eles na escuta compassiva profunda e fala amorosa. Um grupo foi convidado a falar do próprio sofrimento, enquanto o outro praticava a escuta profunda e compassiva. Com essa prática, as pessoas já sofrem menos logo após a primeira sessão. Quando escuta assim, você percebe que o outro lado sofreu exatamente como as pessoas do seu lado sofreram. Você vê, pela primeira vez, que eles também são vítimas do conflito, vítimas de percepções erradas. A compreensão e compaixão surgem em você, e você deixa de ter raiva. Você é capaz de entender, pela primeira vez, que eles são apenas seres humanos como você. Eles sofreram de forma muito semelhante à sua. Então, torna-se possível haver compreensão mútua e comunicação. E você sabe que depois também terá a oportunidade de falar sobre o seu sofrimento, dificuldades e desespero, e o outro grupo vai lhe ouvir. A prática da escuta compassiva pode eliminar muita raiva, pôr fim a muita suspeita e muito medo.

Durante a Guerra do Vietnã, os Estados Unidos enviaram meio milhão de soldados ao Vietnã, e mataram muitos vietnamitas. Eles destruíram nossas aldeias e crianças. Cerca de 50 mil soldados estadunidenses morreram no Vietnã, e várias centenas de milhares deles voltaram aos Estados Unidos e ficaram muito doentes e necessitados de fazer muita psicoterapia. Minha prática não é odiar esses soldados estadunidenses que vieram ao Vietnã, pois eles também são vítimas de uma política que não é inteligente nem compassiva. E, sempre que visitamos os Estados Unidos para guiar retiros, oferecemos retiros aos veteranos de guerra estadunidenses a fim de ajudá-los a se curar e recomeçar suas vidas de uma nova maneira. Muitos voltaram ao Vietnã para ajudar a reparar os estragos que fizeram em nosso país.

Perdoar é possível. Esta é minha própria experiência. Eu fui submetido a muita injustiça e sofrimento. Sobrevivi guerras. As pessoas cometeram injustiças contra mim, meu povo e país. Compaixão e perdão são possíveis quando podemos *ver* o sofrimento daqueles que nos infligiram sofrimento. E, quando entendemos esse sofrimento, temos compaixão e somos capazes de perdoar.

É possível para nós alcançarmos a qualidade do amor que Buda personifica. É possível responder ao ódio com amor. É possível responder à violência com compaixão e ação não violenta. Com a escuta profunda e fala amorosa, você pode mudar a forma de pensar das pessoas; você não precisa matá-las. Não precisamos matar terroristas. O que os torna terroristas são o ódio, medo e raiva neles. Mas, se nos sentarmos e os ouvirmos profundamente, poderemos ajudá-los a transformar a raiva e o medo deles, e eles deixarão de ser terroristas. Você só consegue ajudar a eliminar as percepções erradas através do diálogo: a escuta profunda e fala compassiva.

Será possível trabalhar pela mudança sem odiar o "outro lado"? – T.D.

Poucos meses depois de Dr. Martin Luther King Jr. sair em passeata no centro de Chicago contra a Guerra do Vietnã, em 25 de março de 1967, ele e Thay se encontraram pela primeira vez. Eles estavam sob uma faixa em inglês e vietnamita com os dizeres "Os homens não são nossos inimigos. Se matarmos os homens, vamos viver com quem?" Thay e Dr. King compartilhavam a visão de que os nossos inimigos não são as outras *pessoas*; os nossos inimigos são a raiva, o ressentimento, o ódio, o medo e a discriminação. Foi concentrando-se nesta visão que Thay, Irmã Chan Khong e seus jovens assistentes sociais no Vietnã conseguiram permanecer neutros e não tomar partido durante a guerra.

O caminho de "não odiar o inimigo" é uma prática profundamente espiritual. Dr. King disse uma vez que, se tivermos espiritualidade e ética suficientes, seremos capazes de substituir o ódio pelo amor e "amar o indivíduo que pratica a má ação, enquanto odeia o que a pessoa fez". Como meditadores, treinamos esta maneira de ver para que possamos enfrentar a injustiça sem ódio. Todos nós precisamos de uma dimensão espiritual na vida, por isso Thay diz que não devemos permitir que a espiritualidade seja uma alegação exclusiva de um dos lados. Apesar disso, diz ele, é exatamente isso o que acontece às vezes: "Um lado monopoliza Deus: eles sequestram Deus na direção da divisão, do ódio, discriminação e intolerância, e tentar mostrar que o outro lado vai contra a vontade de Deus". Entretanto, o que o mundo mais precisa agora, diz Thay, é "um deus de compaixão. Precisamos de um deus da discriminação-nenhuma, precisamos de um deus da tolerância, precisamos de um deus do amor". O amor nos permite ir ainda mais longe e ver o ódio, a raiva e a discriminação não tanto como inimigos, mas como energias – dentro de todos nós – que podem ser acolhidas e transformadas.

Com a compreensão profunda do interser e impermanência que exploramos nas primeiras páginas deste livro, sabemos que *uma pessoa não é somente seus pontos de vista*. Ela não é "o lado" com o qual se identifica. É possível que estejamos arrodeados de pessoas cujas posições ou pontos de vista políticos nós discordamos; e essas pessoas podem até ser as que estão em nosso local de trabalho, comunidade ou em nossa própria família. Uma visão sempre é parcial, não absoluta. É mutável, não permanente. E, se uma visão passou a existir no coração e mente de alguém, é porque algo "alimentou" essa visão. Como diz Thay, "Nada sobrevive sem alimento". Uma visão foi sendo alimentada por algoritmos e resultados de pesquisa, por *feeds* de notícias e cliques. O desafio é nos treinar para entender todas as visões, inclusive a nossa própria – como sendo limitadas, impermanentes e sujeitas às mudanças.

No confronto de uma sociedade polarizada, as questões passam a ser: Como podemos ter um diálogo maduro além do divisionismo? Como podemos ter comunicação verdadeira? Como podemos ser humanos, juntos? Isso tem algo a ver com nossa capacidade de ouvir, de cultivar a abertura, e largar nossas próprias opiniões. O ensinamento de Thay é potente aqui: à luz do interser, não podemos ter a direita sem a esquerda. Em termos de pontos de vista e diálogos, também devemos ter a perspectiva de que nossa posição surgiu em relação à posição deles. Nossas posições intersão. "No verdadeiro diálogo", diz ele, "ambos os lados estão dispostos a mudar". E isso significa que temos que estar prontos para divulgar nossas opiniões.

Pode ser que queiramos dizer ao outro lado: "Mude você primeiro! Se você não for mudar, eu também não mudo!" Mas, com a visão da interexistência, nós sabemos que nosso jeito de ser, nossa abertura, *já* muda a situação. O desafio é ser humilde quanto aos limites de nossa própria perspectiva, estar aberto para aprender algo novo, e estar genuinamente interessado em saber como outros chegaram à visão que eles têm.

Na tradição de Plum Village, treinamo-nos para respeitar o direito dos outros serem diferentes e de escolher o que acreditar e como decidir. No entanto, também estamos empenhados em ajudá-los a transformar o fanatismo e a estreiteza por meio do diálogo compassivo. Pode ser que precisemos ser pacientes para entender. Se começarmos da posição "estou certo" e "você está errado", como poderemos alcançar um entendimento mais profundo? Temos que encontrar um método de diminuir, de alguma forma, a reatividade e abrir nossos corações para ver o direito humano à nossa frente e acessar nossa compaixão e intenção de compreender seus medos, dores e preocupações mais profundos. Nós nos lembramos de valorizar o aspecto humano, mesmo não concordando com a visão deles. Não há "vitória", nem "solução" dos problemas planetários sem incluir todos no diálogo.

Catalisador de mudanças

Christiana Figueres, a arquiteta do histórico Acordo Climático de Paris de 2015, mostrou que é possível colocar esses ensinamentos em prática e transformar até mesmo as situações mais graves. Christiana é aluna de Thay e leva os ensinamentos do interser, da escuta profunda e reflexão pessoal ao cerne do trabalho dela. Contradizendo todas as probabilidades, seus esforços em Paris foram bem-sucedidos e 195 países se uniram para adotar o acordo. Ela diz que os ensinamentos de Thay a ajudaram a "manter uma calma imensa em momentos de crise total nas negociações". Sem eles, Christiana diz que simplesmente não teria tido "a força interior, a profundidade do otimismo, a profundidade do compromisso, a profundidade da inspiração" para realizá-los.

Quando vi Christiana pessoalmente pela primeira vez, ela estava dançando de alegria com uma túnica de bispo roxa, em um palco de uma igreja em Paris, na véspera da conferência. Líderes de diversas tradições religiosas estiveram reunidos em oração e petição para ressaltar de modo imperativo os valores norteadores de uma ação coletiva global pela justiça climática. Tínhamos sido convidados a conduzir uma meditação. Até ali, ninguém sabia se a conferência ia ter sucesso. Mas sabíamos que os líderes mundiais estavam aterrissando naquela tarde e talvez, quem sabe?, um milagre pudesse acontecer.

Foi enquanto Christiana dançava, que andei lentamente até o corredor lateral lotado, eu de manto comprido e cabeça raspada, passei os guardas da segurança, para esperá-la. Dezoito meses antes, Thay tinha me pedido para cuidar dela oferecendo o seu apoio, incentivo e amor. Ele havia sofrido um derrame recentemente e não podia estar presente, então uma delegação com uma dúzia de nós, monges, tinha ido representá-lo. Quando Christiana saiu do palco, juntei as palmas em saudação e abri meus braços para abraçá-la. "Este é um abraço de Thay e de todos nós. Estamos aqui para apoiar você". Eu não sei dizer quanto tempo o abraço durou, na luta corpo a corpo entre dançarinos e imprensa, com os guardas de segurança tentando escoltá-la até o aeroporto, mas sei que havia lágrimas e respirações profundas e conscientes estendendo-se pelo tempo e espaço. Quando há um trabalho difícil a ser feito, precisamos de toda força espiritual que podemos conseguir.

Christiana se autodenomina de uma otimista, sensata e teimosa. Para ela, otimismo não quer dizer antecipar determinado resultado, mas escolher *o tipo de energia com a qual entramos no desafio da crise climática*. Não diz respeito ao resultado, mas enquanto energia, o otimismo por si só mudará o resultado. Há uma profunda interligação entre os fins e os meios.

Christiana explica: "Você se engaja com otimismo, pois sabe que nós *temos* que fazer isso. É uma oportunidade sagrada que *todos* nós estamos tendo agora: estar vivo e ser adulto neste momento em que a história e a humanidade estão atravessando uma transformação inacreditável". Enquanto administrava o acordo de Paris, Christiana aprendeu que "se você não controlar o complexo panorama de um desafio (que raramente você faz), a coisa mais poderosa que pode fazer é mudar como você se comporta nesse panorama, usando a si mesmo como um catalisador da mudança geral".

Christiana descreve a prática de escutar de forma profunda e sincera como uma das habilidades mais subestimadas, apesar de transformadoras, que ela levou ao seu compromisso com o clima: "Você não pode chegar às soluções sem compreender o problema. Soluções eficazes só serão alcançadas se nós honrarmos e respeitarmos as diferenças de todos; se escolhemos compreender as necessidades e sofrimentos daqueles que estão do outro lado da mesa em relação a nós". Ela diz:

> Devo dizer que havia muitas habilidades difíceis nas quais estávamos engajados, a caminho de Paris, e pa-

ra mim a mais poderosa "habilidade suave" era a escuta profunda. Nós viajamos para quase todos os países do mundo [para falar com os líderes e negociadores do clima, principalmente] com perguntas – não para dizer a eles o que pensávamos que deveriam fazer, mas para, através da escuta profunda, entender de onde eles vinham. Isto simplesmente abriu um espaço em comum, que inexiste se você não estiver ouvindo.

Para mim, foi uma das experiências de crescimento pessoal mais poderosas, pois estamos tão acostumados a pensar que a experiência de uma outra pessoa é uma experiência só daquela pessoa. Mas se realmente nos envolvermos na escuta de modo profundo, rapidamente compreendemos que somos, fundamentalmente, todos humanos e que os pensamentos, as emoções, o medo, a ansiedade, a tristeza profunda que o outro sente também está em algum lugar dentro de nós. Talvez com uma camada de cor diferente, talvez em um idioma diferente, talvez em um espaço geográfico diferente, mas o sentimento existe, porque é um sentimento humano. Então, quando alguém estiver compartilhando sua dor, se tivermos a intenção de sentir onde essa dor está em nós, e começar a entrar em contato com ela e curá-la em nós mesmos, isso dá a experiência que estamos tendo com a outra pessoa uma qualidade completamente diferente, pois você encontra vulnerabilidade com vulnerabilidade; vocês seguram um na mão do outro com suas vulnerabilidades mútuas. E logo que tiver feito isso com outro ser humano, a qualidade dessa relação se move a um nível completamente diferente, e a partir de então você pode ter discussões técnicas sobre megatons ou o que quer que seja; mas com a raiz profunda presente.

Christiana também descobriu que o ensinamento de Thay sobre transcender as noções de "vítima" e "perpetrador" tiveram um efeito poderoso ajudando a desfazer dificuldades nas negociações. Em sua própria vida, Christiana entendeu que, como para muitos de nós, ela estava se vendo como vítima de várias formas – no caso dela, durante a infância e casamento difíceis. Ao refletir sobre isso em sua prática espiritual, Christiana percebeu que, "se estou me rotulando uma vítima, estou imediatamente rotulando o outro de criminoso". E muito rapidamente aquele criminoso se volta para você e lhe chama de criminoso, e, antes que você veja, "você se envolve nesse vaivém de vítima-criminoso e todo mundo passa a ser vítima e criminoso". Nesta dinâmica, "você é uma vítima e um perpetrador em diferentes pontos no tempo, com pessoas diferentes, em situações diferentes". Christiana viu isso acontecendo nas negociações. Os países em desenvolvimento "são objetivamente vítimas da mudança climática, mas eles não têm que permanecer ali. Podemos cair fora da dinâmica vítima-perpetrador". As pessoas foram capazes de honrar a realidade da responsabilidade histórica, e, ao mesmo tempo, adotar "uma visão futura de responsabilidade comum que diz respeito ao futuro do planeta e o futuro de todos os seres humanos no planeta". E, como Christiana começou a cair fora da sua própria dinâmica de vítima e perpetradora, ela começou a ver mudança nas negociações.

A compaixão por todos os lados desempenhou seu papel. Quando perguntaram a ela se poderia invocar amor pelos Irmãos Koch – ricos industriais que lucraram com os combustíveis fósseis e se opuseram às legislações da mudança climática – Christiana ousa dizer:

> Eis a dificuldade: não podemos fazer exceções quanto a isso; não podemos. Apesar de o que eles fazem me deixar com muita raiva, isso não dissipa meu amor espiritual por eles, pois eles também estão neste planeta. Meu desafio é expandir meu arco de amor aos que estão próximos de mim, aqueles que eu amo, aqueles que estão na minha esfera. Mas também estender este arco de amor sobre as pessoas com quem discordo, sobre as pessoas que eu nunca conheci. Eu tive conversas fascinantes com os Irmãos Koch, e há algo de bom, até mesmo neles. No momento em que você se envolve no jogo de culpar e demonizar alguém, seja uma empresa ou um setor, você perdeu seu jogo. No momento em que você começa a fazer isso, você entra em um nível diferente, onde será muito difícil se expressar, porque alguém vai ter que ganhar e alguém vai ter que perder. E esse não é o espaço onde quero trabalhar. Quero trabalhar em um espaço onde todos nós ganhemos.

Christiana afirma que todos nós podemos contribuir para um futuro radicalmente novo, em que todos são ouvidos, todos estão incluídos e todos ganham. Esta é a visão da "amada comunidade" do Dr. King em que até mesmo nossos inimigos podem ser incluídos. Christiana insiste que cada um de nós tem algo a contribuir:

> A situação não diz respeito ao poder "sobre" coisa alguma; diz respeito ao poder "para, ou em prol de" alguma coisa: poder em prol da mudança, poder em prol do bem. Não diz respeito ao privilégio de "ter", mas ao

privilégio de ser: ser um ser humano e o privilégio de estar a serviço da humanidade. Que privilégio melhor todos nós temos? O privilégio que todos nós compartilhamos é o privilégio de estar vivo agora mesmo e ser humano neste momento incrível desta época. Ao mergulharmos em nossa própria vulnerabilidade, nós nos humanizamos, e é aí que nos conectamos e, de repente, podemos descobrir onde o poder realmente está – o poder de mudança e a capacidade de melhorar e trabalhar juntos existem realmente. Encontrando-se e trabalhando juntos e andando de mãos dadas com quem somos, enquanto humanos, andamos muito mais rápido e vamos mais longe.

Levando a cura para casa

Há pais que se sentem derrotados; sentem que a vida os têm tratado injustamente, ou que foram prejudicados na infância. Os corações deles estão cheios de frustração, injustiça e ódio. Como não sabem transformar a violência dessas energias internas, continuam causando sofrimento um ao outro e os filhos deles sofrem. As crianças aguentam a violência, mas não se atrevem a lutar contra. Elas acumulam essa violência e a extravasam sempre que há uma oportunidade. Em inúmeras famílias, a comunicação está bloqueada: ninguém sabe ouvir, a incompreensão se acumula e todos sofrem. Se não soubermos um método de praticar para transformar essas energias dentro de nós, das nossas famílias e da nossa própria geração, vamos destruir nosso futuro.

Nossa prática de ouvir profundamente e falar com amor podem ajudar nosso pai, mãe, irmão, irmã, amigo, amante ou parceiro. Eu tenho muitos amigos jovens que, através da prática da atenção consciente, conseguiram abraçar, curar e transformar suas próprias dificuldades e as dificuldades dos pais deles. Eles me dão muita fé de que ainda há uma saída. Nós temos um caminho e nada a temer. Só precisamos trilhar esse caminho juntos.

Com uma voz calma, sincera e carinhosa, você pode dizer algo assim:

> Meu pai, minha mãe, eu sei que nos últimos anos vocês tiveram muitas dificuldades, muitas dores que não foram capazes de expressar. E eu não fui capaz de ajudá-los. Pelo contrário, piorei as coisas. Vejo isso agora e lamento muito. Prometo que, de agora em diante, vou parar de culpar e provocar vocês. Eu só quero fazer algo para ajudá-los a sofrer menos. Papai, mamãe, por favor, digam-me como foi isso para vocês. Quero entender qual é a dificuldade que está pesando sobre vocês. Eu também tenho coisas que gostaria de compartilhar com vocês. Eu sei que no passado fui imprudente, respondão (ou respondona) e desastrado(a). Por favor, ajudem-me a não cometer os mesmos erros de novo. Há tantas coisas que quero realizar, mas não tive a chance disso. Eu quero fazer a coisa certa, e quero que vocês

> se orgulhem de mim, mas preciso de sua ajuda. Por favor, digam-me o que eu fiz de errado e onde eu não fui habilidoso(a). Prometo-lhes que vou ouvir e não reagir como eu costumava fazer. Por favor, ajudem-me.

Falando desse jeito você é um Bodisatva Avalokiteshvara, pronto para ouvir com compaixão.

Para ter sucesso, você deve investir todo o seu coração nisso. Quando seu pai realmente se sentir capaz de falar, pode ser que ele não use a fala amorosa, pois ele ainda não aprendeu como falar assim. É possível que as palavras dele estejam cheias de amargura, de raiva, de culpa ou acusação, mas mantendo viva a compaixão no seu coração, você se mantém protegido. Não importa o que ele disser, não seja impaciente, nem o interrompa, nem diga que ele está errado. Isso só vai frustrá-lo e fazer com que ele se feche e comece outra briga. Você lembra a si mesmo: "Por ora, eu só escuto. Vou ter tempo depois para informá-lo sobre o que realmente aconteceu para que ele possa corrigir suas percepções distorcidas. Agora é só para ouvir". Se puder manter a compaixão viva em seu coração durante todo o tempo de escuta, você terá tido sucesso.

Se o seu pai ou a sua mãe for relutante para falar, você pode incentivá-los gentilmente dizendo algo assim: "Papai, eu não tinha a mínima ideia de que você estava passando por um momento tão difícil", ou "Mamãe, eu não fazia ideia de que você atravessava tantos desafios".

Graças à prática da escuta profunda, milhares de pais conseguiram se reconciliar com seus filhos. Ter alguém que lhe escuta durante uma hora faz você se sentir muito melhor, como se tivesse acabado de tomar uma boa dose de vitaminas. No futuro, quando as coisas se acalmarem e o momento for apropriado, você pode encontrar maneiras de oferecer mais informações sobre o que aconteceu, para que eles possam corrigir suas percepções equivocadas. É melhor fazer isso lentamente, oferecendo só um pouco de informação de cada vez, para que eles possam recebê-la e ter tempo de refletir sobre o assunto. Se você ficar impaciente e quiser consertar as coisas em uma única sessão, pode ser que eles não consigam lidar com aquilo. A compaixão e a paciência andam juntas.

Palavras que curam

Quando tiver tido êxito ouvindo seus pais, você pode perguntar a eles se estão dispostos a ouvi-lo(a) por algum tempo. Você pode colocar em palavras coisas que nunca teve a chance de falar. Você tem o direito e a responsabilidade de falar sobre coisas guardadas nas profundezas do seu coração, inclusive suas dificuldades, dores ou sonhos. Voltando-se à sua respiração consciente para acolher quaisquer emoções fortes, você conseguirá ter a habilidade de escolher palavras fáceis de serem recebidas. O objetivo é ajudar o outro a corrigir as percepções dele e a reconhecer sua dor, dificuldades, injustiça ou sonhos. E o uso da fala amorosa ajuda a outra pessoa a ser receptiva. Nós falamos sobre nossa dor, nossas dificuldades e nossos sonhos sem culpar, acusar ou condenar, sem amargura ou escárnio. Nós podemos pedir o apoio deles para ouvir sem interromper para que tenhamos a chance de compartilhar tudo o que está em nosso coração.

Tenho fé que você pode fazer isso. Quando estamos sofrendo, é muito mais fácil de dizer palavras que nos prejudicam e prejudicam àqueles com quem nos preocupamos. Mas, com uma fala amorosa e habilidosa, paramos de ferir um ao outro e podemos começar a nos curar. As palavras não custam um tostão, mas podem oferecer esperança, fortalecer nosso amor, restabelecer a comunicação, e nos resgatar das profundezas da tristeza e desespero. Apenas com poucas palavras amáveis e amorosas você pode oferecer felicidade para tanta gente, inclusive você. Eu fiz isso e tive sucesso. E muitos dos meus jovens amigos também tiveram êxito. Não pense que é só quando se tem dinheiro ou poder que consegue ajudar os outros. Você pode ajudá-los agora mesmo, falando com amor.

Você também precisa falar amorosamente com você. Muitos de nós sofremos quando éramos crianças, e essas feridas ainda não sararam. Você pode falar consigo mesmo gentilmente e dizer: "Eu sei que você está aí dentro de mim, minha criancinha ferida. Peço desculpas porque estive tão ocupado e não tive tempo de me voltar para cuidar de você. Agora estou aqui". Respirando com atenção consciente, você acompanha sua criança interior e a ajuda a se curar. Isso é meditação. É muito indispensável. Podemos dizer a elas: "Olha, nós crescemos. Nós não somos mais tão vulneráveis quanto éramos. Podemos nos proteger e nos defender muito bem". Diga ao garotinho, à garotinha no seu interior, "Não tenha medo. Vamos sair e aproveitar o sol, as belas colinas e árvores. Não precisamos nos esconder". Este é o tipo de meditação que podemos fazer para nos curar. Pode ser que ainda haja muito medo e uma tendência para se recolher. Então, volte para casa e fale com o garotinho ou garotinha e os convide a apreciar o momento presente com você. Isso é possível. Com poucos dias de prática como essa, você pode falar com sua criança interna e conseguir a cura de que precisa.

Aprendendo a arte de comunicar – T.D.

É uma arte a habilidade de acolher nossas fortes emoções e raiva, de modo a não causar mais prejuízos com a nossa fala. É possível nos treinar para transformar a energia da raiva ou da fúria em uma compaixão furiosa e amorosa capaz de apoiar nossa ação e não nos deixar exauridos. Nem sempre é fácil. Às vezes, pode ser que tenhamos que nos esvaziar da raiva, praticando *cooper*, gritando para os céus ou caindo no chão aos prantos. Tudo isso é bom. Vivemos em tempos difíceis, mas, com uma prática espiritual e apoio coletivo, encontraremos um caminho amoroso para transpô-los. Podemos nos confortar com o fato de Thay ter escrito um livro inteiro sobre a raiva, que é um sentimento que ele está intimamente familiarizado. Em sua própria vida, Thay demonstra que é possível transformar e redirecionar a energia da raiva em ação perspicaz e amorosa.

Como vimos neste capítulo, a comunicação profunda e compassiva não diz respeito a negociar necessidades ou defender certa posição. Com a visão radical da meditação, percebemos que somos impermanentes e que nossas visões e posicionamentos também são, e sabemos que a *verdade* de nossa interligação com os outros é profunda. É importante estar aberto e interessado, quando começamos a dialogar, e prontos para abandonar e mudar nossa visão. Não podemos traçar uma linha dura entre nós e os outros, ou entre a nossa própria transformação e a transformação da situação. É por isso que a verdadeira comunicação é possível, mesmo naquelas situações que aparentam ser as mais elusivas.

Então, aqui está o breve texto do treinamento da atenção consciente sobre a escuta compassiva e fala amorosa. Pode ser que você prefira lê-lo devagar, refletindo sobre as formas pelas quais este treinamento pode ser desafiador ou inspirador em sua jornada rumo a um diálogo corajoso e compassivo.

O treinamento da atenção consciente para falar com amor e ouvir com compaixão

Ciente do sofrimento causado pela fala descuidada e incapacidade de ouvir os outros, estou comprometido(a) a cultivar a fala amorosa e escuta compassiva para aliviar o sofrimento e promover a reconciliação e a paz em mim e em outras pessoas, grupos étnicos e religiosos e nações. Sabendo que palavras podem criar felicidade ou sofrimento, estou comprometido(a) a falar de um modo sincero usando palavras que inspirem confiança, alegria e esperança. Quando a raiva estiver se manifestando em mim, estou decidido(a) a não falar. Praticarei a atenção consciente da minha respiração e passos para reconhecer e examinar profundamente minha raiva. Eu sei que as raízes da raiva podem ser encontradas em minhas percepções equivocadas e incompreensão do sofrimento que existe em mim e na outra pessoa. Vou falar e ouvir de um jeito que possa me ajudar e ajudar a outra pessoa a transformar o sofrimento encontrar uma saída das situações difíceis. Estou determinado(a) a não espalhar notícias que eu não tenha certeza de que são verídicas e a não proferir palavras que possam causar divisão ou discórdia. Praticarei a Diligência Correta a fim de nutrir minha capacidade de compreender, amar, ser alegre e inclusivo(a) e gradualmente transformar a raiva, violência e medo que repousam nas profundezas da minha consciência.

AMOR VERDADEIRO: É REAL ESTE AMOR?

O amor é um combustível

Com a mente de amor, temos um coração aceso e a vitalidade e força para fazer o que quisermos. A mente de amor é a energia de um bodisatva comprometido em se tornar um instrumento de paz, compaixão e bem-estar no mundo. A mente de amor pode nutrir e curar. A mente de amor pode nos ajudar a proteger o meio ambiente e o planeta. A mente de amor segue junto ao despertar, à iluminação. Compreensão é o próprio fundamento do amor; é outra palavra para amor, pois quando compreendemos já começamos a amar. Há uma conexão muito profunda entre a mente e o coração.

Em Plum Village, temos uma definição muito simples do amor. Nós dizemos que amar significa estar presente: estar presente, antes de tudo, para si mesmo e para as maravilhas da vida e da Terra ao seu redor. E desde que você esteja realmente presente, pode oferecer essa presença àqueles que você ama. Se você não estiver presente, como poderia amar? Se puder estar realmente presente, isso já é zen. Meditação significa estar verdadeiramente presente, olhar em profundidade e reconhecer as pessoas e as maravilhas ao nosso redor. E ao reconhecermos a presença do outro, ela ou ele fica feliz e nós também ficamos felizes. Às vezes, quando estou andando em meditação em uma noite de lua cheia, eu olho a lua no alto e sorrio, e gosto de dizer à lua: "Obrigado, lua, por estares aí. Obrigado estrelas, por estarem aí". Eu reconheço a presença delas.

Se vermos com olhos não duais, podemos estabelecer um relacionamento muito íntimo entre o nosso coração e o coração da Terra. Quando podemos ver que a nossa bela Terra não é uma matéria inerte, mas um ser vivo, imediatamente algo brota em nós: algum tipo de conexão, um tipo de amor. Nós admiramos, nós amamos a Terra e queremos estar conectados. É este o significado de amor: *ser um com*. E quando você ama alguém, você quer dizer: *"Eu preciso de você; tomo refúgio em você"*. É um tipo de oração; no entanto, não é superstição. Você ama a Terra e a Terra lhe ama. Você confia seu amor à Terra e sabe que ela nunca vai lhe trair. Você faria qualquer coisa para o bem-estar da Terra e ela faria qualquer coisa para o seu bem-estar. E essa conexão começa com atenção consciente. Você compreende que está aqui como um *filho* ou *filha* da Terra e a carrega dentro de si. A Mãe Terra não está *fora* de você; ela está *dentro*. A Mãe Terra não é o seu meio ambiente; você faz *parte* dela. E esse tipo de discernimento da interligação e indiscriminação ajuda você a estar verdadeiramente em comunhão com a Terra.

Mas alguns de nós se sentem aborrecidos com a Terra e acham difícil amá-la. Podemos nos ressentir, culpar ou repreender a Terra por estar nos trazendo uma vida de tanto sofrimento. Podemos desejar nunca ter nascido ou desejar nascer em outro lugar. Mas, com olhar profundo, é possível superar todo sofrimento e ressentimento e ver a verdadeira natureza da Terra e de nós mesmos.

No ventre da Terra

A Terra existe dentro de nós e nós já estamos na Terra. Não precisamos esperar até morrermos para retornar à Terra. Precisamos aprender a nos refugiar na Mãe Terra, pois essa é a melhor maneira de nos curarmos e nos nutrirmos. Podemos fazer isso se soubermos deixar a Terra *ser*, dentro de nós e ao nosso redor – só estando consciente de que *somos a Terra*. E não temos muito o que fazer. De fato, não temos que fazer absolutamente nada. É como quando estávamos no ventre de nossa mãe. Não tínhamos que respirar, não tínhamos que comer, porque nossa mãe respirava e comia por nós. Não tínhamos com o que nos preocupar.

Você pode fazer o mesmo agora quando sentar-se. Deixe a Mãe Terra sentar-se por você. Quando respirar, deixe a Terra respirar por você; quando andar, deixe a Terra andar por você. Não se esforce. Deixe a Terra fazer isso. Ela sabe como fazê-lo. Não tente fazer coisa alguma. Não tente lutar para permanecer sentado. Não tente inspirar e expirar. Nem mesmo tente ser pacífico. Deixe a Terra fazer tudo por você. Deixe o ar entrar nos seus pulmões e fluir para fora deles. Não precisamos dispender esforço algum ao inspirar ou expirar. Simplesmente deixe a natureza, deixe a Terra inspirar e expirar por você. Nós simplesmente ficamos ali sentados, apreciando a inspiração e a expiração. Há respiração, mas inexiste um "você" inspirando ou expirando. Não precisamos de um "você" ou de um "eu" para inspirar e expirar. A inspiração e a expiração acontecem por si sós. Experimente!

Permita-se estar sentado(a). Permita-se ser você. Não faça coisa alguma. Simplesmente deixe que o estar sentado aconteça. Não se esforce quando estiver sentado. Assim o relaxamento virá. E sabe de uma coisa? Quando há relaxamento, a cura começa a acontecer. Não há cura sem relaxamento. E relaxar significa fazer nada, tentar nada. Então, enquanto o inspirar acontece – não é "você" quem está inspirando –, você apenas aprecia a respiração e diz silenciosamente para si mesmo(a) "a cura está acontecendo", e quando o expirar acontece, você diz "a cura está acontecendo". Deixe seu corpo se curar, se renovar, se nutrir. Isso é o que chamamos no Zen "praticar a prática-nenhuma".

Se soubermos praticar a prática-nenhuma, nós não temos que nos esforçar ou lutar. Simplesmente permitimos que nosso corpo se cure. Permitimos que nossa mente se cure. Não tente coisa alguma. Permita-se relaxar, para soltar toda a tensão que estiver no seu corpo e todas as preocupações e medos que estiverem em sua mente. Permita-se ser sustentado pela Terra quando estiver sentado, caminhando, deitado ou em pé. Dê permissão à Terra e ao sol de o envolverem para que sua cura aconteça. Sente-se de um modo que você não precisa tentar se sentar. Você apenas desfruta profundamente o estar sentado em meditação, com nada para fazer, nenhum lugar para ir. Se você passar meia hora sentado(a) assim, você tem meia hora de cura. Ou, se você passar uma hora assim, você tem uma hora de cura. Ou, se você passar um dia, esse será um dia inteiro de cura. É possível. Torne seu dia agradável, torne-o saudável e nutridor. Não tente, não se esforce para fazer algo. Simplesmente permita-se tomar refúgio na Mãe Terra; ela sabe como fazer isso, e fará isso por você.

Faminto de amor

Todos nós temos fome de paz, fome de compreensão e fome de amor. Podemos estar vagando por aí, procurando alguém que possa nos dar amor, mas ainda não encontramos este alguém. Por mais que queiramos ajudar a sociedade ou o planeta, não podemos fazer coisa alguma se não tivermos sido capazes de satisfazer nossa necessidade básica de amor.

Em um relacionamento, qualquer tipo de relacionamento, seja entre pai e filho, mãe e filha, ou parceiro e parceiro, todos nós desejamos que a outra pessoa possa nos proporcionar essas três coisas: alguma paz interior, alguma compreensão e algum amor. E se a outra pessoa não puder nos proporcionar isso, o relacionamento não atende às nossas necessidades e sofremos. Então, o que devemos fazer? Uma boa pergunta a nos indagar é: Como *eu* posso gerar – como *eu* posso criar – a energia de paz, compreensão e amor?

Talvez a pessoa que amamos esteja sofrendo, e tenha suas próprias dificuldades, como também sonhos e aspirações. Mas se não entendermos isso, não seremos capazes de oferecê-la a segunda coisa: compreensão. Como posso nutrir e alimentar o outro com o tipo certo de amor? Precisamos primeiro entender nossas próprias dificuldades e sofrimentos, para sermos capazes de amar os outros.

Você quer se amar, mas você tem *tempo* para se amar, cuidar do seu corpo e sentimentos? Se você não tem tempo para fazer isso, como poderia ajudar outra pessoa? Como você poderia amar? Tudo o que você faz na sua vida cotidiana pode ser um ato de amor. Após ter trabalhado no computador por uma hora, você é capaz de pausar o trabalho, voltar-se para seu corpo e apreciar sua respiração? Este pode ser um ato poderoso de reconciliação, um ato de amor. Praticar a caminhada meditativa e relaxamento profundo para liberar a tensão no corpo podem ser atos de amor. É possível se reconciliar consigo mesmo(a) de maneira gentil, não violenta. Você diz silenciosamente:

"Querido corpo, estou aqui a seu dispor". Ao se reconciliar com seu corpo, você se reconcilia consigo mesmo(a). A questão é: "Será que estou dispondo de tempo para cuidar de mim, e assim me curar, para poder amar e servir, e assim poder ajudar a sociedade a se curar?"

Se resistimos aceitar nossas ações e energias dos nossos hábitos, acharemos difícil nos amar. Podemos haver um sentimento de ódio ou raiva contra nós mesmos. Se este for o caso, podemos passar um tempo em meditação examinando profundamente nossas ações, para reconhecer as sementes que levaram àqueles sentimentos. A semente pode ter vindo de seus ancestrais. A energia do seu pai, avô, ou bisavô pode ter agido com você; ou talvez tenha sido sua mãe, avó ou bisavó. O importante é lembrar que você se compõe de elementos que não são você. Pode haver sementes de ações que foram plantadas em sua vida, e outras sementes que foram plantadas muito antes. Então você tem que olhar para todas as ações que tem tomado – sejam elas boas, más ou neutras – e vê-las à luz do eu-nenhum.

Às vezes, a energia de um hábito nos impele a fazer ou dizer algo. Não queremos fazer aquilo, mas não conseguimos evitar. Talvez sequer compreendamos que estivéssemos fazendo isso na época. É como se o hábito, a semente, fosse mais forte do que nós. Ao praticar atenção consciente você tem a oportunidade de introduzir o elemento da consciência. É muito interessante. Se você estiver suficientemente interessado(a), será capaz de examinar profundamente, concentrar-se e ver as raízes daquela ação. E se reconhecer que a ação não é benéfica nem para você nem para o mundo, você resolve não mais repeti-la. Dessa maneira estamos realmente praticando para todos os nossos ancestrais e futuras gerações, e não apenas para nós. Estamos praticando para o mundo inteiro.

Amor sem fronteiras

A verdadeira natureza do amor é inclusiva, sem discriminação. Se ainda houver discriminação, este amor ainda não é o verdadeiro. No budismo, falamos de "amor sem fronteiras" – as Quatro Mentes Imensuráveis.

A primeira é *maitrī*, que pode ser traduzida como "bondade amorosa, amizade ou companheirismo". *Maitrī* tem o poder de oferecer felicidade. Se o amor não trouxer felicidade, este não é amor verdadeiro. Portanto, *maitrī* não é somente a *vontade* de oferecer felicidade, mas a *capacidade* de oferecê-lo. Se o amor puder proporcionar felicidade, este amor é verdadeiro. Você precisa observar e ver se há *maitrī* em seu relacionamento. Pode ser que *maitrī* esteja presente, mas ainda um pouco fraca. Se ainda estiver fraca, você precisa ajudá-la a crescer. Amor é algo a ser cultivado.

O segundo elemento do amor verdadeiro é *karuṇā*, compaixão. *Karuṇā* é a capacidade de proporcionar alívio, remover o sofrimento. Temos que olhar para ver se o nosso relacionamento tem *karuṇā* ou não: a capacidade de aliviar e transformar a dor e o sofrimento. Se a nossa amizade, o nosso amor, o nosso relacionamento tiverem *karuṇā*, significa que o amor é verdadeiro. Mas se o nosso amor não alivia nossa dor, mas sim piora, então este não é um verdadeiro amor.

A compaixão tem o poder de curar e compaixão nunca é demais. Alguns psicoterapeutas falam sobre a "fadiga da compaixão". Mas, se há gente se esgotando de compaixão é porque não soube como continuá-la produzindo. A fadiga não resulta de a pessoa ter muita compaixão, mas de ficar sem ela. A compaixão é um tipo de poder, um tipo de energia que precisamos continuar gerando diariamente. Há uma maneira de ajudar os outros que, ao mesmo tempo, nos ajuda e devemos aprendê-la. É exatamente como a árvore do jardim da frente: tudo o que a árvore faz para existir e permanecer uma árvore saudável e viçosa é para o bem do mundo inteiro. Da mesma forma, tudo o que você fizer para manter viva a sua própria compaixão também é bom para o outro.

Gerar uma energia coletiva de compaixão é uma das melhores coisas que podemos oferecer à humanidade e a outras espécies. Devemos aprender como fazer isso. A compaixão se compõe *apenas* de elementos não compassivos; e, portanto, a arte de gerar *compaixão* é fazer uso desses elementos não compassivos, como o medo, a raiva e o desespero. Se soubermos lidar com o sofrimento que temos no mundo, poderemos transformá-lo de volta em compaixão e amor.

O terceiro elemento do amor verdadeiro é *muditā*, alegria. O amor verdadeiro sempre traz alegria, para nós mesmos e para o outro. Se o nosso amor nos faz chorar todo dia, este amor não é verdadeiro. O amor deve proporcionar alegria. Podemos fazer essa pergunta à pessoa amada: "O nosso amor está gerando alegria?" Amar significa *estar presente* para quem você ama. Não precisamos comprar algo para dar alegria à pessoa amada; nós simplesmente precisamos oferecer nossa total presença.

O quarto e último elemento do amor verdadeiro é *upekṣā*, inclusão. Nós deixamos de excluir; nós incluímos todo mundo. Nosso amor beneficia a todos, não somente uma pessoa. Você e a pessoa que você ama são um. Seu sofrimento é o sofrimento dela; a felicidade dela é a sua felicidade. Você não pode dizer: "Esse é um problema seu". Não há felicidade individual; não há sofrimento individual. É este o significado de nenhum-eu.

Um dia, Buda estava segurando uma tigela de água com a mão esquerda e segurando um punhado de sal na mão direita. Ele derramou o sal na água e mexeu. E perguntou aos monges: “Meus queridos amigos, vocês acham que podem beber essa água? Está muito salgada! Mas, se você jogasse a mesma quantidade de sal em um grande rio, não tornaria o rio salgado de forma alguma, e milhares de pessoas poderiam continuar a beber a água do rio”.

Alguém que tem um coração grandioso, um coração vasto, muita compaixão, não sofre mais. As coisas que causam sofrimento aos outros não fazem aquela pessoa sofrer. É como um punhado de sal, que pode deixar salgada a água de uma tigela, mas não pode deixar o rio salgado de forma alguma. Quando sentimos nosso coração pequeno, a prática é cultivar nossa compaixão e inclusão, cuidando primeiro do nosso próprio sofrimento.

Eu gostaria de ajudar Buda e acrescentar mais dois elementos do verdadeiro amor: *confiança* e *reverência*. É claro que esses dois elementos podem ser encontrados dentro dos quatro, mas para torná-los mais óbvios precisamos mencionar seus nomes. Quando você ama alguém, tem que haver confiança, e tem que haver confidência. Amor sem confiança ainda não é amor.

E uma das coisas em que você confia é o fato de ter budeidade, você tem o despertar em você; está convicto de que você contém todo o cosmos; você é feito de estrelas. E por isso você respeita e reverencia a si mesmo. E quando olha para a outra pessoa, vê que ela também é feita de estrelas. Ela é uma manifestação maravilhosa. As pessoas não aparecem por cem anos apenas: elas carregam a eternidade dentro delas.

O amor verdadeiro é algo muito real: podemos reconhecer se ele está ou não presente. Precisamos de tempo e de alguma prática para cultivá-lo. O verdadeiro amor existe *como uma semente* em cada pessoa, mas precisamos regar a semente para ajudá-la a crescer. Quando somos capazes de cultivar todos esses elementos – bondade amorosa, compaixão, alegria, inclusão, confiança e reverência – o amor surgirá em nosso corpo e mente. Ficamos repletos de amor.

Amor é como luz. E exatamente como uma lâmpada, logo que há eletricidade, a luz já irradia. O amor brilha. O amor ilumina sem discriminação. Este é o verdadeiro amor que Buda ensinou: o tipo de amor que não nos deixa continuar a sofrer, o tipo de amor que alivia, nutre e cura. Você começa amando uma pessoa, mas se for amor verdadeiro, vai crescer para incluir cada um e todos os seres, não somente as pessoas, mas todos os animais, plantas e espécies.

Há uma arte em ser companheiro espiritual
que a escola não ensina – T.D.

O Monge Ananda uma vez questionou Buda: "É verdade que ter bons amigos espirituais é quase a metade do caminho espiritual?" Nós sabemos que meditar é importante, sabemos que a ação correta é importante, mas qual a importância de ter bons amigos? 50%? A resposta de Buda foi: "Não, Ananda. Ter bons amigos espirituais não é meio-caminho, é o caminho inteiro". Thay expressa isso da seguinte forma: "Nada é mais importante do que os laços de fraternidade entre irmãos e irmãs". Talvez nossa geração dissesse: "Nada é mais importante do que amor, amizade e solidariedade".

Quando fui a Plum Village pela primeira vez, quando tinha 20 poucos anos, ouvi Thay ensinar sobre o poder da aspiração: a importância de tomar o voto e assumir o compromisso de viver de uma determinada maneira. Nós identificamos nossos ideais, os colocamos diante de nós e, intencionalmente, nos comprometemos a viver por eles. A energia do compromisso nos deixa determinados a transformar os hábitos que estão nos impedindo. E Thay também falou sobre a importância do compromisso nos relacionamentos: como precisamos nos comprometer uns com os outros e investir uns nos outros; não podemos ser somente amigos dos tempos bons. Temos que prometer estar disponível um para o outro nos momentos mais difíceis – isto significa solidariedade genuína, real amizade, amor verdadeiro.

Naquele tempo, eu estava num relacionamento íntimo e não conseguia descobrir como os ensinamentos sobre a impermanência se relacionavam com os ensinamentos sobre o amor: Como você poderia se comprometer a amar alguém se você é impermanente e o outro também é? Com certeza, o próprio compromisso também é impermanente. Durante um retiro de 21 dias, meu parceiro e eu fizemos esta pergunta a Thay: "Como podemos nos comprometer um com o outro, à luz da impermanência?" Thay sorriu, olhou para cada um de nós e perguntou: "Você é a mesma pessoa que foi ontem? A verdade é que você não é a mesma e tampouco é diferente; você não é a mesma pessoa, mas também não é uma pessoa totalmente diferente".

Nós pensamos que conhecemos a pessoa que amamos, mas talvez não devêssemos ter tanta certeza. Cada um de nós é um fluxo em constante mutação. A cada instante o nosso corpo muda, nossos sentimentos mudam e nossas percepções mudam. É assustador. Não queremos necessariamente que nossos entes queridos mudem. Talvez haja duas coisas muito específicas que gostaríamos que eles mudassem, mas de modo geral temos medo da mudança: temos medo de perder a pessoa que amamos ou a pessoa que retribui o nosso amor.

Thay nos ensinou a cultivar o tipo de visão de que tudo *está* mudando, e o desafio é sempre contribuir para que a mudança seja para melhor, não para pior. Ele nos ensinou a ver uns aos outros como um jardim. Pode ser que haja diferentes tipos de plantas, flores e árvores em nosso jardim, e, enquanto jardineiro ou jardineira do jardim um(a) do(a) outro(a), podemos ajudar a criar melhores condições para que haja luz solar, chuva e sombra, conforme necessário. E, enquanto jardineiro(a), a nossa responsabilidade também é cuidar das ervas daninhas e do "adubo composto" do(a) nosso(a) amado(a). É nosso trabalho ajudar o outro a *transformar* seu "lixo orgânico" sem temor, mas fazendo um bom uso dele, aproveitando-o para nutrir o jardim e torná-lo mais bonito. "O amor é orgânico", disse Thay, com um largo sorriso.

Depois de receber essa resposta, aprendemos principalmente a não ter medo do lixo orgânico um do outro e a não tentar escondê-lo. Nós nos tornamos "companheiros da compostagem". Praticando escuta profunda e fala amorosa, nós descobrimos que um ajudando o outro a transformar o lixo de nossos hábitos e falhas poderia ser um empreendimento compartilhado alegre e desordenado. Também aprendemos que até mesmo o compromisso original de um para o outro é orgânico e vivo, e precisa ser nutrido, para então poder crescer, evoluir e continuar a nutrir o relacionamento e nossas aspirações compartilhadas. O próprio compromisso também precisa de alimento, de liberdade e de espaço para crescer.

Lembro-me de como fiquei chocada quando Thay deu uma palestra em House of Lords em Londres, e ele abriu a palestra com um verso sobre o amor. Eu tinha convidado políticos e jornalistas para virem a "uma palestra sobre atenção consciente e ética". Thay corajosamente foi direto ao assunto, ao cerne da questão, dizendo: "Todos nós sabemos que o amor é algo maravilhoso. Quando o amor nasce em nosso coração, sofremos menos imediatamente e começamos a nos curar".

Naquele dia, eu aprendi que, para Thay, o tipo de compaixão que esperamos trazer para nossa ação engajada e serviço não é diferente do amor de nossos relacionamentos íntimos. Compaixão não é uma habilidade profissional. Não é algo que possamos instrumentalizar e dizer a nós mesmos: "Ah, se eu tiver compaixão, será a maneira mais eficaz de conseguir o que desejo". O amor verdadeiro é muito maior do que isso: é uma energia que transforma quem ama e quem é amado. O verdadeiro amor é generoso, tolerante e pronto a perdoar.

Buda disse que se não tivermos paz em nossos relacionamentos jamais poderemos ter paz em nossa almofada. Para nos sentarmos com nós mesmos, em paz, precisamos de uma certa suavidade, aceitação e bondade dirigida ao nosso próprio corpo e mente, que podemos então estender àqueles ao nosso redor e ao nosso planeta. Isto é o "arco do amor" que Christiana Figueres menciona; queremos espalhar esse arco de forma mais ampla. Mas, às vezes, o lugar mais difícil de alcançar é nosso próprio coração, nossa própria solidão e nossa própria autocrítica. Como podemos nos ajudar deixando que a luz e o amor entrem?

Meditando no amor

Na tradição budista, ao meditarmos no amor, primeiro direcionamos o amor para nós mesmos. A prática do amor-próprio recomendada por Buda é simples, eficaz e fácil de ser praticada. Começamos focando nossa atenção no que realmente queremos. Devemos estar *conscientes* do que mais queremos verdadeiramente. Buda propôs que contemplássemos:

> Que eu seja tranquilo(a), feliz e com o corpo e a mente leves.

Como a felicidade poderia ser possível se não estivermos tranquilos e leves física e mentalmente? Se nos sentirmos muito pesados física e mentalmente, se não nos sentirmos em paz, como poderíamos ser felizes? Eu *quero* ser tranquilo. Quero sentir leveza corporal e mental. Se você sabe o que realmente quer, pode oferecer este verso para você mesma(o).

A próxima contemplação é:

> Que eu esteja a salvo e livre de acidentes.

Há tanta violência e tantos acidentes no mundo. Dizemos a nós mesmos: eu quero estar protegido, quero estar a salvo. Se eu estiver ciente de que quero essas coisas, minha prática de atenção consciente pode me ajudar a trazer paz e leveza ao meu corpo e mente. A energia da atenção consciente pode nos proteger.

Depois contemplamos:

> Que eu possa viver livre de raiva.

Quando estou com raiva, não estou feliz. Quero me libertar da raiva. E a prática pode ajudar. Quando a raiva me domina, eu me sinto em chamas. Eu quero estar livre de estados mentais prejudiciais, inclusive da raiva, do desespero, do ciúme, medo e preocupações.

Em seguida, contemplamos:

> Que eu saiba olhar para mim com olhos de compreensão e amor.

Às vezes não conseguimos nos aceitar, nós nos odiamos, ficamos com raiva de nós mesmos. Ficamos insatisfeitos conosco. Não conseguimos nos ver com olhos compassivos. Para ver os outros compassivamente, você precisa ser capaz de primeiro ver você compassivamente e aceitar-se como você está. Nós praticamos não ficar nos culpando, mas sim examinar profundamente as raízes do nosso sofrimento, e todas as causas e condições que nos levaram a sofrer, para que possamos nos aceitar com compaixão. Quando é capaz de se aceitar, você sofre menos imediatamente. Nós estamos aprendendo a nos amar e a cuidar de nós mesmos.

O próximo passo é contemplar:

> Que eu seja capaz de reconhecer e tocar as sementes de alegria e felicidade em mim.

Há sementes de felicidade e alegria em nós que, quando regadas, dão origem à energia da alegria e da felicidade. A contemplação aqui é reconhecer essas sementes. Esta é uma maneira de nos amarmos. Nossos amigos podem nos ajudar a tocar e regar as sementes de felicidade e alegria em nós, mas nós podemos fazer isso sozinhos também. Reconhecemos diligentemente essas sementes positivas e sabemos respirar e andar de um modo que as ajudam a se manifestar.

Em seguida, contemplamos:

> Que eu aprenda a me nutrir de alegria, todo dia.
>
> Que eu seja capaz de viver revigorado(a), inabalável e livre.

Todos nós precisamos de alegria. Todos nós precisamos de felicidade. Nós queremos ter solidez. Sabemos que a solidez é a base da felicidade. Se estivermos demasiadamente instáveis ou frágeis, a felicidade será impossível. Por isso, decidimos cultivar vigor, solidez e liberdade. Há muitas meditações que nos ajudam a cultivar nossa solidez, liberdade e vigor.

Em seguida, contemplamos:

> Que eu não caia em um estado de indiferença.

Não queremos ser alguém que não se importa e que é indiferente. Queremos cuidar do nosso próprio bem-estar e do bem-estar dos outros. Embora não queiramos ser indiferentes, também não queremos estar aprisionados em nenhum dos dois extremos de apego e aversão. Quando estamos emprisionados em uma paixão, um desejo ou vício, nós sofremos. E quando temos raiva de algo, sofremos. Tanto o desejo quanto a aversão roubam nossa liberdade e felicidade.

Então esta meditação é para contemplarmos aquelas coisas que realmente queremos para nós mesmos. E Buda nos ensina que podemos oferecê-las a nós mesmos imediatamente. Este é o primeiro passo desta meditação no amor:

Que eu viva tranquilo(a), feliz e com o corpo e a mente leves.

Que eu esteja a salvo e livre de acidentes.

Que eu possa viver liberto de raiva, estados mentais nocivos, medos e preocupações.

Que eu saiba olhar pra mim com os olhos de compreensão e compaixão.

Que eu possa reconhecer e tocar as sementes de alegria e felicidade em mim.

Que eu possa aprender a me nutrir de alegria todo dia.

Que eu possa ser capaz de viver revigorado(a), inabalável e livre.

Que eu não caia em um estado de indiferença ou fique aprisionado

nos extremos de apego e aversão.

No início, nós treinamos para oferecer amor a nós mesmos. E, depois de alguns dias de prática, damos o próximo passo e praticamos o amor por outra pessoa. Você já ofereceu amor para você e agora pode oferecer amor a eles. Nós contemplamos:

Que eles vivam tranquilos(as), felizes e com o corpo e a mente leves.

Que eles vivam protegidos e livres de acidentes.

Que eles possam viver libertos de raiva, de estados mentais nocivos,

medos e preocupações.

Que eles saibam olhar pra eles mesmos com os olhos de compreensão e compaixão.

Você dá origem ao desejo de ajudá-los a fazer isso. Então este é o segundo passo da prática: amor dirigido a outra pessoa. E o terceiro passo é enviar nosso amor para todo mundo, para todos os seres, não somente a uma ou duas pessoas. O amor verdadeiro não tem fronteiras; é uma mente ilimitada. Você se abre para incluir todos:

> Que todos vivam tranquilos(as), felizes e com o corpo e a mente leves.
>
> Que todos vivam protegidos e livres de acidentes.

Mantenha sua solidão aquecida

Você sente solidão por não ter visto conexão entre você e outros seres. Você não viu a conexão entre você e o ar, o sol, a água, as pessoas, os animais, as plantas e os minerais. Você sente-se solitário por acreditar que existe um eu separado. A visão do interser pode ajudar a resolver o problema da solidão.

Tudo está aí para você. Essa é a verdade. A luz solar está ao seu dispor. Sem luz solar não há vida na Terra, e você não poderia estar aqui. Então, você tem que ver a conexão profunda entre você e o sol. Você é feito de raios solares. O sol está solitário? A água, o ar, a Mãe Terra, as estrelas, a lua – todos estão ao seu dispor. Você pode treinar-se para respirar, andar e sentar-se de tal forma que consiga se conectar com as estrelas, as árvores, o ar, a luz solar.

A vida é uma maravilha, e seu corpo e sentimentos também são maravilhas. E, sabendo se conectar com todas essas coisas, você não estará sozinho. O sol tem o poder de amar. E nós, seres humanos, também temos o poder de amar. Se o sol nos ama, devemos então ser capazes de retribuir amor ao sol. Se as árvores nos amam, devemos então aprender e nos tornar capazes de retribuir amor às árvores. Se soubermos amar, deixaremos de nos sentir solitários.

Sentir tristeza, solidão, não é uma coisa ruim. Todos nós sentimos tristeza e solidão de vez em quando, e podemos aprender a nos voltar interiormente para acolher nossa solidão. É uma prática maravilhosa. Às vezes você pode se sentir muito confortável acolhendo e aquecendo sua solidão. Você não tem que repeli-la. Sua solidão está presente e você a aceita. Você inspira e expira para estar verdadeiramente presente e a acolhe. Às vezes queremos ficar sozinhos e abraçar nossa solidão. Sentimos que podemos estar presentes para nós mesmos, e não precisamos de ninguém para nos ajudar. Somos capazes de cuidar de nós mesmos.

O ensinamento sobre o amor verdadeiro é muito claro. Amar significa estar presente e ouvir profundamente para entender o sofrimento e a solidão da outra pessoa. Quando sentimos que há *uma* pessoa que pode nos entender, nossa solidão desaparece. Você tem sorte se houver alguém que possa realmente entender você, seu sofrimento, dificuldades e solidão. Você está recebendo uma dádiva daquela pessoa, e essa dádiva é o poder da compreensão. E você tem que retribuir a mesma dádiva, podendo perguntar: "Será que eu entendo você o suficiente? Por favor, ajude-me a lhe entender". Amor é uma dádiva que pode fazer com que a outra pessoa deixe de se sentir solitária.

Os três tipos de intimidade

Se você se sente solitário e isolado, se sofre e precisa de cura, não espere poder curar e consolar a solidão tendo relações sexuais. Isso só vai criar mais sofrimento tanto para você como para a outra pessoa. Primeiro, você precisa aprender a se curar, sentir-se confortável dentro de si e cultivar um verdadeiro lar interno. Com esse verdadeiro lar, você terá algo para oferecer ao outro. E a outra pessoa precisa fazer o mesmo: curar-se, para quando se sentir melhor e à vontade poder compartilhar esse lar interno com você. Caso contrário, tudo o que vocês terão para compartilhar é solidão e mal-estar, que não ajudam na cura de forma nenhuma.

Existem três tipos de intimidade. A primeira é a físico-sexual, a segunda é emocional e a terceira é espiritual. A intimidade sexual não deve ser separada da intimidade emocional; as duas devem andar juntas. E, se houver intimidade espiritual, a intimidade físico-sexual será significativa, saudável e revigorante. Caso contrário, só será destrutiva. Todos nós estamos buscando intimidade emocional: queremos estar em harmonia, ter uma verdadeira comunicação, compreensão mútua e comunhão.

Aceitar seu corpo é uma prática muito importante. Você já é bonito(a) como você é; você não precisa ser outra pessoa. Quando você aceita seu corpo e faz as pazes com ele, você tem a chance de ver seu corpo como sua casa. Você tem paz, você tem calor e alegria. É maravilhoso construir um verdadeiro lar internamente.

O prazer carnal e o desejo sexual não são amor; mesmo assim, a nossa sociedade está organizada de um jeito que faz com que os prazeres sensuais sejam a coisa mais importante. As empresas usam o desejo ardente para vender produtos e lucrar. Mas o anseio sexual pode destruir o corpo e a mente. O que nós todos precisamos é de mais compreensão: compreensão mútua, confiança, amor, intimidade emocional e intimidade espiritual. A intimidade sexual pode ser uma coisa linda – desde que a atenção consciente, a concentração, o discernimento, a compreensão mútua e o amor estiverem presentes. Quando há comunhão e compreensão mútua nos níveis emocional e espiritual a intimidade físico-sexual pode se tornar sagrada.

Amor é algo muito íntimo. Há zonas muito profundas em nosso espírito. Existem lugares sagrados em nosso ser. Existem coisas que nós não queremos compartilhar com qualquer um, coisas que queremos manter em sigilo para nós mesmos – sentimentos muito, muito profundos mesmo, recordações sagradas. Queremos guardar essas coisas no íntimo. Só quando encontramos alguém com capacidade de nos compreender profundamente é que nos sentimos capazes de abrir o nosso coração. Nós convidamos a outra pessoa a entrar e visitar essas zonas sagradas. É uma comunhão, uma comunicação muito profunda. E isso só pode acontecer com amor verdadeiro. Permitimos que o amor entre em nosso mundo, e estamos prontos para compartilhar com o outro tudo o que consideramos sagrado. Reservamos nosso consentimento só para pessoas que nos compreendem.

Não devemos pensar que o corpo é uma coisa e que a mente é outra coisa completamente diferente. Mente e corpo intersão. Você não pode retirar a mente do corpo ou o corpo da mente. Até a medicina moderna está começando a operar baseada nesta sabedoria. Quando há, entre duas pessoas, comunhão profunda, comunicação profunda, compreensão profunda, a união dos dois corpos só aumentará essa comunhão. Há consciência de que a outra pessoa é muito preciosa, não só enquanto corpo, mas enquanto mente também. E você tem muito respeito por ela ou ele, tanto pela sua mente quanto pelo seu corpo, e o corpo não é um objeto de prazer. O amor verdadeiro deve sempre incluir um senso de reverência e respeito.

Quando, em um relacionamento, o outro é incapaz de ouvir e entendê-lo, você sabe então que aquela pessoa o fará sofrer no futuro. Isso é muito claro e muito simples. Se, ao conversar com ela ou ele, você descobre que aquela pessoa é incapaz de lhe ouvir, e sempre o interrompe, tentando somente enfatizar o próprio argumento, ele ou ela não está interessado(a) em compreender o seu sofrimento e dificuldades. Por conseguinte, você sabe que essa pessoa é incapaz de lhe entender ou de lhe proporcionar felicidade no futuro. Mesmo sendo atraente, tendo *status*, mas se ele ou ela for incapaz de ouvir e de entender você, esta é a pessoa errada. E só vai lhe proporcionar dificuldades.

Isso é muito fácil de ser detectado. Você só precisa de quinze minutos para descobrir se o outro tem a capacidade de ouvir e compreender você. E você deve se questionar com as mesmas perguntas: Será que sou capaz de ouvi-lo(a)? Será que estou interessado(a) em compreender o sofrimento dele ou dela? Se você vir que tem aquele desejo de compreender o sofrimento do outro e deseja ajudá-lo(a) a sofrer menos, então você sabe que pode continuar no relacionamento, pois está equipado com essa boa intenção.

É muito concreto. Em um relacionamento, nós já podemos saber se no futuro vamos ser felizes ou sofrer muito, apenas refletindo sobre *nossa própria* capacidade e intenção de ouvir e compreender, e a capacidade e intenção da outra pessoa de ouvir e entender. Isso é muito importante, é fundamental.

O desentendimento é um problema cotidiano generalizado. Não é só a outra pessoa que nos entende mal, nós também não entendemos bem a nós mesmos. Não sabemos quem somos, então como podemos esperar que o outro saiba? Se não tivermos tempo para nos observar, não vamos compreender quem somos, e não seremos capazes de ver nossos pontos fortes e fracos, e vamos ter uma percepção distorcida de nós mesmos. Entretanto, nós queremos que a outra pessoa tenha uma percepção boa e correta de nós! Isto é difícil. Podemos dizer: "Eu sei que ainda não me compreendo completamente, então, se você viu algo, por favor me diga. Por favor, ajude-me a me entender melhor, para que assim eu também possa compreender melhor você". Essa é uma atitude de abertura. Com compreensão mútua e boa comunicação, a felicidade é possível, e o relacionamento pode ser duradouro.

É muito importante descobrir os desejos e aspirações mais profundos do nosso parceiro ou da nossa parceira. Se você não compreende o desejo e a motivação mais profundos dele ou dela; se você não se sente capaz de apoiá-lo(la) na realização dessa intenção, não será capaz de ser um verdadeiro amigo. Por outro lado, você precisa contar a ele ou ela sobre sua motivação mais profunda de realizar algo belo e significativo na sua vida, para ver se ele(a) está pronto a apoiar você.

Deve haver uma harmonia perfeita entre a forma como você vive e a forma como você ama. Você precisa ser capaz de falar com o outro sobre como você ganha o seu sustento, os seus aborrecimentos e suas preocupações com relação à sociedade ou ao planeta. Esse é um dever seu, se você for um(a) verdadeiro(a) amante. Não basta você levar para casa seu salário mensal apenas; é preciso que leve também para casa a felicidade e a paz, e um ajudar o outro a cultivá-las. Por isso deve haver um diálogo contínuo para que o amor de vocês cresça.

Aprendendo a arte do amor verdadeiro – T.D.

Ver um mestre Zen falando sobre intimidade é algo incomum, mas Thay fala sobre o assunto porque muita gente pede. No mosteiro, parte do nosso treinamento monástico é aprender a permanecer criativo e saudável enquanto equilibramos três tipos distintos de energia: a sexual, a da respiração e a do espírito. Há muito a ser descoberto e compreendido sobre corpo e mente.

Uma das mais notáveis contribuições de Thay para a tradição da meditação é a ênfase que ele dá na importância de nutrir nossa força vital e vitalidade – trazendo um "calor primaveril" à nossa prática. A meditação e a atenção consciente não têm o objetivo de nos tornar como madeira morta. A prática existe para nos ajudar a nos sentirmos mais vivos e nos auxilia a fazer bom uso da energia da nossa vitalidade e amor enquanto uma força benéfica no mundo.

Todo verão, em Plum Village, hospedamos o retiro do viver consciente, com duração de uma semana, destinado a centenas de jovens do mundo todo. Meditamos juntos e treinamos a respiração consciente e o relaxamento. Saímos em caminhadas, criamos música, gostamos de fazer fogueiras e de trabalhar juntos em nossa fazenda orgânica. Uma das sessões mais poderosas é quando criamos espaços seguros para conversarmos em grupos menores sobre as experiências de intimidade sexual e pressões e vulnerabilidades que todos nós sentimos nas relações sexuais. As discussões frequentemente ficam pegando fogo. Tem os que insistem que o sexo pode e deve ser separado do amor, e outros que dão testemunho da dor emocional dos momentos em que seus corpos foram explorados para o prazer. Tem gente que não consegue imaginar uma vida saudável sem pornografia, e outros cujos relacionamentos foram destruídos pelo pornô. Isso é só uma questão de comunicação e consentimento, ou é algo mais? Cada um tem um diferente ponto de vista, perspectiva e experiência vivida, e é importante honrar isso. Também é importante ser corajoso o suficiente para reconhecer quando fomos feridos e quando outros também tenham sido. Ouvir e contemplar profundamente podem nos ajudar a desenvolver as qualidades da presença e comunicação de que precisamos para navegar em um relacionamento saudável com os nossos próprios corações, corpos e entes queridos.

Eis o texto do treinamento da atenção consciente sobre o amor verdadeiro. Mesmo que você ache as palavras desafiadoras, elas são um convite para reflexão sobre pontos de dor em nosso amor e relacionamentos, e criar condições de cura e satisfação. Igualmente aos outros quatro, dos Cinco Treinamentos de Atenção Consciente, este quinto treinamento não pretende ser uma regra rígida, mas uma contemplação que nos ajude a contemplar profundamente e a crescer.

O treinamento da atenção consciente sobre o amor verdadeiro

Ciente do sofrimento causado pela má conduta sexual, comprometo-me a cultivar responsabilidade e aprender formas de proteger a segurança e a integridade dos indivíduos, casais, famílias e sociedade. Sabendo que o desejo sexual não é amor e que a atividade sexual motivada pelo desejo ardente sempre prejudica a mim e aos outros, estou decidida a não ter relações sexuais sem um amor verdadeiro e um compromisso profundo e duradouro levado ao conhecimento dos meus familiares e amigos. Farei tudo o que puder para proteger crianças de abuso sexual e impedir que casais e famílias se separem devido à má conduta sexual. Vendo que corpo e mente são um, comprometo-me a aprender formas apropriadas de cuidar da minha energia sexual e cultivar a bondade amorosa, compaixão, alegria e inclusão – que são os quatro elementos básicos do amor verdadeiro – para uma felicidade maior minha e dos outros. Praticando o amor verdadeiro nós sabemos que continuaremos lindamente no futuro.

Estrela do Norte

Considerados em conjunto, os Cinco Treinamentos de Atenção Consciente são uma contribuição budista para uma nova ética global. Eles mostram um caminho de fazer com que o despertar coletivo aconteça, para que possamos viver juntos e agir juntos de uma maneira capaz de salvar o planeta e possibilitar um futuro às gerações que estão por vir. Precisamos urgentemente de aprender como mudar nosso estilo de vida para haver mais atenção consciente, mais paz e mais amor, e cada um de nós poder realizar este despertar agora, hoje.

Se você estiver inspirado a ser um bodisatva do nosso tempo, protegendo e salvaguardando o que é belo, com estes cinco treinamentos no seu coração você terá energia e discernimento de que precisa para trilhar o caminho da ação de um bodisatva. Qualquer que seja a sua origem cultural – e quaisquer que sejam suas raízes espirituais –, estes treinamentos podem servir como fundamentos da sua vida e representar o seu ideal de servir. A natureza deles é não sectária e universal.

Os Cinco Treinamentos de Atenção Consciente constituem práticas de amor verdadeiro. Queremos que nosso coração continue a crescer para poder acolher não somente uma pessoa, mas o mundo inteiro. É este o amor de uma pessoa desperta: o amor sem limites. E este amor é possível. Se você seguir o caminho do amor verdadeiro, muito em breve poderá incluir muitos outros e realizar uma grande aspiração.

Eu aprendi que minha casa e meu país são o Planeta Terra inteiro. Eu não limito meu amor a uma pequeníssima porção de terra na Ásia: o Vietnã. E experimentei muitas transformações e cura devido a essa visão. Pode ser que o seu amor ainda seja pequeno demais. Você precisa ampliar seu coração e permitir que seu amor envolva todo o planeta. Esse é o amor dos budas e bodisatvas e dos grandes seres humanos como Mahatma Gandhi, Martin Luther King Jr. e Madre Teresa.

Você não precisa ser perfeito. O importante é que tenha um caminho a seguir, um caminho de amor. Se nós nos perdermos numa floresta, e não tivermos bússola à noite, podemos olhar para a estrela do Norte e seguir na direção norte e sair. Seu propósito é sair da floresta, não é o de chegar na estrela do Norte. Então, ter um caminho, uma direção a seguir, é o que mais precisamos; e assim não temos mais o que temer.

Para abrir caminho para geração seguinte, devemos seguir um novo caminho de solidariedade e compaixão, de amizade e fraternidade. Temos que nos unir para fazer isso. Temos que sustentar a situação com as próprias mãos. E não espere pelo governo: você terá que esperar por muito tempo.

Acordemos juntos.

PARTE III

COMUNIDADES DE RESISTÊNCIA:

uma nova maneira de CONVIVER

Um lugar de refúgio

Após sua iluminação, a primeira coisa que Buda fez foi procurar seus amigos e organizar o primeiro grupo de praticantes, a primeira sanga. Nós devemos fazer o mesmo. Devemos criar uma ilha de paz e união onde quer que a gente viva. Uma sanga é um refúgio. É uma ilha de paz. É uma comunidade de resistência contra a violência, ódio e desespero. Todos nós precisamos ter um lugar assim para ir.

A palavra "sanga" significa simplesmente comunidade. Um partido político é um tipo de sanga, uma família é uma sanga, uma corporação, uma clínica ou escola pode ser uma sanga. Quando usamos a palavra "sanga", queremos dizer uma comunidade onde há harmonia; onde há atenção consciente, concentração, discernimento; e onde há união e alegria. Não há luta pelo poder e nenhuma divisão. Qualquer comunidade pode ser uma sanga. E, se você tiver um sonho, não importa o quanto estiver determinado, você vai precisar de uma sanga, uma comunidade, para realizá-lo.

O lema nacional da França é *Liberté, égalité, fraternité*: liberdade, igualdade, fraternidade. Em minha própria vida eu constatei que sem fraternidade, sem irmandade, sem solidariedade você não consegue realizar coisa alguma. Com uma comunidade podemos ter a força de que precisamos para criar oportunidades iguais para todos e liberdade interior – liberdade do desespero e das prisões do passado e do futuro.

Muitos anos atrás, conversei com meu amigo Padre Daniel Berrigan (um padre jesuíta, poeta e ativista da paz) sobre as comunidades de resistência. Estamos sendo constantemente invadidos por coisas negativas na sociedade. Somos agredidos dia e noite pelo que vemos e ouvimos, e as sementes negativas dentro de nós continuam a crescer. Por isso, precisamos refletir sobre como organizar comunidades que nos protejam. É muito importante criar um ambiente saudável e compassivo, um para o outro.

Você tem sua *bodhicitta*: a mente de amor, a vontade de transformar, o desejo de servir. Você acorda e constata que quer viver de forma diferente. Bodhicitta é como um combustível de foguete, tão poderoso que poderia enviar um foguete à lua. Mas para ajudar a energia da bodhichitta a ser forte e sustentável todos nós precisamos de uma sanga, um lugar de refúgio. Precisamos de uma comunidade que nos apoie em nossa prática. Uma comunidade pode oferecer o tipo de ambiente que precisamos para nutrir e fortalecer nossa aspiração, para que possamos sair de nossa situação pessoal e coletiva.

Para ter sucesso em nosso caminho, temos que nos refugiar em uma comunidade. Não é uma questão de devoção, mas de ação que pode nos ajudar a ir na direção da cura. E temos que aderir a esta comunidade, confiar todo o nosso ser à nossa comunidade e permitir que nossos amigos nos transportem, como um barco. Uma comunidade, uma sanga, é um barco, e todos neste barco estão praticando e indo na mesma direção. Nós fazemos parte do barco e deixamos o barco nos levar. Sem o barco, afundaríamos. Esta é minha experiência. Com uma sanga você nunca se sentirá sozinho, você nunca se sentirá perdido.

Logo que acordamos e surge em nós a aspiração de viver de forma diferente, nossa cura e transformação começam imediatamente. Mas, se quisermos *continuar* a nos curar, precisamos de um ambiente conducente à cura. Somos um guerreiro em nosso caminho, mas ainda precisamos de uma comunidade para continuar a ser um guerreiro.

Logo que encontramos nosso caminho e uma comunidade, já temos paz. Podemos ter paz pelo simples fato de estar no caminho, e essa paz vai se desenvolver e crescer de forma constante. É como se já tivéssemos embarcado no trem; não há necessidade alguma de continuar a correr – tudo o que precisamos fazer é nos sentar ali e esperar que o trem nos leve ao nosso destino. Entregando-nos aos cuidados da nossa comunidade, e nos permitindo ser carregados pelos nossos amigos, nos sentimos em paz.

Quando fundamos a Escola de Jovens para o Serviço Social durante a Guerra do Vietnã, centenas de jovens se inscreveram para viver, praticar e servir juntos. Cada um de nós tinha nosso sonho para o Vietnã, e estávamos vivendo nosso sonho todo dia. Ainda que as condições de vida fossem muito simples, mesmo que não tivéssemos salários, ou casas ou carros próprios, fomos capazes de construir uma verdadeira amizade e solidariedade. Em meio aos bombardeios e violência, estabelecemos vilas-piloto e um movimento de reconstrução rural, elevando o padrão de vida, contribuindo para a economia, infraestrutura, educação e saúde. Com esse tipo de irmandade, e com um sonho em comum a ser realizado, não havia necessidade de correr atrás de riqueza, fama, poder ou sexo. Trabalhar em uma situação de guerra era difícil e perigoso. Mesmo tendo que enfrentar desafios imensos, nós nunca desistimos. Treinamos nossos assistentes sociais nas práticas da atenção consciente, e escrevi o livro *The Miracle of Mindfulness* como um manual para ajudá-los a permanecer saudáveis, focados e compassivos; nutrindo a aspiração deles para que pudessem ter alegria e paz suficientes para continuar seus trabalhos.

Nas comunidades onde praticamos o viver consciente, somos capazes de demonstrar que é possível viver feliz e com poucos bens materiais. Algumas centenas de pessoas podem viver juntas e dedicar tempo e energia para construir solidariedade, compaixão e amor. E elas podem se dispor a receber visitantes que venham experimentar uma espécie de felicidade e alegria vindos do viver contemplativo ao invés de consumismo.

Devemos tentar criar esse tipo de comunidade em áreas rurais. Não precisa ser budista. Vocês se reúnem e vivem de uma forma que possam proteger a Terra e proteger o meio ambiente. Vocês podem compartilhar casas e equipamentos, fundar uma escola própria e cultivar a terra. Estabelecendo pequenas comunidades como essa, podemos realmente gerar a energia solidária da irmandade – o tipo de energia que não pode ser comprada no supermercado.

Mestre Linji ensinou que para encontrar liberdade você não precisa de muito. Ele disse que você só precisa de "uma tigela de arroz integral, algumas roupas nas costas e, com isso, você investe toda a sua energia na busca de bons amigos espirituais". Não busque outra coisa a mais. Isso é tudo que você precisa. Bons amigos espirituais são o tipo de gente que pode nos ajudar a abrir os olhos e ser quem verdadeiramente somos.

Os seis princípios do espírito comunitário – T.D.

Thay nos ensinou que a força de nossa comunidade depende de quanta harmonia dispomos. Se não houver harmonia perdemos muita energia, um levando o outro em várias direções, e não vai sobrar energia para realizarmos nossa aspiração comum. Em Plum Village, Thay enfatizou a importância de cultivar as seis harmonias: *luc ho'a*, 六和. Esses princípios da tradição budista são traduzidos às vezes como "Os seis princípios do espírito comunitário". E representam seis áreas da vida comunitária e cooperativa onde podemos desenvolver harmonia efetivamente.

1) Estar fisicamente presente

É importante que um se apresente ao outro. É importante investir nosso tempo, energia e presença física estando presente um para o outro e para nossa aspiração comum. Queremos ser alguém com quem nossos amigos e colegas possam contar e se refugiar. Na tradição budista, este princípio é às vezes descrito como a harmonia de viver ou de se reunir "sob o mesmo teto". É a força coletiva que surge quando nos comprometemos de nos reunir, de nos apresentarmos fisicamente, seja na tela ou presencialmente, e investir no desenvolvimento da energia coletiva e visão. Podemos nos perguntar, em relação à nossa própria comunidade ou rede: Será que estou me apresentando o suficiente? Será que estou colocando meu coração nisso? Será que sou alguém com quem os outros possam contar? Como posso criar condições para tornar o nosso tempo juntos mais inspirador e nutridor?

2) Compartilhar recursos materiais

Quanto mais podemos compartilhar, mais podemos viver em harmonia. Pode ser algo tão simples como todos começar a trabalhar intensamente com lanches, utilidades ou despesas, ou então em espaços compartilhados e investimentos. Em Plum Village, todos os nossos recursos são compartilhados e todos contribuem com as decisões sobre como esses recursos serão gastos. Isso cria um vínculo. É uma forma concreta de praticarmos o interser. Isso nos ajuda a abrir mão da ideia de que algo pertence a nós individualmente, e nos ajuda a tomar decisões em benefício da coletividade. Podemos nos perguntar: Será que estou compartilhando o suficiente? Será que estou sendo possessivo com relação a alguma coisa que esteja atrapalhando? Será que existe algo mais que poderíamos compartilhar para refletir nossa confiança e compromisso um com o outro?

3) Compartilhar princípios éticos

Seja uma simples declaração da missão, um compromisso concreto de não violência e inclusão, ou um código de conduta específico para estabelecer algumas linhas em vermelho e formas de resolver disputas, é essencial concordar com os valores e orientações que estão no cerne do nosso ser e ação conjunta. Estes valores e orientações funcionam como uma bússola que nos guia, um recipiente que nos retém. Os Cinco Treinamentos de Atenção Consciente são um poderoso projeto, usado como uma estrela-guia, por milhares de comunidades ao redor do mundo. Dependendo daquilo que une e mantém sua comunidade unida, vocês podem se sentir inspirados a desenvolver suas próprias versões para os seus próprios contextos, culturas ou crenças.

4) Compartilhar ideias e opiniões

Thay sempre nos ensina que ser tolerante, inclusivo e aberto a vários pontos de vista é um princípio fundamental, que evita dogmatismo, discriminação, ódio e violência. Compartilhar ideias e opiniões, aqui, não significa que tenhamos necessariamente as mesmas ideias e opiniões; significa que estamos comprometidos em criar um ambiente seguro para que todas as opiniões e vozes possam ser expressas e ouvidas. Esforçamo-nos ao máximo para não impor os nossos pontos de vista aos outros. Tentamos criar um espaço para a diversidade de pontos de vista e estamos abertos para ver as coisas de uma nova maneira. Precisamos estar prontos para largar o que já sabemos, a fim de nos abrir às experiências e descobertas dos outros. Desta forma, naturalmente podem surgir um autêntico discernimento coletivo e a "harmonia de pontos de vista".

5) Compartilhar a partir do coração

Há uma única palavra para coração e mente em vietnamita e chinês, e este princípio é, portanto, às vezes também chamado de "harmonia de pensamento". Isso significa que nossa prática é expressar nossas próprias experiências e verdades de modo profundo e honesto, e nos empenharmos ao máximo para criar espaço para que os outros também falem com o coração. É uma maneira profunda de gerar confiança e solidariedade. O que está realmente acontecendo comigo e com você? Qual é a nossa maior preocupação com relação à nossa comunidade? Quais são os nossos sonhos mais profundos? Quando somos capazes de compartilhar nossas visões e opiniões vindos de um lugar de sinceridade, e alicerçado em nossa própria experiência (e até mesmo nossos medos), fica muito mais fácil para os(as) amigos(as) e colegas nos ouvirem, aceitarem, para construirmos um entendimento harmonioso.

6) Comunicar-se compassivamente

É importante nos comprometermos, um com o outro, de vigiar nossa fala, praticando a autocontenção para não causarmos prejuízos. Meios e fins andam juntos; nós não simplesmente "falamos a verdade" (que é apenas nossa percepção da verdade) sem nos responsabilizar pelas consequências. Ousada, direta, inábil, as ditas verdades podem ter um efeito violento, podem prejudicar a confiança. Em Plum Village, nós nos treinamos para dar uma opinião, falando com calma e compaixão, ao expressar nosso ponto de vista, e depois treinamos o abrir mão daquilo. Empenhamo-nos ao máximo para não lutar por aquilo. Se uma forte emoção vier à tona em um encontro, saímos para caminhar uns dez minutos antes de voltar para nos expressar com mais calma. Quando a comunicação entre duas ou mais pessoas entre nós fica bloqueada, por qualquer motivo, nos empenhamos ao máximo para deixar agendada uma sessão à parte de escuta profunda, para compreender a raiz do atrito, a experiência de cada um na situação, e nossas inquietações mais profundas.

Em nossas comunidades residenciais de Plum Village, viemos de várias nacionalidades, origens e culturas diferentes. Mesmo assim, todos têm "um lugar na mesa" ou uma almofada na roda de conversas. Todos nós escolhemos este caminho de treinamento e prática, e essa é a base de nossa união. Thay nos ensinou a ver cada pessoa que encontramos como "um país a ser descoberto". Todo mundo tem seu valor; todo mundo tem um talento a ser revelado e cultivado. Isso é verdade em qualquer comunidade, qualquer equipe de colaboradores. O desafio é criar condições para cada flor no jardim florescer da sua própria maneira singular.

Durante as quatro últimas décadas, Thay construiu uma rede de comunidades de base do viver consciente, com milhares de gente de sangas de meditação de várias regiões, ligadas à tradição de Plum Village, apoiadas por uma dúzia de mosteiros nos Estados Unidos, Europa e Ásia. A sanga "Earth Holder" (Protetora da Terra) é um galho da árvore de Plum Village que desenvolve os ensinamentos de Thay sobre budismo engajado, justiça racial e social e interligação com a Mãe Terra. As sangas protetoras da Terra se encontram todo mês, online ou pessoalmente, para praticar meditação, compartilhar ideias e experiências na aplicação de práticas de amar a Terra no cotidiano, e promover a ação direta compassiva de cura da Terra.

O "Movimento Wake Up" (Movimento do despertar) é uma rede internacional de jovens comprometidos com a criação de "comunidades locais de resistência" orientadas pelos Cinco Treinamentos de Atenção Consciente. Eles se reúnem semanal ou mensalmente para praticar meditação e atenção consciente, a fim de criar um refúgio de união e inspiração, e levar cura e compaixão à nossa sociedade fragmentada. A sanga Arise (Levante-se), outro grupo afim na tradição de Plum Village, explora a dinâmica de raça, inter-regionalismo e igualdade social como portas do Dharma para o despertar coletivo.

Construir comunidades potentes para a cura, o despertar e justiça na Terra requer a inclusão de diversas experiências e perspectivas. Os ensinamentos de Thay sobre união, harmonia e inclusão inspiram uma abordagem colaborativa de liderança, que eleva a presença e vozes de comunidades marginalizadas. Reunindo-nos em comunidade nos ajuda a desenvolver as habilidades de escutar de modo profundo e de falar compassivamente, e a aprender a alcançar a harmonia quando houver pontos de vista diversos. Desta forma, torna-se possível construir comunidades inclusivas com raízes profundas, capazes de oferecer solidariedade espiritual, gerar uma visão verdadeiramente coletiva e ser um lugar de refúgio e de renovação para todos.

Você pode cultivar o espírito comunitário em qualquer lugar que esteja. Como uma árvore, os milagres começam pequenos e simples. Se não for possível você investir suas energias em uma sanga de meditação, um grupo de afinidade local, rede ativista ou ONG com a mesma aspiração, a criação da sua comunidade pode iniciar exatamente onde você mora e trabalha, com pessoas com quem você já convive. Pode ser algo tão simples quanto reunir alguns colegas de trabalho, vizinhos, ou amigos afins para compartilhar uma xícara de chá com biscoitos para simplesmente se libertar da dinâmica usual, e falar com o coração e realmente ouvir as preocupações uns dos outros. Coisas boas de todo tipo vão vir a partir disso.

Quando certa vez estávamos em Nova York, em uma turnê de ensinamentos, alguns de nós monásticos foram convidados a liderar uma sessão de duas horas de atenção consciente para jovens jornalistas dos escritórios do Huffington Post em Nova York. Lembro-me de ter pensado: "Como podemos ajudar a fazer a diferença em apenas duas horas?" Finalmente, decidimos oferecer não mais do que vinte minutos de meditação guiada e relaxamento, seguidos de uma conversa rápida de dez minutos. Então o restante do tempo – uma hora e meia – nós apenas ouvimos. Criamos um espaço para os jovens jornalistas compartilhar profundamente a partir do coração, e seguimos nossa respiração enquanto ouvíamos tudo o que eles tinham a dizer. Nós perguntamos a eles: "Por que você está aqui? Por que afinal de contas você primeiro quis ser jornalista? Qual é a sua aspiração mais profunda? Qual é o seu medo mais profundo? O que faz seu coração cantar?" Eu me lembro que teve gente que chorou enquanto falava. No fim da sessão, alguém disse que era como se tivesse sido a primeira vez que tinha realmente chegado a entrar na equipe, no escritório, nas suas vidas. Outro disse que foi a primeira vez que tinha realmente conseguido ouvir quem eram seus colegas. Às vezes, só temos que retirar a máscara e nos permitir ser seres humanos, dando o nosso melhor, juntos num caminho humano.

A principal tarefa de uma comunidade do viver consciente não é organizar eventos – seja eventos de práticas da atenção consciente, ou justiça social, ou ação engajada. O principal propósito de uma sanga é cultivar a fraternidade e harmonia. E com uma sanga assim para se refugiar, tudo é possível. Estamos nutridos e não perdemos a esperança. É por isso que a comunicação consciente, escuta profunda e fala amorosa são tão importantes: precisamos encontrar maneiras de manter a comunicação aberta, compartilhar pontos de vista e chegar facilmente a uma visão coletiva e consenso. Isso realmente significa edificar uma sanga, e requer tempo e energia. Precisamos de muita paciência. Precisamos de tempo para nos sentar juntos, comer juntos, conversar e trabalhar juntos, e cultivar uma energia coletiva de atenção consciente, paz, felicidade e compaixão.

Desta forma, podemos apoiar e nutrir uns aos outros para que possamos continuar por muito tempo e não nos exaurir. Sua comunidade é o seu refúgio. E, mesmo que ainda tenha seus pontos fracos, está sempre indo na direção de gerar mais consciência, compreensão e amor.

Quando eu estava representando a delegação budista vietnamita pela paz, nas conferências da paz em Paris, muitos jovens se ofereceram para nos ajudar como voluntários. Nós trabalhávamos juntos e compartilhávamos refeições simples. À noite, eles ficavam conosco para praticarmos meditação, sentados ou andando, ou o relaxamento profundo e cantar. Logo começamos a organizar sessões de meditação sentada numa casa de reuniões próxima, Quaker Meeting House. O contato com jovens ativistas engajados no trabalho pela paz e serviço social me possibilitou ver as dificuldades deles. Eu vi como era fácil de a pessoa se exaurir e desistir. Eu sabia que, sem as práticas de sentar-se em meditação, andar em meditação, comer com atenção consciente e trabalhar juntos, eu não poderia sobreviver. E, assim, a edificação comunitária se tornou uma espécie de medicamento de sobrevivência. Não é verdade que o budismo engajado só se refere a quando você está engajado em ações sociais. O budismo engajado ocorre a qualquer momento, esteja você caminhando, sentado ou bebendo seu chá com atenção consciente. Isso também é budismo engajado, pois não é só para si mesmo que você está fazendo isso. Você está fazendo isso para se preservar a fim de ajudar o mundo.

Podemos encontrar pessoas que são muito ativas, mas não estão operando a partir da compaixão delas. Elas estão cansadas. Quando a compaixão é fraca, não dá para ser feliz; você facilmente fica ciumento(a), frustrado(a) e enraivecido(a). Precisamos conhecer nossos limites. Você não pode fazer mais do que é capaz de fazer, senão ficará exaurido(a). Temos que organizar nossa vida para garantir o equilíbrio. Trabalhando em comunidade, recebemos a energia coletiva de apoio. Nossos amigos nos ajudam a não nos perdermos no trabalho. Podemos recuar, de vez em quando, enquanto os outros avançam. Você precisa ter a coragem de dizer não, ou você vai se perder muito em breve. E isso é uma perda para os outros e para o mundo. Como professor, uma das coisas mais difíceis para mim é dizer "não" aos pedidos que me fazem para liderar retiros ao redor do mundo. Eu sei que os retiros podem beneficiar muita gente. Mas temos que reconhecer nossos limites. Preservarmo-nos é uma forma de preservar nossa oportunidade de servir aos outros.

Atenção consciente engajada em ação – T.D.

A policial de Madison, Wisconsin, Cheri Maples, encontrou formas de se reabastecer e reabastecer sua aspiração, com a energia da atenção consciente e o espírito comunitário. Depois de ter participado do seu primeiro retiro com Thay no início de 1990, ela ingressou numa sanga local de meditação e a aderiu. Cheri encontrou formas de prover seu próprio entusiasmo com a conexão comunitária, e de efetivamente nutrir a comunidade como um campo de transformações. Cheri via a comunidade não somente como sendo sua sanga de meditação local, mas em todos os lugares onde estivesse, seja seu local de trabalho ou junto à sua família. Cheri focava em três áreas: o seu próprio trabalho interno (práticas de meditação e atenção consciente, que ela chamava de "a base de tudo"), os seus relacionamentos e a sua prática engajada. Ela descobriu a necessidade de encontrar o que chamou de suas próprias "atividades zen", e investir tempo e energia nelas. Estas são "atividades que absorvem você completamente, que desenvolvem as mesmas coisas que a atenção consciente desenvolve: concentração, foco, de encontrar o extraordinário no comum". Para Cheri, esta atividade zen foi o beisebol.

Enquanto policial atendendo chamados, Cheri começou a levar mais tempo e a desenvolver uma abordagem diferente na resolução de conflitos. Em uma ligação, um pai divorciado estava se recusando a devolver a filha para sua ex-esposa. Quando ele atendeu à porta, Cheri, um metro e cinquenta e três, se viu diante de um homem muito zangado, de um metro e oitenta e quatro. Ele a ameaçou. "Mas", como ela disse, "tudo o que eu conseguia ver era o sofrimento dele. Era tão óbvio". Em vez de prendê-lo na hora, ela perguntou se poderia entrar e conversar. "Eu violei todas as políticas do livro, e sem cópia de segurança, e usando minha arma na cintura e colete à prova de balas, sentei-me no sofá ao lado desse sujeito, coisa que você nunca deve fazer. E ele começou a chorar nos meus braços".

A menina foi devolvida à mãe e nenhuma prisão foi necessária. Três dias depois, Cheri se encontrou com o mesmo homem na rua. Ou melhor, ele correu até ela, pegou-a nos braços e deu-lhe um abraço de urso, dizendo: "Você! Você salvou minha vida naquela noite!" Em poucos anos Cheri estava liderando o programa de treinamento do departamento de polícia e liderando programas de meditação para profissionais da justiça criminal, juízes, advogados, funcionários penitenciários e assistentes sociais.

Em suas equipes, Cheri facilitava as tomadas de decisões consensuais, sempre que possível, e investia tempo contemplando como integrar os Cinco Treinamentos de Atenção Consciente, de forma não sectária, no treinamento de novos recrutas. Ela explicou: "Precisamos mostrar a eles e ao resto da organização que estamos criando juntos a comunidade. Não se trata do que as pessoas acima ou abaixo deles estejam ou não fazendo; trata-se de o que cada um de nós está fazendo como indivíduo para juntos criarmos a comunidade. A ética agora está integrada em cada uma das coisas que ensinamos. Não é um curso separado". Os parceiros e familiares dos recrutas foram convidados a participar de algumas das sessões para ajudar os policiais a aprender quando as habilidades da polícia, como "comandar presença" e "assumir o controle", são apropriadas e quando não são.

"Se eles não puderem fazer isso", Cheri explica, "eles não serão muito bons como policiais e serão terríveis parceiros, cônjuges e pais". Cheri explicou que queria que eles "*pensassem* sobre *o que querem ser* enquanto seres humanos e *como querem interagir com os outros* no planeta. Eu quero que compreendam que, quanto mais abertos eles forem, é mais provável que eles realizem este trabalho com o coração aberto necessário para serem eficientes".

Como podemos continuar este tipo de trabalho impactante sem nos sentirmos oprimidos pelos obstáculos ou sobrecarregados pelas possibilidades? Cheri equilibrou seus talentos profissionais com uma força espiritual interna profunda e se engajou também em trabalhos externos pela mudança sistêmica. Eis uma das suas sacadas sobre autocompaixão:

> Exaustão é um sinal de que estamos violando nossa própria natureza de alguma forma. Isso é geralmente considerado como um resultado de se doar demais, mas acho que resulta de tentar dar aquilo que não temos – nesse sentido, é o máximo de se doar muito pouco. Mas quando a dádiva que doamos é uma parte integrante valiosa de nossa própria jornada, quando provém da realidade orgânica do trabalho interno, vai se renovar e ser ilimitada por natureza. Isso significa que precisamos manter nossa prática muito forte e muito viva.

Cheri propôs maneiras perspicazes de reformar o sistema da justiça criminal, inclusive investigando as causas-raízes da discriminação racial, reexaminando os padrões da polícia para uso da força letal, propondo formas concretas de os oficiais ganharem a confiança das comunidades, e de desenvolverem novos programas para tratar da resiliência emocional e trauma dos oficiais (quer eles o reconheçam ou não). Como parte do budismo engajado de Cheri, ela também olhou profundamente para os acordos inconscientes e culturas que existem nas organizações, inclusive o policiamento, e descobriu que a visão do interexistir pode ser tanto fortalecedora quanto transformadora:

> Parece que acreditamos que o problema está em alguém ou em alguma coisa, e que alguém precisa fazer algo melhor para as coisas mudarem. Esquecemos que somos membros desta organização! As pessoas saem de uma reunião e dizem: "Oh, essa reunião foi terrível". E eu digo: "Você estava lá? Foi uma reunião terrível porque todos nós a tornamos uma reunião terrível. O que você poderia ter feito para melhorá-la?" Em uma autêntica adesão comunitária, estamos sempre nos

> responsabilizando pelo bem-estar da comunidade maior. Tornamo-nos mais do que simplesmente críticos e consumidores juízes, e começamos a acreditar que este mundo, esta organização, esta reunião, este encontro, é nosso para nós construirmos juntos.

Cheri faleceu em 2017 de complicações médicas após um acidente de bicicleta. Em sua vida, com profunda coragem, Cheri fez as pazes consigo mesma e trouxe paz ao mundo, e na dimensão da ação ela continua a brilhar.

Sucesso e liberdade

É possível você ser ambicioso e consciente ao mesmo tempo? É possível você estar determinado a ter sucesso, mas ao mesmo tempo também viver uma vida simples? A questão do poder é importante aqui, pois muitos de nós abusamos do nosso poder, mesmo sem ter muito poder. Os pais podem abusar de sua autoridade sobre seus filhos e mesmo assim podem se sentir impotentes, incapazes de fazer qualquer coisa para mudar ou ajudar seus filhos. O poder é sempre limitado, inclusive o poder político ou econômico. Mesmo o presidente dos Estados Unidos da América pode se sentir impotente; até mesmo multimilionários podem se sentir impotentes.

O que Buda diz sobre poder e autoridade? No budismo, falamos em três tipos de poder que todos podem buscar. Em chinês, são conhecidos como 三德 (*tam đức* em vietnamita). Não há perigo em perseguir esses três poderes porque eles são tipos de poder capazes de fazer você e os outros felizes. É um tipo de poder diferente do da riqueza, fama, influência e sexo.

O primeiro *é o poder da interrupção* (斷德, *đoạn đức*). Este é o poder de deixar de alimentar seus desejos, raiva, medo, desespero ou ciúme, que são como chamas que acendem e incendeiam você. Logo que você conseguir se libertar deles se sentirá muito feliz. Quando ansiamos por objetos de desejo, somos como um peixe mordendo a isca. E a isca tem um anzol nela. Muitos de nós não conseguimos ver o gancho naquilo que ansiamos e somos fisgados. Mas, com a espada da compreensão, você será capaz de ver o perigo, o anzol, em qualquer coisa que esteja ansiando e será capaz de interromper seu anseio. O mesmo acontece com a nossa raiva, o nosso ciúme – nós usamos a espada da compreensão para nos desligar e ser livre.

O segundo poder é *o poder da compreensão* (智德, *trí đức*). Se estiver suficientemente atento e consciente, você cultiva concentração. E, com atenção consciente e concentração, você é capaz de avançar e penetrar o cerne da realidade. Você pode se libertar de pontos de vista equivocados, mal-entendidos e percepções distorcidas. E fica livre.

Manjushri, o Bodisatva da grande compreensão, é sempre retratado segurando a espada da sabedoria. Com essa espada ele pode eliminar todos os tipos de mal-entendidos. Enquanto meditador(a), um(a) praticante(a) da atenção consciente, você pode resolver suas dificuldades com *sabedoria*. Você se torna rico(a) em discernimento, rico em liberdade. Ninguém pode roubar isso de você; ninguém pode sacar uma arma e roubar sua sabedoria de você.

Então, o primeiro poder espiritual – o poder da interrupção – lhe programa para viver livre do anseio e da raiva. O segundo poder espiritual – o poder da compreensão – lhe ajuda a remover ilusões e mal-entendidos. E o terceiro poder espiritual é o amor (恩德, *ân đức*). Este é o *poder de amar, perdoar e aceitar os outros* e oferecer compreensão e amor. Alguns de nós somos incapazes de aceitar o outro ou temos dificuldade em aceitar a situação tal como ela é. Dizemos: "Se eles não mudarem, por que eu deveria mudar? Se eles continuam sendo assim, tenho o direito de continuar sendo assim". Mas logo que os aceitamos como são, logo que aceitamos a situação, estamos livres para seguir em frente. Deixamos de reagir e começamos a verdadeiramente agir. Se estivermos sempre reagindo, não chegaremos a lugar nenhum desse jeito. Mas, com o poder do amor e aceitação, você é livre para responder com bondade amorosa e sabedoria e pode mudar a situação. A capacidade de aceitar e perdoar é uma tremenda fonte de poder.

Não há perigo algum em você investir seu tempo cultivando esses três tipos de poder. E quanto mais poder você dispor, mais feliz será e mais felizes serão os que estiverem ao seu redor. Com este tipo de poder você nunca se tornará uma vítima de seu sucesso. Com esses três poderes não há perigo em possuir alguma riqueza ou alguma fama: você vai usá-los para ajudar os outros, ajudar a sociedade e ajudar o planeta. Não é verdade que o bom meditador tenha que sempre buscar a pobreza. Tudo bem ter dinheiro, mas você deve saber usar esse dinheiro para realizar seu ideal de compaixão e compreensão.

Nas tradições espirituais, falamos de "pobreza voluntária". Você quer viver de modo simples, para não ter que gastar todo o seu tempo ganhando dinheiro. Você quer mais tempo para apreciar outras coisas profundamente – seja as maravilhas do planeta ou os seus entes queridos. Adotar um estilo de vida simples lhe permite dispor de mais tempo para aproveitar a vida. Você pode ser "pobre", mas escolheu ser pobre. De fato, você é muito rico porque tudo lhe pertence – a luz solar, o céu azul, o canto dos pássaros, as montanhas.

Cada momento de sua vida cotidiana lhe pertence. Há aqueles que são ricos em termos de dinheiro, mas que não dispõem do céu, das montanhas ou de tempo para cuidar de seus entes queridos. Os ensinamentos budistas são muito claros sobre isso. Budismo não é contra ter dinheiro ou uma boa posição social. Se você tem verdadeiro poder espiritual – se tem o poder de interromper seu anseio e se tem discernimento e amor –, então você dispõe de muita liberdade e felicidade. E qualquer dinheiro, poder ou influência que tiver poderá ajudá-lo(a) a realizar seu ideal de um(a) bodisatva.

A arte do poder

Não pense que, se não tiver dinheiro ou posição social, você é impotente e incapaz de fazer grandes coisas. Conheci muitas pessoas ricas e poderosas que sofrem profundamente, e muitas delas são incapazes de ajudar os outros. Essas pessoas estão tão preocupadas em acumular riqueza que não têm tempo para si mesmas ou para sua família. Eu mesmo estou muito feliz sem riqueza e poder e, de fato, tenho sido capaz de ajudar muita gente. Há coisas que posso fazer que os outros não conseguem. Posso ficar dez dias sem comer. Ou, quando ouço algo ofensivo, não fico enraivecido; sou capaz de sorrir. Muitas pessoas não são capazes de fazer isso.

Por favor, não pense que porque não tem dinheiro você não pode fazer coisa alguma. Isso simplesmente não é verdade. Se você estiver liberto(a), pode fazer tantas coisas para ajudar seu povo, ajudar sua comunidade. E, quando você se transforma em um(a) bodisatva, você tem muito poder – o tipo de poder que lhe ajuda a ser livre e lhe ajuda a levar consolo para muita gente.

Há aqueles que tentam obter poder político a todo custo, por acreditar que, sem ele, nada terão. Mas se ao tentar conseguir poder você destrói os seus próprios valores, neste caso você se perde e perde a confiança do seu povo. Por isso, não devemos tentar obter poder a qualquer custo. Mesmo sem poder, você pode fortalecer suas bases e trabalhar junto ao povo, para cultivar mais confiança, amor e solidariedade, e influenciar a situação. E quando seu lado estiver mais forte e for sua vez de estar no poder, você não precisará muito dele; senão você será corrompido. O real poder deve ter sempre uma dimensão espiritual.

Atenção consciente não é uma ferramenta, é um caminho

Um jornalista certa vez me perguntou: "É certo levar atenção consciente para as corporações, e ajudá-las a ter mais sucesso e mais lucro? É certo usar a atenção consciente para ajudar os ricos a ficarem mais ricos? Isso é realmente atenção consciente?" Há outros que questionam se é certo ensinar aos militares as práticas da atenção consciente. E argumentam que uma coisa é usar a atenção para ajudar os veteranos de guerra, mas outra bem diferente é usar essas práticas para ajudar os soldados em serviço na ativa. Como poderia ser ético treinar a atenção de alguém para matar melhor? Será que atenção consciente estaria sendo explorada com objetivos errados?

A questão é se as práticas de atenção consciente podem beneficiar a todos ou apenas certas categorias de pessoas. Temos o direito de *excluir* empresas, líderes ou militares da prática da atenção consciente? E o que dizer das outras profissões, como os pescadores? Os pescadores também destroem muita vida, assim como os fabricantes de armas ou fazendeiros da carne industrial. Deveríamos excluir todos eles?

O nosso centro de prática Plum Village, na França, foi um dos primeiros a oferecer retiros de atenção consciente [*mindfulness*] para empresários na década de 1990, pois sabemos que eles sofrem como o resto de nós. Há 2.500 anos, Buda também transmitiu ensinamentos aos negociantes.

Em primeiro lugar, a atenção consciente correta não é uma ferramenta ou um instrumento, mas sim um caminho. A correta atenção consciente não é um meio utilizável para se atingir um objetivo. Uma ferramenta é algo que pode ser usado de várias maneiras, como uma faca. Se você der uma faca a alguém, a pessoa poderia usá-la para cortar lenha ou vegetais, mas também poderia usá-la para matar ou roubar. Atenção consciente não é como uma faca. Não é uma ferramenta que tanto pode fazer bem como mal. Entretanto, muitos de nós falam em *mindfulness* como uma ferramenta. Dizemos que, com *mindfulness*, podemos curar; com *mindfulness* podemos reconciliar; com *mindfulness* podemos ganhar mais dinheiro; com *mindfulness* podemos matar o inimigo de forma mais eficaz.

A verdadeira atenção consciente [*mindfulness*] é não apenas um caminho *que leva* à felicidade, mas é um caminho *de* felicidade. Ao praticar inspirando de forma atenta e consciente, sua inspiração não é um meio para atingir um fim. Se souber respirar, você obtém prazer, paz e cura imediatamente enquanto respira. Se sofrer enquanto inspira – se você tiver a tendência de pensar: "Estou sofrendo agora, então eu posso experimentar algo melhor depois" – isso não é *mindfulness* correta. Na atenção consciente correta, cada passo do caminho é o próprio caminho. Precisamos continuar nos lembrando de praticar de tal maneira que desfrutamos de paz, calma e alegria imediatamente.

É ético ensinar atenção consciente no exército?

Em um confronto na guerra da Indochina, os comandantes dos exércitos comunista e anticomunista ordenaram que seus soldados atacassem. Mas os soldados não queriam matar uns aos outros. Os dois lados se transformaram em casamatas em ambos os lados de um rio, mas não atiravam. Ficavam quietinhos ali por horas a fio e então, para cumprir com o dever, disparavam suas armas para o alto, almoçavam e voltavam para casa. Isso aconteceu várias vezes em Laos e vem acontecendo ao longo da história da guerra. Esses soldados tiveram discernimento. Eles não compreendiam por que tinham que matar ou morrer.

Os soldados podiam ver que as outras pessoas não eram inimigas; elas eram exatamente como eles, foram empurradas para a linha de frente para matar ou morrer. Havia atenção consciente, e onde há atenção consciente há discernimento. O discernimento aqui significa entender que o outro lado também é vítima da guerra. Os soldados que se recusaram a atirar um no outro estavam atentos e conscientes e foram perspicazes. Os soldados puderam compreender a verdadeira natureza da situação em que estavam inseridos, e puderam ver a preciosidade da vida. Isso deixou seus comandantes muito perturbados.

Os líderes militares do nosso tempo estão se empenhando em treinar seus soldados para *não* terem esse tipo de discernimento e atenção consciente. Eles acreditam que seus soldados podem aprender *mindfulness* e concentração como ferramentas, para usá-las somente durante a preparação das tropas para o combate, para ficarem mais calmas e concentradas e executar melhor o ato de matar. Mas isso é impossível. Quando você instrui alguém nas práticas de atenção consciente correta, a pessoa aprende a respirar, a andar, a ter consciência de seus sentimentos e emoções, a estar ciente do medo e da raiva dentro e em torno de si. Quando os soldados estão cientes disso tudo, sabem discernir, e esse discernimento vai sempre ajudá-los a evitar de pensar errado, falar errado e agir errado.

Se algum(a) professor(a) de *mindfulness* for ajudar os líderes militares a realizar seus objetivos de trabalhar melhor para destruir o inimigo, eles não estão ensinando a verdadeira atenção consciente. Suponha que um soldado foi preparado e pronto para o combate. Ele pratica inspirando e expirando para ficar ciente de que seu inimigo está escondido em algum lugar bem à sua frente. Ele está conscientemente atento: "Inspirando, eu sei que o inimigo está aí. Expirando, sei que tenho que matá-lo antes que ele me mate". O soldado está motivado pelo medo, pela vontade de sobreviver e por uma visão errada. Ele foi treinado para ver a outra pessoa como má, como uma inimiga de sua nação, como uma ameaça à segurança nacional. Ele acredita que o mundo será melhor sem ela. Como soldado, ele foi treinado a pensar assim, para ter vontade de matar.

Um professor de *mindfulness* não consegue treinar pessoas para serem mais atentas e concentradas a fim de matar melhor. Nós não podemos ensinar um soldado "Inspirando, eu sei que meu inimigo existe. Expirando, eu puxo o gatilho". Isso é treiná-los em uma "atenção consciente" errada – atenção consciente enquanto ferramenta e não como um caminho, uma atenção consciente sem discernimento. Você não precisa praticar por dez dias ou dez anos para obter *insights*. Com uma respiração atenta podemos obter o discernimento de que a vida é preciosa. Se você instruir um soldado na correta atenção consciente, ele terá o discernimento e a visão correta. Quando tiver visão correta, ele não consegue fazer o mau. Portanto, não há perigo em ensinar soldados a correta atenção consciente.

Os militares sofrem e por isso precisam de ajuda. Não é errado ajudá-los a sofrer menos. A correta atenção consciente é o que você pode oferecer. Hoje temos exércitos profissionais, e um jovem se alista no exército em busca de um salário e de uma carreira. Está em busca de melhores perspectivas do que as que dispõe como civil. Eles acreditam que uma carreira no exército vai fazê-los felizes.

Se, no exército, os soldados puderem aprender a verdadeira atenção consciente, eles descobrirão o que pode torná-los verdadeiramente felizes. Eles serão capazes de reconhecer e acolher o próprio medo, raiva e desespero e sofrerão menos. Ao provar da verdadeira felicidade, vão compreender algo sobre sua própria vida e mudarão de motivação. Isso acontecerá lenta e gradualmente. Enquanto professor deles, você não os induz a abandonar o próprio trabalho. Você só veio ajudá-los a sofrer menos. E quando sofrerem menos e virem o que a verdadeira felicidade é, tudo o mais mudará por si só.

Quando os líderes militares e políticos têm visões de mundo equivocadas, milhões de pessoas podem ser mortas, milhões de vidas destruídas. Durante a Guerra do Vietnã, os soldados foram instruídos: “O comunismo é perigoso. Se o Vietnã for autorizado a cair sob os comunistas, o comunismo se espalhará por todo o Sudeste Asiático, depois Nova Zelândia e Austrália, e muito em breve nos Estados Unidos". Esta era uma visão distorcida motivada pelo medo. Hoje em dia, os Estados Unidos estão fazendo negócios com o Vietnã comunista.

Olhando retrospectivamente, podemos ver que despejar todo aquele dinheiro, veneno, armas e tantas vidas humanas no Vietnã não foi inteligente de forma alguma. As visões equivocadas nos mais elevados níveis levaram a uma quantidade imensa de morte e destruição. Uma visão melhor, uma abordagem muito mais inteligente, teria sido oferecer assistência ao Vietnã do Sul e do Norte, aos comunistas e anticomunistas, para ajudar a reconstruir o país, recuperar a economia, investir em educação, e assim por diante. Os Estados Unidos teriam gastado muito menos dinheiro ajudando tanto o Norte quanto o Sul a se tornarem países mais felizes e teriam ganhado muitos amigos. O discernimento – a visão correta – dá surgimento à ação correta.

Então, nós não precisamos somente ajudar os soldados a terem mais atenção consciente correta e *insight*. Também precisamos ajudar seus superiores: os comandantes, os chefes do Estado-maior, o Pentágono e os criadores dos programas de ação. Não devemos excluir ninguém da prática da atenção consciente. Enquanto nossos líderes políticos continuarem adotando visões erradas sobre segurança nacional e interesses nacionais, muitos jovens continuarão a ser vítimas da guerra e serem forçados a matar ou morrer. Há maneiras muito melhores de proteger nossos interesses e segurança nacionais do que fazendo uso de meios violentos.

Penso que se eu fosse convidado para guiar e ensinar no exército, eu aceitaria, pois sei que a verdadeira prática da atenção consciente mudará o mundo. Mudará as ideias que os soldados têm de felicidade, que por sua vez mudará seu modo de viver.

A verdadeira atenção consciente contém a semente da ética

Em 2013, cem monges e monjas de Plum Village lideraram um dia de prática de atenção consciente [*mindfulness*] para mais de setecentos funcionários do Google em sua sede na Califórnia. Sabemos que estes jovens trabalhadores do Google são diligentes e inteligentes. Eles vivem sob pressão para obter novas sacadas e inovar, para ser considerado o melhor e ajudar sua empresa a ser a número um. A intenção deles é ter cada vez mais sucesso. E nossa intenção era dar a eles um gostinho da verdadeira felicidade. Não podemos dizer: "Queridos amigos, vocês têm que abandonar sua motivação primeiro, antes de lhes ensinar *mindfulness*". Eles querem ser bem-sucedidos e talvez queiram aprender *mindfulness* por acharem que isso vai ajudá-los a ter mais sucesso.

Desde que ensinemos a correta atenção consciente, não precisamos temer. Com a correta atenção consciente, qualquer um pode provar a verdadeira felicidade, a liberdade e amor, e a intenção dele ou dela mudará naturalmente. Em vez de querer se tornar o número um, eles vão querer ser verdadeiramente felizes. A saudável intenção de experimentar a verdadeira felicidade e oferecê-la aos outros, a intenção de viver e trabalhar de um modo que ajude as pessoas a sofrer menos, pode proporcionar muita alegria e tornar o mundo um lugar mais bonito.

Quando o Buda ensinou a atenção plena correta, ele sempre a ensinou como parte do nobre "caminho óctuplo", o caminho da felicidade e do bem-estar expresso nos Cinco Treinamentos de Atenção Consciente. Você jamais pode tirar a atenção consciente do contexto do caminho óctuplo. Se fizer isso, deixará de ser uma verdadeira *mindfulness* [atenção consciente]. A atenção plena correta não pode ser separada da concentração correta, visão correta (ou "sabedoria"), pensamento correto, fala correta, ação correta, estilo de vida correto e diligência correta. A atenção consciente correta faz parte da natureza interligada de todos esses outros elementos do caminho óctuplo. Se você não viu os outros sete elementos da atenção consciente, você realmente não compreendeu *mindfulness* [atenção consciente].

Muitos de nós têm a tendência de pensar de forma dualista, e aplicamos esse pensamento às tradições espirituais cujos ensinamentos *transcendem* o pensamento dual. Precisamos estar cientes de que isso pode acontecer com a atenção consciente. Precisamos treinar e praticar *mindfulness como um caminho de felicidade e transformação, que está profundamente ligado a todos os outros elementos do caminho*. A atenção consciente [*mindfulness*] não pode ser separada dos treinamentos da atenção consciente e do exercício da ética aplicada.

Precisamos treinar milhares de professores de atenção consciente, centenas de milhares de professores, porque é preciso praticar a atenção plena em todos os lugares. Não precisamos ser budistas para praticar a atenção consciente correta. Esses ensinamentos e práticas são herança de toda a humanidade, não apenas dos budistas. E devemos sempre lembrar que o que chamamos de "budismo" é constituído *somente* de elementos não budistas.

Se a atenção consciente permanece uma atenção consciente correta ou não, depende de nosso próprio treinamento e prática. A prática, desde que seja uma prática verdadeira, só pode ajudar. Não tenha medo. Cada um de nós tem a capacidade de dominar esta prática e levar alegria, cura e reconciliação ao mundo.

Comunidades de resiliência – T.D.

Como os critérios da atenção consciente correta podem nos ajudar a curar e transformar a violência, a desigualdade e a injustiça sistêmica de nossos tempos?

Como o Dr. Larry Ward diz, no cerne da crise da nossa Terra há uma profunda "crise humana"; há um carma racial que está pedindo para ser curado. O fato é que continuamos a prejudicar e discriminar o planeta porque continuamos a prejudicar e discriminar uns aos outros. As duas crises estão profundamente interligadas. Em seu livro, *America's Racial Karma* (Carma racial dos Estados Unidos), Larry explica que nossa tarefa é trilhar um caminho de misericórdia e cura, "para que nossa consciência racializada possa se tornar profundamente humanizada, a fim de cuidar de nós e do nosso planeta".

Há um trabalho interno e externo para todos nós fazermos. Precisamos trabalhar pela transformação de políticas e sistemas de consciência racial institucionalizados em nossa sociedade; e também precisamos fazer o trabalho interior, e ter a coragem de desenvolver nossas próprias práticas.

Larry explica que: "Os nossos corpos mantêm as energias de retribuição do carma racial estadunidense. Ninguém escapa desse medo tremulando profundamente em nossos ossos. Quer tenhamos sido – ou sejamos – vítimas, perpetradores, ou testemunhas, nós estamos inevitavelmente desestabilizados biologicamente ou desregulados por nossa experiência sensorial ou memórias disso" [i.e., do racismo]. O trabalho de nossa prática espiritual é reconhecer, acolher e curar esse trauma em nossos próprios corpos, corações e mentes, e ajudar os outros a fazer o mesmo. Sem essa transformação nas raízes, diz Larry, o potencial de uma mudança sistêmica profunda será bloqueado.

Combina a prática interior e a transformação exterior, Larry nos convida a criar o que ele chama de "comunidades de resiliência" – comunidades onde fazemos uma intenção consciente de viver juntos "com bondade, abertura, generosidade, sanidade e amor". Essas ações, segundo ele, devem se manifestar de forma concreta e corporificada. A cura é uma arte, e precisamos ajudar uns aos outros na jornada; precisamos criar momentos e ambientes de cura para nossas próprias dores e traumas e para a cura de nossa família, amigos, colegas de trabalho, e concidadãos.

Quando visitou o congresso estadunidense, Thay propôs a fundação de um "conselho de sábios" para conduzir sessões de escuta profunda para a nação. Aqueles que são sábios e amorosos, líderes espirituais com a capacidade de ouvir com grande compaixão, podem ser convidados a se tornar membro do conselho, e podem criar um ambiente seguro para aqueles na sociedade que se sentem vítimas de discriminação e injustiça para falarem à vontade e se expressarem. As sessões poderiam ser transmitidas ao vivo. Pode levar dias ou semanas para os que sofreram ter coragem suficiente de compartilhar tudo o que está em seus corações. "Alguns me chamam de idealista", disse Thay. "Mas praticar a compaixão é algo que temos que fazer, para sairmos das situações de raiva. É a única saída. É uma porta universal".

Como diz Larry: "A ponte da misericórdia repousa profundamente em nós e entre nós, por mais que tenha ficado bem escondida detrás das nuvens do conflito, crueldade e ódio [...]. O carma pode ser curado e o carma pode ser transformado – mas só se optarmos por girar a roda por outro trilho". Larry nos oferece esses três mantras poderosos, flores do jardim do seu coração, para dar sustento a um caminho profundo, corporificado e animado de cura racial:

Levante-se na casa do pertencer

Não aja como se esta não fosse sua terra. Não aja como se não pudesse assumir o comando, pois para mim está óbvio que os principados e poderes que deveriam ser os responsáveis por esta terra, neste momento, estão absolutamente incapacitados. Então, levante-se! Aja como se você fosse um ser humano real. Não deixe os mensageiros do racismo sistêmico definir sua vida por você. Não os deixe definir seu poder por você.

Sente-se à mesa da cura e da transformação

Minha avó dizia: "Não deixe um tolo tomar seu lugar". Pegue seu assento. Esteja presente e se cuide; ame a si mesmo(a). Enquanto você se ama e se cuida, esse amor vai se expandindo para fora. E se espalhará por todos os lados ao seu redor com uma fragrância de santidade.

Viaje pelos ventos da mudança, sem medo

Aja como os poderosos de antigamente que desconheciam o medo. Abrace a resiliência selvagem e visão deles daquilo que é realmente possível para nós juntos pela cura do carma racial americano.

Estes mantras vívidos de liberdade e de empoderamento chamam cada um de nós para contribuir com nossa parte, dando espaço e voz àqueles cujos apelos por justiça e igualdade estão sendo silenciados ou ignorados. À luz da interexistência, cada um de nós tem um papel a desempenhar na transformação de nossa consciência racializada. Como Larry diz, há tanto trabalho interno e externo a ser feito por todos nós.

O mundo como um koan

Com uma comunidade, nós apoiamos uns aos outros para inspecionar minuciosamente nossa real situação, a fim de tentar encontrar uma saída.

Há, no círculo zen, uma prática de koans. Um koan deve ser algo que você esteja profundamente interessada(o) – a mais profunda inquietação sua. Você quer compreendê-la. Você quer transformá-la. Sustentar um koan no seu coração e mente é como ser atingido por uma flecha. Esteja em pé ou sentado, acordado ou dormindo, você carrega aquela flecha em sua carne. Um koan deve ser assim. Você o segura dia e noite, abraçando-o e o examinando profundamente. E um dia um lampejo acontecerá, e você o compreenderá, e se libertará.

É possível tomar o sofrimento no Oriente Médio, ou o da injustiça racial, ou o sofrimento do planeta como um koan para toda a humanidade. No entanto, enquanto família humana, nós estivemos muito ocupados para fazer isso. Enquanto indivíduos e sociedade, nós damos alguma atenção às questões urgentes, e depois nos distraímos com a próxima crise, o próximo grande problema.

Você não usa somente seu intelecto para trabalhar em um koan. Um koan deve ser enterrado profundamente no solo da sua mente. Você deve ser capaz de mobilizar toda a sua força, toda a sua energia, toda a sua atenção consciente e concentração para abraçar a dificuldade, a situação, o sofrimento profundo que é o seu koan. Dia e noite, a todo instante, você só faz isso: abraça-o profundamente, com ternura.

Um dia você descobrirá algo e avançará. A compreensão pode vir de você, ou pode ser uma expressão da visão coletiva.

Quando a prática de um koan acontece no âmbito da comunidade, é muito poderosa. Por isso, quando organizamos uma conferência no espírito budista, temos que organizá-la em forma de retiro, com tempo para meditar sentado e andando. Deve ter horas de profunda contemplação para reabastecer nossa compreensão. Nós nos abrimos à realidade, abraçamos o que ouvimos e experimentamos, e com essa energia de concentração haverá mais discernimento.

Individual ou coletivo?

A meu ver, o século XX como um todo foi caracterizado pelo individualismo: cada um por si. A maneira como tenho treinado meus alunos é bem diferente. Não nos treinamos como indivíduos; nós nos treinamos para desenvolver comunidades. Nós aprendemos a viver juntos, a fazer coisas juntos e a cultivar o despertar juntos. Qualquer coisa que fazemos, fazemos juntos. Se a próxima geração puder ser diferente das gerações anteriores, será porque você sabe como fazer as coisas juntos. O meu desejo mais profundo é que a geração jovem *possa* ser diferente – que você possa aprender a estar juntos e agir juntos. Qualquer coisa que você faça pode ser feita em espírito comunitário.

Tal como uma flor de lótus é composta de muitas moléculas, e todas as moléculas se reúnem em harmonia para produzir lindas flores e folhas, do mesmo modo, uma comunidade pode reunir cada um e todos os indivíduos para fazer surgir um todo universal. Se você quiser produzir uma sociedade que seja pacífica, feliz e compassiva, você tem que visualizar a comunidade universal. Você aprende a ir como um rio. Se conseguir fazer isso, você vai mudar o mundo.

Há uma tendência de as pessoas resistirem à ideia de comunidade enquanto organismo, pois ainda queremos nos agarrar à nossa pessoa, ao nosso eu. Não estamos prontos ainda para viver a vida de uma célula no corpo de uma comunidade. Isso requer uma reviravolta, uma grande transformação. Em minha própria vida, quanto mais eu refleti e examinei em profundidade a sabedoria de Buda e maneira como ele organizou sua comunidade, mais eu vi claramente o caminho da prática.

No momento em que tive esse lampejo de inteligência, essa sacada, a minha visão se renovou. Olhei para meus amigos e alunos de uma maneira muito diferente. Vi que eu sou eles e eles são eu. E vi que tudo o que faço, penso e falo é para nutrir e transmitir *insights* para eles. No futuro, independentemente de eu estar ou não presente, não será problema, pois penetrei a sabedoria do nenhum-eu. Deixa de existir qualquer discriminação entre mim e os outros, e não mais haverá qualquer resistência. Você aceita os outros como você aceita a si mesmo. E, nesse tipo de relacionamento, você pode desfrutar de muita felicidade.

Queremos ter uma comunidade jovem que seja capaz de transformar o mundo e proteger a Mãe Terra; capaz de reduzir o sofrimento e promover mais saúde física e mental; capaz de levar a prática às escolas, corporações e até mesmo o exército. É possível levarmos a atenção consciente [*mindfulness*] a todos os lugares, não como uma religião, mas como uma prática capaz de amparar todos na sociedade.

Acorde para que um futuro seja possível

Se queremos ajudar na transformação da intolerância, discriminação, raiva, do desejo e desespero na sociedade, podemos fazer isso usando as diretrizes éticas dos Cinco Treinamentos de Atenção Consciente: uma prática concreta do verdadeiro amor e compaixão, que mostra claramente o caminho que leva a uma vida harmoniosa entre as pessoas entre si e em relação à Terra.

Muitos de nós sentimos raiva e frustração quando vemos a destruição ambiental, injustiça e desigualdade, e nos sentimos desesperados, pois parece que individualmente não somos fortes o bastante para mudar o nosso modo de vida. Reunir-se em comunidade é uma maneira de agrupar nossa energia e de agir de modo sincronizado. Nossa prática coletiva pode proporcionar transformação e cura para nós mesmos e à sociedade.

O budismo é uma fonte de sabedoria, uma extensa tradição de práticas de compreensão e amor e não somente devocionais. O espírito do Darma está muito próximo ao espírito da ciência; ambos nos ajudam a cultivar uma mente aberta e equânime [imparcial]. Qualquer um pode contribuir para o despertar coletivo, seja qual for a sua cultura, raízes espirituais ou crenças. A prática de *maitrī*, ou bondade amorosa, amizade e acolhimento, alicerça o caminho.

Somente com o despertar coletivo é que vamos ter força suficiente para fazer as mudanças de que precisamos para nos proteger e proteger o planeta. Nada pode ser alcançado sem a energia do acolhimento, do amor ao próximo e fraternização. Isto é fundamental para transformar o momento presente e transformar o futuro. Amor ao próximo e fraternização é uma espécie de monumento, que requer tempo para ser construído. Mas, com fraternidade e afeto de irmão para irmão, há esperança.

O futuro pertence à geração jovem. Você precisa acordar. Você pode ser e fazer algo agora, para ajudar. Não se desespere. *Sempre* existe alguma coisa que você pode fazer. Ainda há uma oportunidade. Então, reconheça o que você precisa fazer e faça, e você assim terá paz.

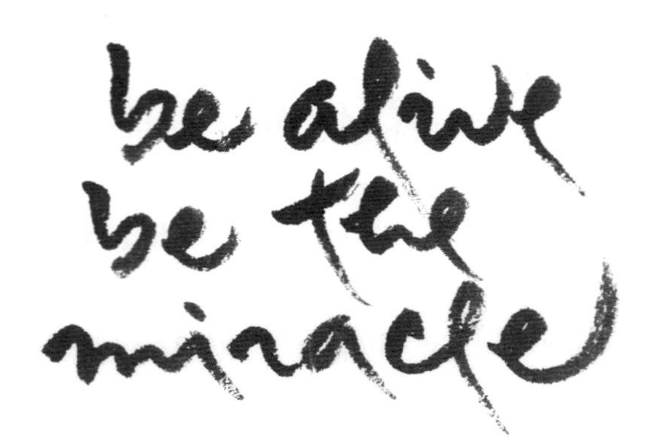

Viva, seja o milagre.

Epílogo
O número de bodisatvas que temos é mais do que suficiente

O Sutra de Lótus conta a história de um bodisatva chamado Gadgadasvara, que significa "som maravilhoso". Ele é um músico e compositor e serve o mundo com sua música. Segundo a lenda, Gadgadasvara é um bodisatva vindo de outro planeta. De tempos em tempos, Buda Shakyamuni enquanto sentava junto à sua sangha usava seu feixe de luz de atenção consciente para alcançar o cosmos e entrar em contato com diferentes mundos. Desta forma, bodisatvas e budas em outros planetas vinham tomar conhecimento de que neste pequeníssimo Planeta Terra havia um buda ensinando.

Quando Bodisatva Som Maravilhoso recebeu um raio de luz de Shakyamuni, ele olhou e viu o Planeta Terra, com Buda e sua congregação no Pico do Abutre, e quis fazer uma visita. Muitos outros bodisatvas se juntaram a ele. Antes da chegada, eles produziram milhares de botões de lótus imensos e belos arrodeando o Pico dos Abutres. Todos se questionavam por que assim de repente apareceram lindos lótus. Buda Shakyamuni explicou: "Bem, temos alguns visitantes". E lhes contou sobre o Bodisatva Som Maravilhoso.

Em Plum Village também praticamos na música. A música pode criar harmonia em nós mesmos e na comunidade. Às vezes há muitas vozes internas, todas querendo se expressar e falar de uma só vez. Ao nos concentrar na música da nossa respiração, podemos apaziguar e harmonizar todas as vozes. Quando a comunidade se junta para praticar meditação, o silêncio e a respiração profunda e consciente são um tipo de música que curtimos juntos. Não estamos fazendo algo específico; apenas produzimos nosso estado de ser, nossa presença plena, e tomamos consciência da presença um do outro. Isso já basta para nos nutrir e curar. Portanto, a música pode ser às vezes muito silenciosa. Pode acalmar as coisas. Pode curar. E Bodisatva Som Maravilhoso é alguém que praticou profundamente esse tipo de música sagrada ao longo de muitas e muitas vidas.

Bodisatva Gadgadasvara e amigos se manifestaram no Pico dos Abutres, prestaram homenagem a Buda e o saudaram com oferendas de sua terra. Eles perceberam que o nosso planeta é pequeno e sofre muito ainda. Eles puderam ver Buda Shakyamuni trabalhando arduamente para aliviar o sofrimento, e muitos deles se ofereceram para ficar e ajudar. Eles eram muito gentis. Mas Shakyamuni disse: "Obrigado pela boa vontade de vocês, mas temos bodisatvas suficientes por aqui para cuidar de nós mesmos". E naquele momento ele olhou profundamente dentro da Terra, e de repente muitos bodisatvas maravilhosos – centenas de milhares deles -- brotaram da Terra. Todos ficaram maravilhados.

Shakyamuni estava ajudando todos eles a ver a dimensão suprema. Na dimensão última, o tempo de vida de um buda é ilimitado, e sua vida útil também é ilimitada.

Esta imagem do Sutra do Lótus é um engenhoso artifício que nos ajuda a tocar a dimensão suprema, ver-nos na última dimensão, e ver Buda, o nosso professor, na suprema dimensão, e compreender que temos um número suficiente de filhos da Terra para cuidar da Terra.

Não tenha tanta certeza de que na Terra só existem filhos da Terra. Pode haver seres vivos de outros planetas. Meteoritos podem ter trazido consigo vida nascente. Portanto, na Terra pode haver vida não nascida exatamente a partir da Terra, mas chegada com meteoritos e naturalizadas.

O Sutra de Lótus nos dá uma impressão muito clara de que somos um pequeno planeta e que Buda é um dos filhos deste planeta. Buda quer cuidar do planeta e tem muitos discípulos prontos para sustentar nos braços, com ternura, a Terra, e cuidar do planeta. Não há necessidade de temer que não temos o número suficiente de gente para cuidar da nossa casa, o Planeta Terra. Nós sabemos como fazê-lo. Bodisatva Avalokiteshvara é um filho da Terra e prova que a humanidade é bem capaz de acolher o sofrimento da Terra e de preservar a beleza e as maravilhas do planeta. Somos todos filhos da Terra e devemos cuidar uns aos outros. Devemos cuidar do nosso meio ambiente. E, unidos em comunidade, isso é possível.

Hoje de manhã, passarinhos saúdam com alegria o sol nascente.
Sabia, meu filho, que as nuvens brancas
continuam flutuando na abóbada do céu?
Onde você agora está?
No país do momento presente
A antiga montanha ainda existe
Apesar da crista-branca das ondas
continuar atingindo praias distantes.
Olhe de novo, você me verá em cada folha e botão em flor.
Se chamar o meu nome, você me verá imediatamente.
Para aonde você está indo?

A antiga árvore frangipani oferece suas flores perfumadas
hoje de manhã.
Você e eu nunca estivemos realmente separados.
A primavera chegou.
Os pinheiros lançaram novas agulhas verdes brilhantes
E na beira da floresta
As ameixeiras selvagens explodiram em flor.

Extraído de *At the Edge of the Forest*
(À beira da floresta).
Por Thich Nhat Hanh.

Posfácio
Você é o futuro

Irmã Chan Khong

Eu já fui jovem como muitos de vocês e cheia de determinação para mudar a situação de sofrimento em mim, na minha família e no mundo. Entretanto, muitas vezes, quando eu alcançava aquilo que eu acreditava ser "o certo", tinha um alto custo para mim e meus relacionamentos mais próximos. Foi somente quando eu conheci Thay que aprendi a lidar com esses momentos difíceis, quando me sentia perdida e dominada pela raiva, medo e desespero. Thay me ensinou a sempre me lembrar de voltar à minha respiração, e permanecer só com a respiração, a partir de dentro. Desta forma, nós podemos ser o nosso melhor: podemos ser a *quietude* e dar surgimento a uma mente clara. Então, o despertar e a compaixão podem se manifestar profundamente, naquele exato momento, em nossos próprios corações, e se torna possível vê-los e tocá-los mesmo no coração de nosso dito "inimigo".

Naquele exato momento em que você estiver perdido na raiva, no medo ou desespero, por favor, lembre-se de que o despertar e a compaixão estão sempre presentes em você, exatamente naquele instante. É possível contatar o que há de sagrado em você – chame-o de Deus, Alá, Brahma ou natureza-búdica. Você entra em contato com essa energia se voltando imediatamente para a sua inspiração e expiração conscientes, e permanecendo em silêncio, sem fazer ou dizer coisa alguma – mesmo sem pensar. Esteja somente com sua inspiração e expiração por algum tempo e você será capaz de tocar essa realidade de paz, compaixão e de clareza mental que já existem em você, lá nas suas profundezas.

As sementes do despertar e do amor existem em você e em todas as pessoas e todas as espécies da Terra. Às vezes nos esquecemos disso. Essas sementes podem estar perdidas no fundo da nossa consciência. Mas quanto mais tempo você consegue permanecer em paz com sua inspiração e expiração, mais crescerá em você um porto seguro de paz e compaixão. Ao inspirar você entra em contato profundo com essa semente de compaixão e bondade amorosa em você; e, ao expirar, você propaga essa energia de compaixão e de bondade amorosa aos que estão ao seu redor e para o mundo. Esta é a energia do Bodisatva Avalokiteshvara se manifestando em você.

Jamais esquecerei aquela madrugada no Vietnã, quando encontrei os quatro corpos dos meus amigos baleados às margens do Rio Saigon.

Naquele momento, fui completamente dominada pela raiva, medo e desespero. Mas consegui direcionar minha atenção na minha respiração por várias horas, sem tentar pensar, acusar, gritar ou maldizer; invoquei o nome do Bodisatva Avalokiteshvara e me empenhei ao máximo para tocar as sementes de amor, paz e compaixão em mim. Não foi fácil.

O desespero era tão esmagador! Mas continuei retornando à minha respiração e aos poucos uma calma e silêncio profundos foram crescendo em mim. A mansidão da paz inundou meu coração, e com meus colegas encontrei uma maneira de responder aos agressores com amor, compreensão e perdão. Com quietude em mim, pude compreender que eles estavam só cumprindo ordens; eles não queriam fazer aquilo, mas foram forçados a fazê-lo. Quando falávamos no funeral sobre nossos queridos amigos, os informantes dos agressores estavam presentes, e o amor em nossos corações tocou o amor deles, e nunca mais eles nos atacaram. Desde então, sempre encontramos muitos bodisatvas pelo caminho em todos os nossos trabalhos engajados.

Se eu consigo fazer isso, você também consegue. Sempre que você receber notícias devastadoras, ou testemunhar injustiça, ou se sentir desamparado(a) e cheio(a) de desespero, por favor, lembre-se, acima de tudo, de inspirar e expirar com atenção. Não faça ou diga coisa alguma até que você tenha entrado em contato com essa calma, essa paz, esse amor.

A Mãe Terra precisa de vocês agora. Ela está conclamando vossa ajuda. Vocês são os amados filhos dela e ela precisa que vocês sejam amor, sejam luz, sejam paz. Vocês têm luz dentro de si. Vocês têm a energia dos bodisatvas em vocês. Com uma dimensão espiritual em suas vidas, vocês serão capazes de manter o equilíbrio e viver profundamente cada momento, apreciando esta vida que vocês têm para viver. E com essa energia vocês podem agir para proteger o planeta e proteger uns aos outros. Juntos, vocês conseguem. Não sejam um guerreiro solitário. Encontrem seus aliados e estabeleçam comunidades onde quer que estejam. Mãe Terra e nossos ancestrais espirituais e os ancestrais da terra estão contando com vocês. Eles estão transmitindo a vocês suas energias de amor e confiança, e os acompanharão a cada passo do caminho.

Agradecimentos

Este livro é fruto de uma comunidade espiritual vibrante e diversificada, trabalhando conjuntamente para publicar a riqueza do corpo de ensinamentos de Thay. Desde o seu derrame em 2014, Thay tem sido um guerreiro, um sábio silencioso e uma fonte ilimitada de amor, confiança e apoio enquanto continuamos seus trabalhos. Oferecemos primeiramente a Thay e a todos os nossos professores ancestrais a mais profunda reverência de apreço e respeito, por mostrar a nossa geração o caminho a seguir.

Gostaríamos de agradecer à equipe principal de editores de Plum Village que trabalhou em conjunto com a Irmã Verdadeira Dedicação por terem contribuído com suas habilidosas edições, lampejos profundos, orientação criativa e visão ousada para o livro, ajudando a selecionar os ensinamentos de Thay e a desenvolver o comentário: Irmão Phap Dung ("o Monge Arquiteto"), Irmã Lang Nghiem ("a Irmã Heroína"), Irmão Phap Linh ("o Irmão Espírito"), e Jo Confino. Se a flecha deste livro chegou perto de seu alvo, foi graças a eles.

Não é uma tarefa trivial pesquisar e editar um manuscrito e ao mesmo tempo estar ativamente engajado na vida monástica, e somos profundamente agradecidos à comunidade maior por seu apoio e confiança. E particularmente é graças aos nossos monásticos vietnamitas, que ajudaram a trazer uma tradição viva do Zen vietnamita para o Ocidente, que podemos tornar acessíveis esses autênticos ensinamentos à nova geração de hoje.

Gostaríamos também de agradecer a muitos bodisatvas da comunidade Wake Up [despertar], a sanga dos Guardiões da Terra e a sanga Arise [elevar-se] por terem desbravado novas formas de realizar a justiça climática, a prática espiritual, a criação de comunidades e cura planetária. Seus exemplos inspiradores informaram todo o livro, e foi ao orientá-los que Thay deu muitos dos ensinamentos poderosos contidos nestas páginas.

Por seus ensinamentos profundos que enriqueceram o comentário, gostaria de agradecer a Irmã Chan Khong, Irmã Chan Duc, Irmã Jina, Irmã Kinh Nghiem, Irmã The Nghiem, Irmão Phap Huu, Irmão Phap Lai, Irmão Phap Luu, Dr. Larry Ward, Cheri Maples, Jerker Fredriksson, John Bell, Glen Schneider, Kaira Jewel Lingo, e Christiana Figueres. Por terem oferecido generosamente amor, confiança e incentivo nas etapas finais de conclusão do manuscrito, a Irmã Verdadeira Dedicação gostaria de agradecer a Judith e Patrick Phillips, Rebekah Phillips, Irmã Huong Nghiem, Irmã Thoai Nghiem, Irmã Le Nghiem, Irmã Luc Nghiem, Irmã Tri Nghiem, Sashareen Morgan, Shantum e Gitu Seth, Denise Nguyen e Paz Perlman.

Gostaríamos de expressar nossa gratidão à equipe da Harper-One e a Gideon Weil por sua compaixão e positividade, e por ter acreditado neste livro desde o início; e para Sam Tatum, Lisa Zuniga e Yvonne Chan por terem trazido paciência e habilidade à produção e *design* do livro. Agradecemos à agente de literatura da nossa comunidade, Cecile Barendsma, pela orientação e sábios conselhos além da chamada do dever; e à Irmã Trai Nghiem, nossa coordenadora editorial, por ter conduzido o livro para publicação com habilidade, gentileza e graciosidade. Gostaríamos de agradecer aos nossos amigos da Fundação Thich Nhat Hanh e Parallax Press por ter generosamente compartilhado recursos e por nos permitir citar o livro do Dr. Larry Ward, *America's Racial Karma: an invitation to heal*, e entrevistas com Cheri Maples de *The Mindfulness Bell*. Agradecimentos a Helen Civil e à equipe do *The Resilience Lidership*, por ter gentilmente permitido a citação podcast episódio 23: (nas p. 213-214 e p. 216) da entrevista de Seth Schultz e Peter Willis com Christiana Figueres na Liderança Resiliente, no podcast episódio 23: "What Does the Future of Resilient Leadership Look Like?" (Qual a aparência de uma futura liderança resiliente?) E agradecemos à equipe do Climate One do The Commonwealth Club por sua gentil permissão para citar (na p. 215) extrato da entrevista em podcast de Greg Dalton com Christiana Figueres: "A Conversation on Mindfulness and Clima".

Finalmente, gostaríamos de agradecer a todos vocês que vieram aos retiros, estiveram na audiência das palestras de Thay, fizeram-lhe perguntas, ou leram seus livros, e que estão ativamente incorporando esses ensinamentos em suas vidas. Porque vocês existem, tudo é possível.

Conecte-se conosco:

@editoravozes

@editora_vozes

youtube.com/editoravozes

+55 24 2233-9033

www.vozes.com.br

Conheça nossas lojas:

www.livrariavozes.com.br

Belo Horizonte – Brasília – Campinas – Cuiabá – Curitiba
Fortaleza – Juiz de Fora – Petrópolis – Recife – São Paulo

Vozes de Bolso

EDITORA VOZES LTDA.
Rua Frei Luís, 100 – Centro – Cep 25689-900 – Petrópolis, RJ
Tel.: (24) 2233-9000 – E-mail: vendas@vozes.com.br